中国出版蓝皮书
CHINA PUBLISHING BLUE BOOK

ANNUAL REPORT OF PUBLISHING INDUSTRY IN CHINA

2018—2019
中国出版业
发展报告

范　军 ◎ 主编
李晓晔 ◎ 副主编

中国书籍出版社
China Book Press

图书在版编目（CIP）数据

2018—2019中国出版业发展报告/范军主编．—北京：中国书籍出版社，2019.10
　ISBN 978-7-5068-7476-2

Ⅰ．①2… Ⅱ．①范… Ⅲ．①出版工作-研究报告-中国-2018-2019　Ⅳ．①G239.2

中国版本图书馆CIP数据核字（2019）第227226号

2018—2019中国出版业发展报告

范　军　主编

责任编辑	庞　元　杨铠瑞
责任印制	孙马飞　马　芝
封面设计	许惟一
出版发行	中国书籍出版社
地　　址	北京市丰台区三路居路97号（邮编：100073）
电　　话	（010）52257143（总编室）　　　（010）52257140（发行部）
电子邮箱	eo@chinabp.com.cn
经　　销	全国新华书店
印　　刷	河北省三河市顺兴印务有限公司
开　　本	787毫米×1092毫米　1/16
印　　张	21
字　　数	352千字
版　　次	2019年10月第1版　2019年10月第1次印刷
书　　号	ISBN 978-7-5068-7476-2
定　　价	128.00元

版权所有　翻印必究

《2018—2019 中国出版业发展报告》
主编、副主编和撰稿人名单

主　编：范　军　中国新闻出版研究院

副主编：李晓晔　中国新闻出版研究院

撰稿人（按文章顺序排列，作者单位见内文）

　　李晓晔　徐　来　杨　伟　赵文义　陈国权　毛文思
　　刘积英　刘成芳　成永利　程　丽　周蔚华　张文红
　　孙　乐　陈　香　邓　杨　张文彦　田　菲　张　姝
　　刘莹晨　李家驹　王国强　黄昱凯　谢力清

目 录

第一章 主报告

推动双效益统一 实现高质量发展

——2018—2019 中国出版业发展报告 / 3

一、2018 年中国出版业发展概况 / 3

二、中国出版业发展趋势分析 / 11

三、推进中国出版业发展的建议 / 19

第二章 分报告

第一节 2018—2019 中国图书选题出版报告 / 31

一、2018 年图书选题出版基本情况 / 31

二、2018 年图书选题出版主要特征 / 36

三、2019 年图书选题出版展望 / 52

第二节 2018—2019 中国图书市场报告 / 54

一、2018 年中国图书零售市场基本情况 / 54

二、影响图书出版业的重要因素和事件 / 60

三、2019年图书出版业发展趋势与展望 / 67

第三节 2018—2019 中国期刊出版业发展报告 / 70

一、2018 年期刊出版业发展概况 / 70

二、2018 年期刊出版业发展亮点 / 73

三、关于 2019 年期刊出版业发展的建议 / 83

第四节 2018—2019 中国报纸出版业发展报告 / 91

一、2018 年报业市场基本情况 / 91

二、2018 年报业市场发展的主要特点 / 97

三、2019 年报业市场发展展望 / 101

第五节 2018—2019 中国数字出版产业发展报告 / 109

一、2018 年数字出版产业发展的基本状况 / 109

二、2019 年数字出版产业发展趋势 / 114

三、促进数字出版产业发展的建议 / 119

第六节 2018—2019 中国印刷业发展报告 / 125

一、2018 年印刷业发展的特点与亮点 / 125

二、印刷业发展面临的困难与挑战 / 130

三、推动印刷业平稳健康发展的建议 / 133

第七节 2018—2019 中国出版物发行业发展报告 / 136

一、2018 年出版物发行业的基本情况 / 136

二、2018 年出版物发行业的特点 / 140

三、推进出版物发行业发展的建议 / 146

第三章 专题报告

第一节 2018年出版上市企业发展报告 / 153
一、2018年出版上市企业发展总体情况 / 153
二、2018年出版上市企业发展亮点及存在问题 / 166
三、关于出版上市企业发展的建议 / 170

第二节 2018年畅销书市场观察 / 173
一、2018年畅销书市场数据观察 / 173
二、2018年畅销书市场主要特点 / 176

第三节 2018年少儿图书市场现状分析及趋势预测 / 187
一、2018年少儿图书市场的基本情况 / 187
二、2018年少儿图书市场的主要特点 / 189
三、少儿图书市场的未来发展趋势 / 194
四、少儿图书出版存在的问题及对策建议 / 200

第四节 2018年VR/AR出版情况分析 / 204
一、2018年VR/AR技术在出版业的应用情况 / 204
二、VR/AR与出版业融合中存在的问题 / 208
三、VR/AR技术在出版行业中的发展前景 / 211

第五节 2018—2019全民阅读发展报告 / 214
一、第十六次全国国民阅读调查情况 / 214
二、全民阅读立法持续推进 / 222
三、全民阅读推广活动深入开展 / 224
四、全民阅读品牌日渐增多 / 226

第六节 2018—2019 出版物市场治理情况 / 228

一、2018 年出版物市场治理成效 / 228

二、2018 年出版物市场治理典型案例 / 234

三、2018 年出版物市场治理特点 / 237

四、2019 年出版物市场治理重点 / 239

第七节 2018 年出版"走出去"情况分析 / 242

一、2018 年出版"走出去"取得的成绩 / 242

二、出版"走出去"现阶段存在的问题 / 247

三、推动出版"走出去"的建议 / 249

第四章 中国香港特别行政区、澳门特别行政区、台湾地区出版业发展报告

第一节 2018 年中国香港特别行政区出版业发展报告 / 253

一、大事及难忘事 / 253

二、努力转型求变 / 255

三、保卫阅读文化 / 256

四、自我增值，争取空间 / 259

五、教育出版面临变革 / 260

六、结　语 / 261

第二节 2018 年中国澳门特别行政区出版业发展报告 / 263

一、出版品统计 / 263

二、图书出版情况 / 263

三、出版单位类型及出版数量 / 267

四、新成立出版单位情况／271

　　五、报纸及期刊出版情况／273

　　六、出版业界交流／274

　　七、书店业／274

　　八、结　语／275

第三节　2018年中国台湾地区出版业发展报告／276

　　一、出版概况／276

　　二、读者阅读分析／281

　　三、图书渠道现状／282

　　四、结　语／284

第五章　出版业大事记

第一节　2018年中国出版业大事记／287

第二节　2018年中国香港特别行政区出版业大事记／304

第三节　2018年中国澳门特别行政区出版业大事记／316

第四节　2018年中国台湾地区出版业大事记／317

第一章
主报告

推动双效益统一　实现高质量发展

——2018—2019 中国出版业发展报告

2018 年，在习近平新时代中国特色社会主义思想指引下，出版界认真贯彻落实党中央关于新闻出版改革发展总体要求，贯彻新发展理念，守正创新，坚持以人民为中心，把社会效益放在首位、社会效益和经济效益相统一，不断深化改革，以改革促进高质量发展，取得了令人瞩目的成绩。

一、2018 年中国出版业发展概况

（一）扶持措施不断出台，政策红利持续释放

1. 《关于加强和改进出版工作的意见》为出版发展指明方向

2018 年 11 月 14 日，中央全面深化改革委员会第五次会议审议通过《关于加强和改进出版工作的意见》等重要文件，在出版界引起积极反响。《关于加强和改进出版工作的意见》指出，加强和改进出版工作，要坚持中国特色社会主义文化发展道路，坚持为人民服务、为社会主义服务，坚持百花齐放、百家争鸣，加强内容建设，深化改革创新，完善出版管理，着力构建把社会效益放在首位、社会效益和经济效益相统一的出版体制机制，努力为人民群众提供更加丰富、更加优质的出版产品和服务。《意见》指出，必须牢固树立为读者服务，为国家的改革开放、为国家的现代化服务这一总的原则，鼓励行业创新力和原创读物的发展。2018 年是中国改革开放 40 周年，也是图书出版行业总结经验、再次起航的重要节点。《关于加强和改进出版工作的意见》的出台，体现了党和国家对出版工作的高度重视，为新时代加强和改进出版工作指明了

方向，为新时代的出版工作提出了基本遵循。

2. 继续实施优惠的财税政策

2017年5月，财政部、税务总局发布《关于简并增值税税率有关政策的通知》，把图书、报纸、杂志、音像制品、电子出版物的销售或进口税由13%降低到11%，2018年4月，财政部、国家税务总局又印发《关于调整增值税税率的通知》把11%的增值税再次降低到10%。6月，财政部、国家税务总局下发《关于延续宣传文化增值税优惠政策的通知》（财税〔2018〕53号），把2017年底已经到期的文化企业增值税优惠政策延续到2020年12月31日，包括7类出版物在出版环节执行增值税100%先征后退的政策，对2类出版物在出版环节执行增值税先征后退50%的政策，对图书批发、零售环节免征增值税等。

3. 实体书店扶持政策促进全民阅读

2018年各级政府继续加大对实体书店的扶持力度，助力实体书店创新发展。截至2017年年底，全国已有28个省区市出台了支持实体书店发展的实施意见和具体措施。此外，2018年财政部、税务总局发出通知，至2020年年底继续免征图书批发、零售环节增值税，这对民营实体书店来说是一项降低经营成本的重要利好政策。

（二）主题出版唱响主旋律，内容生产传播正能量

1. 习近平新时代中国特色社会主义思想等主题图书反响热烈

2018年，在中宣部的规划引导与国家出版基金及有关专项资金的支持下，各出版单位围绕深入宣传阐释习近平新时代中国特色社会主义思想、深入宣传阐释党的十九大精神、中国特色社会主义和中国梦、社会主义核心价值观、庆祝改革开放40周年等主题，推出了一系列高质量的主题出版物。一是习近平新时代中国特色社会主义思想主题图书，如《习近平新时代中国特色社会主义思想三十讲》、《习近平谈治国理政》[第一卷、第二卷（多语种）]、《习近平关于总体国家安全观论述摘编》、《习近平讲故事》、《习近平扶贫论述摘编》、《习近平的七年知青岁月》、《习近平用典》（第二辑）等；二是党的十九大图书，如《中国共产党章程》、"十九大文件汇编"、"辅导读本"、"党章问答"等；三是《新时代面对面——理论热点面对面·2018》《红岩》《红星照

耀中国》《红星照耀中国（青少版）》等，这些主题图书在国际国内图书市场都受到普遍欢迎，持续热销。其中《习近平新时代中国特色社会主义思想三十讲》年度印数超过 3 200 万册，《习近平谈治国理政》（第一卷、第二卷）超过 600 万册，《新时代面对面——理论热点面对面·2018》超过 980 万册，中宣部"2018 年主题出版重点出版物"图书单品种平均印数 27.8 万册。主题图书在弘扬主旋律、传播正能量、满足人民群众精神文化需求方面的积极作用进一步彰显。

2. 大批精品图书献礼改革开放 40 周年

为庆祝改革开放 40 年，出版界策划出版了大批图书，从不同领域回顾改革开放伟大成就，《改革开放 40 年》《巨变：改革开放 40 年中国记忆》《中国农村改革 40 年》《中国对外开放 40 年》《改革开放 40 年的中国生态文明建设》《中国时刻：40 年 400 个难忘的瞬间》等陆续出版，一部部精品力作礼赞伟大变革，掀起 2018 主题出版高潮。

3. 原创图书出版进一步增温

2018 年，24 种原创文学、少儿图书年度印数超过 100 万册，较 2017 年增长 33.3%；其中新版图书 12 种。67 种原创少儿图书年度印数达到或超过 50 万册，增长 39.6%，占年度印数 50 万册及以上少儿图书品种的 73.6%，提高 13.6 个百分点。原创新版图书中，《梦回万里　卫黄保华》《时代大决战——贵州毕节精准扶贫纪实》《中国长岗坡》《山本》《苦难英雄任正非》《见识》《智能商业》《历史的温度2》《四时之诗：蒙曼品最美唐诗》《听什么歌都在像唱自己》等一批作品年度印数均超过 10 万册，《你坏》《笑猫日记——又见小可怜》当年突破百万册。

（三）改革注入新动力，发展取得新成效

1. 新闻出版管理职责归口中宣部

2018 年 3 月下旬，中共中央公布《深化党和国家机构改革方案》，强调加强党对出版工作的管理，发展和繁荣中国特色社会主义出版事业，将国家新闻出版广电总局的新闻出版管理职责划入中央宣传部，中央宣传部对外加挂国家新闻出版署（国家版权局）牌子。出版业归口中宣部，是出版管理体制与管理机构的一次重大改革，体现了

党和国家对出版事业的重视和期望,在出版发行行业转型升级、实现高质量发展的背景下具有重大意义。

2. 推进出版企业公司制改制

2018年2月,财政部、中宣部联合发布《中央文化企业公司制改制工作实施方案》,要求2018年底前,财政部代表国务院履行出资人职责的中央文化企业,全部改制为按照《中华人民共和国公司法》登记的有限责任公司。按此要求,已经转企尚未完成转制的中央部委所属出版社,开启了第二一轮的改革工作。

3. 供给侧改革力度加大

2018年,出版业通过"适度控制书号总量",大力整治重复出版,倡导提高单品出版质量和市场份额,激发了出版企业的原创能力。2018年,新版图书品种继续减少,印数大幅回升,重印图书品种与印数继续较快增长,在品种上继续超过新版图书。90种一般图书年度印数达到或超过100万册,较2017年增加32种。人文社科类图书品种、总印数和单品种平均印数继续增加,品种和总印数所占比重继续提高;科学技术类图书品种增速继续高于其他类别图书,总印数增速大幅提升;课本品种、总印数所占比重进一步降低。少儿图书总印数和单品种平均印数保持增长,但新版品种略有减少、印数增加,重印品种增加、印数减少。

4. 产业保持平稳发展

国家新闻出版署发布的《2018年全国新闻出版业基本情况》显示,2018年,新闻出版产业营业收入、资产总额和所有者权益继续增长,经济规模稳步提升。全国出版、印刷和发行服务实现营业收入18 687.5亿元,较2017年增长3.1%;拥有资产总额23 414.2亿元,增长5.6%;所有者权益11 807.2亿元,增长4.4%。其中,图书出版营业收入、利润总额增长提速,营收增速在8个产业类别中名列第一。出版传媒上市公司主业经营突出。2018年,37家在中国内地上市的出版传媒公司实现营业收入共计1 501.4亿元,较2017年同口径增加57.4亿元,增长4.0%。新媒体公司和发行公司营业收入实现两位数增长,报业公司同口径收入止跌回升。出版公司、发行公司主业收入持续增长,出版公司编印发主业收入整体占比72.3%,提高3.0个百分点。各公司持续探索转型升级、融合发展之路,成效明显。

(四) 新兴出版风生水起，融合发展时不我待

1. 网络文学精品意识更加突显

据不完全统计，当前我国网络文学读者规模已达 4.06 亿人，网络文学作品总量超过 1 600 万部，其中签约作品达到 132.7 万部；国内重点网站签约作者约有 68 万人，另有超过 1 400 万人不定期在网上进行创作。[①] 2018 年，网络文学保持着良好的发展态势，逐步迈上健康发展的健康轨道。在内容创作方面，无论从网站层面还是作者层面，精品意识和导向意识都有了显著提升，网络文学的作品主流化、精品化趋势日益明显，特别是现实主义题材持续蓬勃发展，成为网络文学发展的强劲动力。在国家新闻出版署和中国作家协会共同发布"2018 年优秀网络文学原创作品"24 部入选作品中，现实题材作品占比进一步提升。

2. 数字教育出版更趋垂直化

2018 年，随着数字教育竞争格局初步形成，以及国家政策的介入，行业发展逐步成熟。据艾瑞咨询报告显示，2018 年中国在线教育市场规模达 2 517.6 亿元，付费用户数达 1.35 亿人，同比增长 25.7%。2018 年，随着教育出版转型升级、融合发展渐趋深入，数字教育出版发展模式日趋多元。各家出版单位纷纷基于自身资源优势，在"垂直化、精品化、品牌化"下功夫，探索"专、精、特、新"的发展路径，打造专业化、个性化的数字教育产品。同时，人工智能在教育出版领域的应用日趋深入。

3. 智能出版方兴未艾

2018 年大热的人工智能与区块链技术与出版业的跨界合作也在逐步推进，例如，人民法院出版社的法信平台已能为法官判案智能推送相应的解决方案，在法院系统得到了广泛应用。时代出版投资持有早教机器人公司乐博教育 100% 股权的盛通股份，透露其布局早教机器人的意图。2018 年有多家 24 小时无人书店在北京、杭州等地开业，为广大读者提供了购书的便利和新鲜的购书体验。中国大百科全书出版社与中国科学

---

① 郭义强. 网络文学要始终坚持正确导向 [EB/OL] (2019-02-25) http://www.xinhuanet.com/book/2019-02/25/c_1210067428.htm

院共同开发的百科智能机器人等,也都是人工智能技术应用的新成果。[①] VR/AR 产品作为数字内容的一种形态,影响着众多出版企业对数字内容资产的探索。如 2018 年 8 月,岳麓书社将《红楼梦》《水浒全传》《三国演义》《西游记》等名著纳入首批数字出版计划,并利用其出版优势建设垂直领域的新媒体矩阵,已出版的十余种数字化图书累计发行超过 100 万册。2018 年全国高等学校五年制本科临床医学专业第九轮规划教材(即第九版教材),由人民卫生出版社出版,该书增加 AR 功能,通过配套的 APP 扫描书本插图,在页面上形成三维的人体彩色模型,创建了中国特色医学教育教材建设模式。

(五)印刷行业投资回暖,营收利润有所上升

2018 年在国民经济稳中有进的大背景下,印刷业整体表现平稳,出现了行业投资回暖、企业加速整合、智能化建设深入推进、发展新动能不断显现等众多亮点。据国家统计局统计,2018 年印刷和记录媒介复制业(简称"印刷业")规模以上工业企业实现营业收入 6 471.1 亿元,按可比口径比 2017 年增长 5.2%;利润总额 425.6 亿元,比 2017 年增长 6.1%。利润总额比营业收入增速快,说明印刷业规模以上企业的利润率有所提升。

1. 产业整合加速,国内印刷企业迈进"百亿"时代

进入 2018 年,以行业上市公司为代表的大型印刷企业继续主动出击,利用企业并购、产业链整合、内生式增长等方式,在做大自身体量的同时,有效促进了产业整合。厦门合兴包装印刷股份有限公司 2018 年营收一举突破"百亿"大关,达到 121.66 亿元,从而成为国内第一家"百亿"量级的印刷企业。

2. 行业投资回暖,胶印机进口达到近 4 年最好水平

以印刷企业的常用设备胶印机为例,2018 年我国胶印机进口量、进口金额分别为 1 525 台、7.32 亿美元,双双达到近 4 年的最好水平,同比增速高达 42.66%、35.06%。

[①] 章红雨. 2018 中国出版业发展报告发布 传统出版与新兴出版共舞市场 [J]. 中国新闻出版广电报,2018 - 12 - 18.

3. 智能化成为行业转型升级的重要抓手

2018年，国家新闻出版署举办首届中国印刷业创新大会，全面聚焦智能化，通过主题报告、专家演讲、技术交流、白皮书及标准体系发布等，宣传智能化理念、总结智能化建设成果，明确智能化建设的目标和路径，推动智能化成为行业转型升级的重要抓手。

4. 印刷电商在调整中前行，凸显新型商业模式顽强生命力

进入2018年后，印刷电商复苏迹象明显。一方面，部分电商企业通过自有产能建设及线下业务资源整合，逐步形成了"流量（线上平台＋线下门店）＋生产（自有产能＋第三方合作工厂）＋高效物流配送体系"的新型运作模式，重新焕发出生机与活力。另一方面，新兴企业继续涌现，推动印刷电商市场不断向前发展。

5. 小批量包装成为印刷市场新的增长点

2018年，原本被大中型印刷企业忽视的小批量包装市场突然升温，成为印刷市场新的增长点。

（六）民营书业转型加速，网上网下齐头发展

2018年，民营书业的发展特点表现为：越来越重视社会效益，服务大局的意识不断提升；民营书店提质增效，加快转型升级进度。[①]

1. 不断加强内容建设，策划制作了大批双效俱佳的作品

2018年，民营书企精品化趋势明显，继续引领畅销书市场，并在主题出版、学术出版、专业出版等专业含量较高的领域策划了一批优秀的出版物。如新经典策划的《活着》《平凡的世界》《边城》《百年孤独》《解忧杂货店》《窗边的小豆豆》等经典文学作品继续荣登各大畅销书排行榜。读客策划的《半小时漫画世界史》半年发货量破百万册，引发了80后、90后读史热潮。湛庐策划引进的科技图书《生命3.0》风靡全球，获得霍金、马斯克等科技巨头的力捧。

[①] 魏玉山. 2018年民营书业发展报告——践行新发展理念 推动高质量发展［EB/OL］（2019－04－26）http://www.chuban.cc/zx/tpxw/201904/t20190426_181116.html

2. 民营实体书店加快扩张、提速升级

2018年，民营书店紧跟政策、市场和新技术应用迅速发力，一批已转型成功具有社会影响力的品牌、特色书店开疆扩土，增加店面数量，创新升级模式，形成百花齐放的景象。2018年，西西弗书店新增连锁门店83家，总数达到194家，覆盖了全国29个省份、60多个城市，客流量超过1亿人次。言几又书店也发展到53家连锁店，覆盖了全国13座城市。方所、钟书阁、先锋书店等一批品牌书店都在乘势扩展规模，有的进驻商圈，成为最受购物中心青睐的业态类型；有的与凤凰置业、保利地产等地产商合作，打造社区书社、铺设共享书屋等。

3. 网络发行势头不减，网店巨头加快线下布局

网络图书发行，民营书企一直走在前列。2018年，网店渠道图书销售码洋保持了24.7%的高速增长。其中，当当图书销售数量增速高达45%，电子书销售额同比增长63%。京东纸质图书销售稳步增长，电子书销量同比增长超过140%。拥有3 000多家民营书商的天猫，2018年售出图书超过10亿册。随着亚马逊的退出，三大图书电商在今年将占有更大的市场份额。

（七）讲述中国故事，国际传播力进一步提升

2018年，出版物版权贸易增长平稳，出版走出去成效显著。据《2018年新闻出版产业分析报告》统计，2018年，全国共输出版权12 778项，其中：图书10 873项，录音制品214项，电子出版物743项；全国共引进版权16 829项，其中图书16 071项，录音制品125项，录像制品192项，电子出版物214项。

1. 出版物版权贸易结构不断优化

版权输出内容结构进一步优化。深入阐释习近平新时代中国特色社会主义思想的图书，以及当代中国主题图书广泛传播，《习近平讲故事》（韩文版、日文版、西班牙文版）、《习近平用典》（第二辑俄文版）等20多种图书与世界知名出版机构合作出版；《中国共产党党的建设（中国故事丛书）》《生死关头：中国共产党的道路抉择》等当代中国主题图书成为国际版权市场购买的热点。中国优秀原创文学作品和少儿图书广受欢迎，部分图书进入欧美出版主流市场。版权输出结构和布局进一步优化。版

权输出型态结构进一步优化。数字出版产品势头强劲，中国优秀原创网络文学作品实现大规模版权输出，2018年网络文学作品输出超600项。与国际出版机构合作出版的模式得到进一步推广，采用共同策划选题、联合翻译出版的新方式。

2. 重点工程增强"走出去"内生动力

2018年，各类工程扶持力度空前，基本涵盖了"走出去"内容生产、翻译出版、海外推广、宣传营销等各个环节，成为出版"走出去"的引擎。经典中国国际出版工程、丝路书香工程、中外图书互译计划等对外翻译出版工程提质增效，打造精品，推出一批具有较强国际影响力的中国品牌图书。经典中国国际出版工程、丝路书香工程新立项资助477种图书翻译出版。中外图书互译计划推出互译图书成果150种，其中外方翻译中方图书72种。

3. 营销渠道不断拓宽

国际主流营销渠道拓展工程延展至43个国家和地区主流书店，出口图书109万册，销售275万美元。第九届百家华文书店联展活动发行图书、期刊及相关文化产品60多万册，实现销售额1 400多万元。亚马逊"中国书店"上线图书已经7.9万种，发货6.4万册。

4. 国际影响力显著提升

北京国际图书博览会，作为世界第二大书展，国际影响力显著提升，不仅促进了中外出版业双边多边交流合作，也为世界了解中国、理解中国提供了重要的平台。同时，2018年共举办了第27届古巴哈瓦那国际书展、第55届意大利博洛尼亚国际童书展、第23届阿尔及尔国际书展3场中国主宾国活动，成为历史上举办主宾国活动最多的年份。

二、中国出版业发展趋势分析

当前，我国经济已由高速增长阶段转向高质量发展阶段，必须在继续推进发展的基础上，着力解决发展不平衡不充分的问题，大力提升发展的质量和效益，以实现高质量的发展，满足人民日益增长的美好生活需要。未来，出版业应加速构建把社会效益放在首位、社会效益和经济效益相统一的出版体制机制，从高速度增长向高质量发展转变，努力转变发展方式，增强产业实力和竞争力，生产更多精品力作，以满足广大读者的新需求，增强人们的文化获得感、幸福感。

（一）高质量发展成为出版业发展的主题词

习近平总书记在2018年全国宣传思想工作会议上强调，要推动文化产业高质量发展，健全现代文化产业体系和市场体系，推动各类文化市场主体发展壮大，培育新型文化业态和文化消费模式，以高质量文化供给增强人们的文化获得感、幸福感。高质量发展不仅是当前我国经济社会发展的主题词，也是出版业发展的主题词。

图书出版行业的每年新书品种数从2012年开始就基本保持稳定，整个行业从依靠大规模品种扩张支撑的粗放式增长方式已经结束历史使命，图书出版开启强化单品效益的精细化增长时代。因此，无论是从贯彻中央精神，还是从行业和企业发展的实际来看，下一步最重要的话题就是高质量发展，下一步要走的路就是高质量发展之路。①

高质量发展包括高质量的供给、高质量的需求、高质量的配置、高质量的投入产出、高质量的收入分配和高质量的经济循环。② 对于出版企业而言，高质量发展包括内容、市场、经济、产业、机制、党建、人才等多个方面。近年来，一些出版集团和企业已经在高质量发展方面进行了积极探索。如江苏凤凰出版集团通过五大途径，实现高质量发展：内容建设优先，引领高质量发展；产业结构升级，增效高质量发展；主业融合创新，赋能高质量发展；资本力量驱动，加速高质量发展；人才队伍建设，助力高质量发展。

为提高出版物质量，2018年3月，原国家新闻出版广电总局启动出版物"质量管理2018"专项工作。同时书号发放环节也加大审核力度，严把新书出版质量关，从源头上控制图书出版质量。同一作品品种的重复出版，"多品种、低单品效益"的出版做法被叫停，取而代之的是倡导提高单品出版质量和单品效益。这表明，未来单纯依靠

---

① 谭跃．最重要的话题是高质量发展［EB/OL］．（2018-12-14）http：//www.cnpubg.com/news/2018/1214/41493.shtml．
② 李伟．高质量发展有六大内涵［J］．环球博览，2018（2）．

市场增长"顺势而为"的出版从业者将难有出路,而真正具有优秀产品策划和出版能力的从业者将会获得更大的机会。

(二)图书出版单位社会效益评价考核工作全面推开

2018年12月底,中宣部印发了《图书出版单位社会效益评价考核试行办法》(以下简称"《办法》")。这是继2015年9月中共中央办公厅、国务院办公厅印发《关于推动国有文化企业把社会效益放在首位、实现社会效益和经济效益相统一的指导意见》,明确国有文化企业社会效益指标考核权重应占50%以上后,中央出台的第一个图书出版单位社会效益量化考核文件。

《办法》指出,开展图书出版单位社会效益评价考核工作,要以习近平新时代中国特色社会主义思想和党的十九大精神为指导,坚持中国特色社会主义文化发展道路,坚持以社会主义核心价值观为引领,坚持以人民为中心的创作生产导向,遵循出版生产传播规律,推动图书出版单位自觉承担"举旗帜、聚民心、育新人、兴文化、展形象"的使命任务,建立健全确保把社会效益放在首位、社会效益和经济效益相统一的体制机制,着力推出更多传承文明、传播知识、推动社会发展和科技进步的优秀出版产品,更好满足人民群众日益增长的美好生活需要,推动社会主义文化繁荣兴盛。

《办法》强调,图书出版单位社会效益评价考核要坚持正确政治方向、出版导向、价值取向,聚焦内容生产,鼓励多出精品,提高出版质量;坚持定性评价和定量考核结合,做到客观公平公正;统筹当前和长远,推动图书出版业持续健康发展。

《办法》规定,图书出版单位社会效益是指图书出版单位通过以图书为主的出版物和与出版相关的活动,对社会产生的价值和影响。图书出版单位社会效益评价考核主要考核出版质量、文化和社会影响、产品结构和专业特色、内部制度和队伍建设等方面内容。

进入2019年,各图书出版发行单位陆续开启社会效益自评,这也是全国图书出版发行体系首次统一量化考核社会效益。可以预见,纳入顶层设计的社会效益评价与考核,将在未来一段时间成为产业升级、结构调整的重要指针。而将一直以来尚未实现全面量化评估的社会效益指标明确化、数据化,使其成为可度量的硬性指标,也是对全行业完整评价的突破性进步。

(三) 积极推动出版企业的公司制股份制改革

2018年是改革开放40周年，是贯彻党的十九大精神的关键之年。推动文化事业和文化产业发展，要深化文化体制改革，完善文化管理体制，加快构建把社会效益放在首位、社会效益和经济效益相统一的体制机制。公司制是现代企业制度的有效组织形式，也是建立健全有文化特色现代企业制度的必然要求。经过多年改革，中央文化企业及各级子企业公司制改制面已达到70%以上，有力推动了国有文化企业法人治理结构日益完善，企业经营管理水平逐步提高，但仍有部分中央文化企业特别是集团层面尚未完成公司制改制。

为贯彻落实十九大精神和《关于加快推进国有文化企业公司制股份制改革有关工作的通知》（文改发〔2017〕12号）要求，2018年3月，财政部、中共中央宣传部联合印发了《中央文化企业公司制改制工作实施方案》，要求2018年底前，按照《中华人民共和国全民所有制工业企业法》登记，财政部代表国务院履行出资人职责的中央文化企业，全部改制为按照《中华人民共和国公司法》登记的有限责任公司，加快构建有文化特色的现代企业制度，坚持导向管理不放松，坚持国有资本主导地位，坚持把社会效益放在首位，形成有效制衡的公司法人治理结构和灵活高效的市场化经营机制，推动企业做强做优做大。

中央文化企业在主管主办关系上隶属于中央各部委，集中了全国最优质的文化品牌和出版资源，在我国出版行业中具有战略地位，发挥着"国家队"的引领作用。2010年，中央各部门各单位经营性出版社大多数完成了"事转企"，少数具备条件的出版社直接进行了公司制、股份制改造。对中央文化企业进行公司制改制，其核心在于科学设置法人治理结构，建立现代企业治理的制度框架，是建立现代企业制度的需要，是确立市场主体地位的需要，也是壮大国有文化实力的需要。

改制中，必须坚持党的领导，要把加强党的领导和完善公司治理统一起来，处理好党组织和其他治理主体的关系，形成符合现代企业制度要求、体现文化企业特点的资产组织形式和经营管理模式。必须确保主业稳定发展。以宣传文化主业为中心，把社会效益第一、社会价值优先的经营理念体现到公司章程和各项规章制度中，坚持立足主业发展，形成内容优势和传播优势，扩大市场占有率和影响力。必须完善市场化经营机制。要不断深化劳动、人事、分配三项制度改革，建立符合文化企业特点的工资决定和正常增长机制，完善市场化用工制度，合理拉开收入分配差距，真正形成管理人员能上能下、员工能进能出、收入能增能减的市场化选人用人机制。

包括出版企业在内的中央文化企业公司制改制，是牵一发而动全身的基础性改革。通过公司制改制，建立公司治理的制度框架，从而在现代治理体系框架下，把现代企业制度的优势转化为有效管理的能力和水平。从深化改革的角度，中央文化企业公司制改制为下一步股份制改造、探索建立优先股和国家特殊管理股、混合所有制改革以及资产证券化等一系列改革的可能性创造了前置条件。①

（四）出版公共服务：创新体制机制，提升服务效能

2019年2月，国家发展改革委、中宣部、工信部、财政部、广电总局等18部门近日联合印发《加大力度推动社会领域公共服务补短板强弱项提质量 促进形成强大国内市场的行动方案》。方案在主要目标中提出，到2020年，公共服务供给结构更加合理，现代公共文化服务体系基本建成，文化产业成为国民经济支柱性产业。实现就近就便、高效快捷、便民利民的公共服务体验不断改善。方案要求"以县级文化馆、图书馆为中心推进总分馆制建设，加强对农家书屋、农村电影放映工程的统筹管理，实现城乡社区公共文化服务资源整合和互联互通"。为实现方案提出的目标，创新出版公共服务体制机制，提升出版公共服务服务效能势在必行。

1. 创新出版公共服务管理体制机制

由于分业管理的格局，我国公共文化设施长期存在着多头建设、各自为政的问题，整合基层出版公共文化服务资源势在必行。2015年，国务院办公厅印发了《关于推进基层综合性文化服务中心建设的指导意见》，要求统筹各级各类基层公共文化资源，建设综合性文化服务中心，提供公共文化服务。因此，出版公共服务应加大力度，整合基层公共文化服务资源和服务。如，在全民阅读中，各级党委宣传部门会同教育、文化、科技、行政管理部门及其他有关部门制定全民阅读计划，明确目标、任务、措施、保障等内容，通过举办读书节、图书展会、读书征文、演讲诵读等活动，动员、引导、

---

① 郑豪杰. 关于中央文化企业公司制改制的思考［J］. 出版发行研究，2018（6）.

组织公民参加全民阅读。工会、共青团、妇联、残联等社会团体根据联系和服务群众的特点，组织开展全民阅读。充分利用图书馆、农家书屋、社区书屋、职工书屋等各类阅读设施，开展各种形式的基层读书活动。强化公益性文化单位在全民阅读工作中的重要作用，文化馆（站）、公共图书馆、科技馆、工人文化宫、青少年宫、妇女儿童活动中心等各级公益性文化单位要常年开展阅读活动等。

2. 推动农家书屋改革创新，提升服务效能

农家书屋是党中央、国务院实施的公共文化五大惠民工程之一。2005年工程开始试点、2007年全面推开，2012年底覆盖了全国有基本条件的行政村。截至2018年底，全国共有农家书屋58.7万家，向广大农村配送图书突破11亿册，农家书屋在增强农民文化自信、保障农民基本文化权益、加强农村公共文化服务体系和农村精神文明建设等方面作出了重要贡献，在巩固农村思想文化阵地、推动精准扶贫和助力乡村振兴战略实施中正发挥着越来越重要的作用。2019年2月，中央宣传部、中央文明办、教育部、财政部、农业农村部、文化和旅游部、国家广播电视总局、共青团中央、全国妇联、中国残联联合印发《农家书屋深化改革创新 提升服务效能实施方案》，旨在推动农家书屋提质增效，助力乡村振兴战略实施。

《方案》明确了系列措施：一是要推动共建共享，解决资源闲置问题。紧紧围绕新时代文明实践中心建设做好农家书屋工作，推动农家书屋和基层图书馆互联互通，指导新华书店将农村发行网点建设与农家书屋管理使用相结合，调动农民群众自我管理、自我服务的积极性主动性，解决好农家书屋服务"最后一公里"问题。二是要开展主题性和常态化阅读活动，提高书屋使用效能。将农家书屋阅读活动纳入文明实践系列活动，拓展农家书屋阅读活动的组织形式，创新农家书屋宣传内容和方式，加大阅读推广激励力度，促进乡村阅读深入开展。三是要优化内容供给，有效对接群众需求。改进重点出版物推荐目录评审制定工作，探索"百姓点单"服务模式，加大农民群众自主选书比例，组织出版单位和农家书屋有效对接，开展农家书屋数字化建设，增加数字化阅读产品和服务供给。

通过深化改革，提升服务效能，将做强做优一批示范书屋，规范提升一批标准书屋，让农家书屋有书读、有人管、有活动吸引，形成聚人气、有活力、可持续的生动局面。

（五）产业融合构建新的发展格局

1. 数字内容精品化趋势日益明显

随着产业环境的不断优化与国民消费升级，粗放式发展已经越来越不能满足产业发展和人们日益提高的精神文化需求。数字内容产业在不断创新升级、创造更多的经济价值的同时，也被赋予了更大的社会责任。特别是在 IP 市场逐渐趋于理性，流量效应日渐削弱的形势下，数字内容产业加快了向精品化发展的步伐。当前，越来越多的数字内容产品在娱乐属性之外，融入了更多的文化内涵，更加注重思想性和艺术性。发生这样的改变，一方面源于相关政策制度体系的日益健全，相关管理部门意识形态主流阵地的引导和管理力度不断加大；另一方面，受众对数字内容的关注点逐渐回归到内容质量本身。因而，数字内容自身的审美价值取向逐步向主流文化靠拢。在网络文学领域，书写时代变迁、反映现实生活的作品日益增多。在仙侠等非写实题材作品中，也愈发注重融入中国传统文化元素。总之，在各个细分领域，数字内容精品化、精细化良性生态正在逐步构建。

2. 人工智能技术应用场景日益深化

当前，出版业已成为人工智能技术应用的重要领域，人工智能越来越多地应用于内容的创作、审核、流量预测、运营、推荐、交互等诸多环节，应用程度无论是深度还是广度都在不断拓展。一方面，人工智能技术在优化出版流程方面将发挥更大作用。目前方正电子正运用大数据和人工智能技术，打造智能编纂、智能审校、智能排版等相关产品，为出版业智能化生产提供解决方案。另一方面，人工智能在人机交互层面的应用不断深化。2019 年初，微软（亚洲）互联网工程院与阅文集团旗下红袖读书达成合作，为该平台作品《全职高手》中叶修等五个主要人物构建虚拟形象。读者在阅读时，不仅可以与它们进行文字交流，还可以实现语音对话，在阅读体验方面获得极大的陪伴感和代入感，同时也进一步提升了网络文学 IP 影响力。未来，人工智能在提升 IP 价值方面将发挥更大的作用。目前已有网络文学企业尝试将人工智能应用于作品的 IP 价值评估，建立量化的 IP 价值评估指标和分析体系，为 IP 价值评估过程提供了数据支撑，削弱人为因素和主观色彩，为数字内容企业战略决策降低"人为"风险。

3. 5G 将为出版融合创新提供广阔空间

2019 年，工业和信息化部发放 5G 牌照，包括中国移动、中国联通、中国电信和中国广电四家企业，这标志着我国正式步入 5G 商用元年。5G 的运用，将为出版传媒行业带来颠覆性变革，对出版业选题策划、生产传播、消费等各个环节具有深远影响，为出版业融合创新开拓出更加广阔的想象空间与实践路径。一方面，5G 将为新技术、新媒体、新业态在出版领域的应用提供更加便利、顺畅的条件，万物互联成为可能，大数据、云计算将成为出版传媒业的标配技术。特别是 5G 将为虚拟/增强现实技术在出版传媒领域的真正落地、更深层次的创新应用提供有力支撑，将构建起信息传播的全新场域，真正实现沉浸式体验，"3R"技术（VR、AR、MR）在游戏、新闻媒体、数字教育等领域的研究和投入的重点。另一方面，在 5G 环境下，富媒体特别是视频内容占比将大幅提升。在 5G 环境下，将激发更加多元数字内容消费需求，由此也将催生更丰富多元的数字内容呈现、产品形态和服务模式。

4. 数字内容产业将构建起新的发展格局

近年来，数字内容产业不断发展壮大，成为数字经济的重要组成部分。与此同时，数字内容产业的发展格局也在悄然发生转变。在内容形态方面，音视频业务无疑将成为数字内容产业的发展重心。步入 5G 时代，短视频或将迎来新一轮的爆发式增长，并将与教育、新闻资讯、知识付费等多个领域实现更深度的融合。同时，伴随 5G 的商用落地，人们对网络视频的消费需求仍将不断提升，且不再过分依赖 Wi-Fi 环境，或将涌现出新的、丰富度更高的可视化数字内容形态和模式。

（六）民营书业从创业阶段进入创新阶段

2018 年 11 月，习近平总书记在民营企业座谈会讲话上，再次强调"非公有制经济在我国经济社会发展中的地位和作用没有变！我们毫不动摇鼓励、支持、引导非公有制经济发展的方针政策没有变！我们致力于为非公有制经济发展营造良好环境和提供更多机会的方针政策没有变！"同时也指出，我国经济正处在由高速增长转向高质量的发展阶段。如何适应高质量发展的要求，是民营书业今后一段时期需要思考和探索的重要问题。近年来，在市场、政府、资本和新技术的合力助推下，民营书业发展提速，进入"黄金时代",呈现出以下新的特点。

在产业发展方面,资本成为民营企业做大做强的最大推力。无论是"国""民"合作还是民民合作,乃至独立上市,无论是出版还是发行,民营书业成为资本市场的重要题材。

在内容建设方面,2018年现实主义网文作品井喷式增长,打破玄幻、穿越体裁一统江湖的局面,逐步向主流意识形态、主流文化传统、主流文学审美靠拢。如反映国家装备制造业发展的《大国重工》、反映财经的《网络英雄传:引力场》、反映警察生活的《朝阳警事》等,在网络上持续走红。在传统文化的演绎方面,2018年涌现出《大汉天子》《一寸山河》等一批重点网络文学作品。

在公共服务方面,民营书业成为构建现代城市阅读空间、推广全民阅读的重要力量。2018年越来越多的书企主动承担起现代城市阅读空间的建设,走上了"书店+图书馆""书店+全民阅读"的准公益路线。同时,为助力乡村文化复兴,一些民营书企还将书店开在了特色乡镇、"最美乡村"里,将服务延伸到偏远地区。一些书企通过多种方式向农村输送文化,如捐赠农家书屋,向中小学赠书等。

在推动中国优秀文化"走出去"方面,一些民企主动承担起传播的责任,并取得了很好的效果。掌阅的"掌阅 iReader 海外项目"、北京时代华语的"中国故事国际推广平台项目"等被纳入国家文化出口重点项目。掌阅海外版支持14种语言,覆盖了40个"一带一路"国家和地区。中文在线投资了英文世界最大的中国网络文学网站 WuxiaWorld,读者遍布100多个国家。阅文集团旗下海外门户网站"起点国际"已上线200余部翻译作品。湖南天舟在摩洛哥、阿联酋等国家建立了3个分支机构,致力于传播中国文化。①

三、推进中国出版业发展的建议

2019年是中华人民共和国建国70周年,也是新闻出版业转隶中宣部,新的管理体

---

① 魏玉山. 2018年民营书业发展报告——践行新发展理念 推动高质量发展[EB/OL](2019-04-26) http://www.chuban.cc/zx/tpxw/201904/t20190426_181116.html.

制正式运行的第一年。出版行业要高举习近平新时代中国特色社会主义思想的伟大旗帜,牢牢把握高质量发展这个根本要求,坚持弘扬社会主义核心价值观,坚持实施精品战略,坚持建立社会效益放在首位、社会效益和经济效益相统一的体制机制,坚持传统出版与新技术、新媒体的融合发展,坚持对外传播中国价值、树立中国形象,努力为广大人民群众提供色香味俱全、营养丰富的精神大餐。

(一) 坚持正确导向,多出精品力作

习近平总书记在2018年全国宣传思想工作会议上强调,要推动文化产业高质量发展,以高质量文化供给增强人们的文化获得感、幸福感。中央深改委第五次会议审议通过的《关于加强和改进出版工作的意见》等重要文件,为出版业深入推进改革发展指明了方向,中宣部印发《图书出版单位社会效益评价考核试行办法》,则为出版业提高出版质量提供了具体指导。

出版界要把坚持正确的政治方向和出版导向放在首位,以人民为中心,深化社会主义核心价值观建设,弘扬中华优秀传统文化,以高质量的出版内容,更好地满足人民群众精神文化生活新期待。要持续深化供给侧结构性改革,着力选题质量的提升与单品效益的提高,探索建立以单品种平均效益为核心的发展质量评价体系,进一步解决少数出版选题低俗、庸俗、媚俗问题,解决少数书号一号多用问题,解决低水平同质化出版问题,解决部分选题领域结构性失衡问题,不断加强阵地管理。要把提高质量作为生命线,有效控制作品总量规模,大力提升内容质量和艺术品位,积极打造精品力作,着力改变优质内容供给不足的状况。要建立健全质量管理体系,切实提高编校水平,认真打磨每一部作品,努力减少和杜绝编校等技术性差错。

2019年是新中国成立70周年的日子,出版业要认真总结经验,开拓创新,大力实施精品战略,深刻把握出版发展趋势,持续优化选题结构,着力推出一批回应时代关切、体现时代主题的优秀选题,多出精品、打造高峰,努力实现把社会效益放在首位、社会效益和经济效益相统一,促进出版业高质量发展。

(二) 降低税收负担,促进出版业繁荣发展

改革开放以来,国家出台了一系列优惠税收政策,扶持出版业的繁荣发展。这些

税收优惠政策的出台，使出版业享受到实实在在的优惠，对我国出版业加快转变发展方式，推进产业转型和升级，增强产业规模和综合实力，解决人民日益增长的美好生活需要和不平衡不充分的发展之间的矛盾，发挥了十分重要的作用。由于目前我国出版业抗击风险的能力不高，经营水平还较低；市场化程度不够，国际竞争力还较弱。因此，进一步加大对出版业的税收扶持力度，降低出版产业发展的税收负担，为其创造相对于其他行业的综合税收优势，相对提高税后利润，吸引社会资本和其他生产要素流入出版业，促进出版业的发展繁荣，具有十分重要的意义。

一是应支持非国有企业积极参与出版业改革发展。目前，民营企业法人单位所占比重已超过了85%，但非国有出版发行企业在投资经营中还受到许多不合理的限制，难以与国有出版企业平等享受各种税收优惠政策，这无疑挫伤了非国有出版发行企业参与出版产业的积极性，需要按照中央的有关精神，调整税收政策，坚决打破"玻璃门"，为非国有资本积极参与出版产业创造平等竞争机会。

二是应支持出版"走出去"。目前，实施出版"走出去"还处于初级阶段，特别是出版企业境外投资和抗风险能力较弱。尽管在税收支持政策方面，按照财政部、国家税务总局财税〔2009〕31号《关于支持文化企业发展若干税收政策问题的通知》的规定，出口图书、报纸、期刊、音像制品、电子出版物按规定享受增值税出口退税政策。但在实际操作中，比如在出版物进行出口报关、退税等流程时，会遇到各种各样的问题，影响了出口退税政策的有效执行。在出版企业境外投资，建社、建店、建厂等方面，只有国家税务总局国税发〔2007〕32号《关于做好我国企业境外投资税收服务与管理工作的意见》作为一个指导性的依据，缺乏针对性的税收支持。因此，需要进一步完善相关政策措施，支持出版走出去。

三是应支持出版企业兼并重组。近些年来，出版行业在跨地区、跨行业、跨所有制兼并重组方面进行了不少探索和尝试，取得一定的成绩，但总体进展不大。其中原因众多，分散于各个不同税种，偏重于单个税种内部的执行和处理是其原因之一。这就需要进一步加强整合，不断完善各税种之间的协调与配合，为出版企业兼并重组营造良好的税收环境。[①]

[①] 范军. 让税收杠杆撬动出版业的繁荣发展［J］. 出版发行研究，2018（2）.

四是对数字出版产业实施税收优惠政策。当前，数字内容产品和服务没有相应的税目和税率，数字出版企业纳税科目不一、执行税率不一，不能享受出版物或动漫等税收优惠政策。为更好地促进出版业融合发展，激发数字内容出版企业发展活力，应进一步优化完善相关税收优惠政策，减免数字内容企业增值税和所得税。建议按照财税体制改革的总体要求，结合数字化转型升级实际需要，落实和完善税收优惠政策，积极推动增值税优惠政策的落实，并研究拓展享受税收优惠政策范围。将数字内容产业纳入增值税、企业所得税等税收优惠政策扶持范围，并针对数字内容产品和网络服务的不同形态，制定相应的税收优惠政策，对符合条件的数字内容产业领域新兴企业可参照高新技术企业标准享受优惠政策，以发挥政策导向和引领作用。一是完善税目，把数字出版产品或服务纳入课税对象。二是降低数字出版产品或服务增值税。建议对出版单位（包括互联网出版单位）的数字内容产品和服务，或实行动漫企业增值税优惠政策，或实行书报刊出版增值税优惠政策。三是减免数字出版企业所得税。建议把传统出版单位所办数字出版企业（包括互联网出版企业）纳入免征所得税范围；或参照高新技术企业或动漫企业缴纳15%的企业所得税。[①]

（三）尽快制定图书交易价格法，维护正常出版市场秩序

长期以来，图书高定价、低折扣，严重破坏了图书价格体系，搅乱了市场秩序。同时，书店之间打折扣战，如民营书店和国有书店之间的折扣战、实体书店和网上书店的折扣战、新书打折（含全场打折）等现象，都造成了市场销售秩序的混乱。早在2010年，中国出版协会、中国书刊发行业协会联合发布过《图书公平交易规则》，但未能实施。[②] 时至今日，书业的折扣战愈演愈烈。调查显示，网上书店图书价格比实体书店平均低20%左右，节日或促销期间低至30%—40%。原有的图书全国统一售价规则被打破，图书销售价格乱象丛生。这种状况已经严重干扰了图书的正常生产和销售秩序。

从国际通行的规则来看，新书不打折是通行做法。如德国2002年10月1日生效的

---

① 王坤宁，郝天韵.全国政协委员魏玉山：对数字出版产业实施税收优惠政策［N］.中国新闻出版广电报，2019-3-7.

② 黄国荣.图书价格战何时了？《图书公平交易规则》的难产过程［N］.中华读书报，2019-03-13（6）.

《图书统一定价法》规定，图书出版之日起 18 个月以后方可被撤销，撤销统一定价是印刷品得以廉价销售的前提。法国《雅克·朗法案》、瑞士图书定价制法律预案都有类似规定。日本、韩国和其他许多国家都是由行业协会制定新书不打折规则。①

图书是特殊商品，具有传承与普及文化、进行舆论宣传和意识形态构建等功能，因此，制定图书交易价格法，对图书销售价格予以保护势在必行。目前，制定此项制度的障碍在于缺少法律依据。我国实行图书固定定价制度，但对图书销售价格一直未有专门法律保障。因此，亟待填补这一法律空白。

为图书公平交易立法，建议国家价格主管部门从立法层面给予突破，为图书交易价格进行立法，遏制恶性竞争，重振健康市场。一是在《反垄断法》中设立图书维持转售价格制度豁免条款。《反垄断法》第 14 条对维持转售价格行为作出了明确规定，第 15 条列举了垄断协议豁免的 7 项类型，但该豁免条款是概括性条款，对图书行业的例外适用部分并不明确，缺少可操作性。因此建议从振兴文化的角度将图书转售价格制度排除在垄断行为之外，单独就图书维持转售价格不适用《反垄断法》垄断协议中的禁止条文作出明确规定，构建图书维持转售价格的豁免制度。二是单独制定《图书交易价格法》。建议制定《图书交易价格法》，明确图书维持转售价格制度。规定图书批发折扣、销售折扣的时间、对象、范围等，禁止随意打折等不正当竞争行为，确保市场竞争效率与公平。②

（四）推动民营书业走高质量发展道路

当前，民营书店发展面临三大压力。

一是市场压力。表现为房租、人力等经营成本普遍上涨，电商竞争激烈，数字阅读分流，盗版、价格战等问题依然突出，这些因素综合起来，严重挤压着纸质图书市场和实体书店发展空间。

二是转型压力。当前，我国正处在转变发展方式、优化经济结构、转换增长动力的攻坚期，消费结构全面升级，需求结构快速调整，对供给质量和服务水平提出了更

---

① 黄国荣. 图书价格战何时了？《图书公平交易规则》的难产过程 [N]. 中华读书报，2019-03-13（6）.
② 倪伟. 魏玉山委员：电商售书随意打折，建议立法规范图书定 [N]. 新京报，2019-03-08.

高要求。

三是创新压力。互联网、5G、工业互联网、大数据、人工智能等新技术正改变着出版发行业态，民营书业不仅面临着同业竞争，而且面临着来自网络、数字文化娱乐方式的强力外来挤压。[1]

面对上述挑战，民营书业要坚持始终把社会效益放在首位，切实转变发展方式，加大创新力度，坚持走高质量发展道路。

一要坚持正确的政治方向，始终把社会效益放在首位。民营书业是宣传文化工作的重要组成部分，要提高使命感、责任感，继承和发扬"艰苦奋斗、敢闯敢干、聚焦实业、做精主业"的精神，为增强文化自信、提升国家文化软实力、满足人民精神文化需求作出更大的贡献。

二要转变发展方式，坚持走高质量发展道路。有效控制品种数量增长，是中央提出的新要求，出版单位在落实，民营书业也应落实。控制品种数量的内在要求是提高内容的质量，民营选题策划公司，特别是教辅策划发行企业，要从拼数量向拼质量、拼服务上转型。

三要齐心协力，营造公平的市场环境。习近平总书记在民营企业座谈会的讲话里提出，要为民营企业打造公平竞争环境，给民营企业发展创造充足的市场空间。公平的市场环境既需要政府的监管，也需要行业的自律，同时也需要通过立法规范图书市场秩序。

四要勇于创新，用新技术新业态创造新发展。出版业融合发展在不断深入，民营书企可以利用自身的管理、人力、技术等方面的优势，在新媒体、影视、动漫、AR/VR、有声读物、知识服务、网络文学、数字出版、数字教育、文创等方面起到先锋作用，在出版业融合发展方面加大投入，积累经验，引领行业的升级转型。[2]

（五）推进国际传播能力建设，提高出版走出去水平

习近平总书记在全国宣传思想工作会议上指出，要推进国际传播能力建设，讲好中

---

[1] 第十六届中国民营书业发展高峰论坛在京举行 [EB/OL]．（2019-04-26）http：//culture. people. com. cn/n1/2019/0426/c1013-31052552. html.

[2] 第十六届中国民营书业发展高峰论坛在京举行 [EB/OL]．（2019-04-26）http：//culture. people. com. cn/n1/2019/0426/c1013-31052552. html

国故事、传播好中国声音，向世界展现真实、立体、全面的中国，提高国家文化软实力和中华文化影响力。推动出版走出去向更高水平提升，需要做好以下几个方面的工作。

1. 加强内容建设，讲好中国故事

一是要大力宣传新时代中国特色社会主义思想，讲好中国共产党治国理政的故事、中国共产党担当使命的故事、中国特色社会主义新时代的故事、中国人民奋斗圆梦的故事、中国坚持和平发展合作共赢的故事，让世界更好地了解中国。二是要展示我国改革开放和社会主义现代化建设取得的伟大成就，充分阐释成就背后的宝贵经验、根本原因、制度优势，充分展现中国人民具有的伟大创造精神、伟大奋斗精神、伟大团结精神、伟大梦想精神。三是要把优秀传统文化的精神标识提炼出来、展示出来，把优秀传统文化中具有当代价值、世界意义的文化精髓提炼出来、展示出来。

2. 加强与"一带一路"相关国家的交流合作

我国出版业与"一带一路"相关国家的交流合作已经从起步阶段进入全面展开的新阶段。面向未来，在"一带一路"倡议大背景下，我国出版业或可在以下三个方面继续努力。一是加强顶层设计与宏观规划。一方面，出版业交流合作与其他行业形成良性互动。另一方面，进一步明确总体的目标，注重版权输出的效益评估，防止国内机构一拥而上，重数量轻质量，重申请轻落实的情况出现。出版企业应主动参与相关国家和市场发展状况的研判，提高项目的精准性和落地效果。二是加强双边与多边合作。2019年与我国签署共建"一带一路"合作文件的国家已经达到131个，其中，与我国出版行业保持版权贸易和项目合作的国家有80多个，出版交流合作还有较大的拓展空间。应加强与这些国家和地区的联系沟通，创新出版走出去的方式和途径，鼓励出版内容的双边和多边合作。三是进一步拓展交流合作的领域与方式。在加强图书版权贸易、出版翻译资助的同时，也应加强对数字出版、教育培训等领域的交流与合作。

3. 加强中国内容的国际表达

优质的中国内容不善于国际表达，既有文化差异、意识形态差异、阅读习惯差异等原因，也有我们国内出版企业自身下工夫不够、机制跟不上等问题。下一步，一要加强对外话语体系研究和建设。深入实施外国人写作中国计划，依托中华图书特殊贡献奖获奖人，广泛联系和积极培养国外汉学家，在把握友华亲华方向的前提下，通过经费资助、课题研究等方式扶持他们研究中国，鼓励支持他们面向国际市场、海外读者，多写客观介绍中国的好书。二要加强国别研究。深入研究国外不同读者群体的文化传统、价值取向和接受心理，建设并用好"走出去"基础书目库，根据国内外出版实际情况，吸纳更多当代中国题材的优秀图书入库。通过招投标等途径，重点资助翻译出版基础书目库图书。三要实施本土化战略。增强重点出版集团的国际经营能力，加快培育有国际影响力的一流跨国出版企业。督促和支持出版企业海外分支机构有效运作，差异化、精准化地定位内容产品，赢得更多的读者，引导有实力的出版企业入股国际知名出版集团。

4. 注重进一步推动期刊走出去

近几年，期刊的对外交流合作势头良好，海外的发行、走出去合办期刊等有新的开拓，未来，期刊业应当加大力度，进一步推动期刊走出去。一是要在质量上下工夫，努力提高质量，满足海外读者多方面的阅读需求。二是要加强习近平新时代中国特色社会主义思想、党的十九大精神的传播，反映当代中国经济社会发展、科学技术、文学艺术等方面的最新成果。三是要加快融合创新，利用数字化产品数量大、覆盖面广、传播迅速的特点，推动数字期刊产品的国际传播。四是要利用海外主流营销渠道增强发行影响力、扩大市场覆盖面，多渠道、多手段、多方式推动期刊走出去。

（六）加强引导，勇于创新，实现印刷业可持续发展

2018年，我国印刷业发展在总体平稳、不乏亮点的同时，也面临着很多现实的困难与挑战。其中，既有资本市场趋冷、下游需求放缓等外部环境和宏观经济问题，也有纸价大幅波动、环保压力有增无减等行业固有挑战，还有中美贸易摩擦突然爆发等"黑天鹅"因素。这些问题相互交织，叠加印刷业自身的减速调整，增加了印刷企业转型发展的困难与挑战。针对印刷企业发展面临的现实问题，广大印刷企业要勇于创新，不断优化内部管理、推进技术改造、加大市场开发力度，提升企业应对复杂市场环境，实现可持续发展的能力。

1. 加强政策引导，推进行业整合，扶持部分印刷企业率先做大做强

近年来，印刷业减速调整迹象明显，部分细分市场率先由增量发展进入存量整合阶段，印刷企业经营压力加大，业绩分化趋势日渐明显，市场淘汰整合速度加快。在

这个过程中，部分实力较强的印刷企业顺势而上，充分发挥自身的技术、管理、人才和资本优势，吸纳市场存量资源，成为印刷市场的整合者。另一部分企业则由于应对失当，在日趋激烈的市场竞争中丧失了发展的主动性，成为行业整合中的退出者。这是市场经济条件下，印刷业发展的必经阶段。建议有关部门因势利导，顺应行业发展趋势，出台适当政策措施，支持部分优势企业做大做强，推进行业资源整合。同时，引导部分竞争力相对较弱的企业平稳退出，避免低端过剩产能在行业中的长期沉淀，优化产业发展环境。

2. 协调制定印刷企业环保治理标准体系，推动行业绿色发展

经过近年来的宣传引导和督查执法，印刷企业大多已经具备了清晰的环保意识，充分认识到了环保治理、绿色发展的重要性。但在实践过程中，各地印刷企业普遍反映存在环保治理标准不清、方向不明、路径不一的问题，有些企业出现按要求配置治理设施仍无法达标的情况。同时，在部分地区，无论是否进行环保治理达标排放，在重污染天气均需要进行停限产，挫伤了印刷企业进行环保治理的积极性。建议印刷业主管部门协调环保部门制定行业统一、明确的环保治理标准体系和切实可行的技术路径，为印刷企业开展环保治理、做到达标排放提供指导。同时，协调环保部门根据印刷企业的环保治理情况制定差异化的停限产政策，对达标排放的企业给予适当倾斜。

3. 抓紧制定印刷业智能化发展路线图，推进印刷企业智能化建设

智能化是破解当前印刷业用工难题，帮助印刷企业提升生产效率、扩大盈利空间的有效手段。经过首届中国印刷业创新大会的推动，智能化发展理念在行业中渐成共识、落地生根。但由于智能化建设是全新的探索和实践，很多印刷企业反映在实施过程中遭遇建设目标模糊、技术路径不清等一系列问题。建议有关部门以《中国印刷业智能化发展报告（2018）》为基础，组织专业力量研究制定印刷业智能化发展路线图，细化印刷企业开展智能化建设的短期与长期目标，提出印刷企业开展智能化建设的建议路径，剖析智能化建设的成功案例，为印刷企业推进智能化建设提供借鉴与指导。

参考文献

[1] 2018年新闻出版产业分析报告［R］. 中国新闻出版研究院.

[2] 2018年新闻出版基本情况［R］. 中国新闻出版研究院.

［3］2018 全国国民阅读调查报告［R］．中国新闻出版研究院．

［4］2018 年民营书业发展报告［R］．中国新闻出版研究院．

［5］范军．2017—2018 中国出版业发展报告［M］．北京：中国书籍出版社，2018．

［6］张立．2018—2019 中国数字出版产业年度报告［M］．北京：中国书籍出版社，2019．

［7］范军．让税收杠杆撬动出版业的繁荣发展［J］．出版发行研究，2018（2）．

［8］郑豪杰．关于中央文化企业公司制改制的思考［J］．出版发行研究，2018（6）．

［9］王坤宁，郝天韵．全国政协委员魏玉山：对数字出版产业实施税收优惠政策［N］．中国新闻出版广电报，2019－3－7．

［10］倪伟．魏玉山委员：电商售书随意打折，建议立法规范图书定［N］．新京报，2019－03－08．

［11］黄国荣．图书价格战何时了？图书公平交易规则的难产过程［N］．中华读书报，2019－03－13．

［12］章红雨．《2018 年度中国出版业发展报告》显示——传统出版与新兴出版共舞市场［N］．中国新闻出版广电报，2018－12－18．

［13］商务君．图书出版单位的社会效益考核该如何打分［N］．出版商务周报，2019－2－18．

（课题组组长：范军；副组长：李晓晔；成员：刘成芳、毛文思、张文彦、田菲、刘莹晨、邓杨、苏振才、于秀丽；执笔人：李晓晔）

第二章

分报告

第一节 2018—2019中国图书选题出版报告

2018年是贯彻落实党的十九大精神的开局之年，是中国改革开放40周年，也是出版管理体制重大改革之年。这一年3月，中共中央印发了《深化党和国家机构改革方案》，新闻出版工作划归中宣部统一管理。出版管理体制重大改革如何影响2018年全国图书出版，并将对未来的图书出版产生哪些深远影响，值得关注与分析。本报告依据中国版本图书馆（中宣部出版物数据中心）的ISBN（中国标准书号）和CIP（图书在版编目）数据，统计分析2018年全国出版单位图书选题出版的基本情况与发展态势，以期总结成绩、发现问题、提出思考。

一、2018年图书选题出版基本情况

数据统计显示，2018年全年共核发书号28.8万个，选题量较2017年同比下降5.94%，为近年最大降幅。这一结果显示，以供给侧结构性改革为抓手的图书出版选题规模调控取得一定成效。其中，哲学社会科学、人文历史两大重点选题领域各细分选题门类多呈明显降势。

（一）哲学社会科学领域

依据中国版本图书馆CIP（图书在版编目）数据统计显示，2018年申报出版哲学社会科学选题约12.9万余种，同比下跌11.01%。政治、经济、哲学、宗教、军事及文化教育各类选题都有不同程度的下降，其中又以哲学宗教类选题降幅最大

（18.04%），如图1所示。

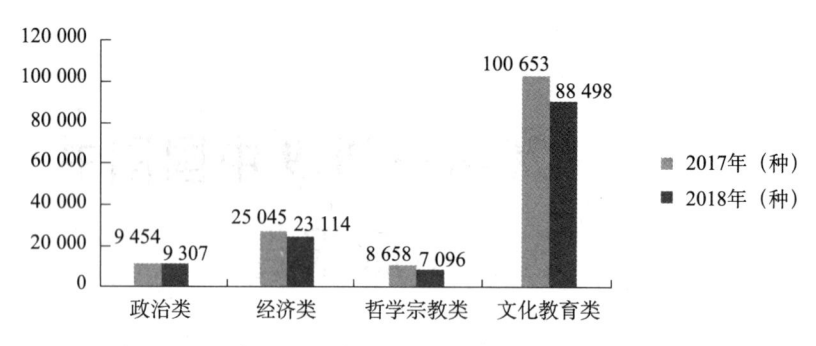

图1 2017年与2018年哲学社科领域出版选题对比统计

1. 政治类选题

统计显示，2018年申报出版政治选题总计9 307种，相比2017年微降1.55%。在选题总量大幅下降的趋势下，政治选题能保持相对稳定，主要源于以下三类细分选题数量的增长。

一是为纪念马克思诞辰200周年而推出的马克思主义类选题增加明显。该类选题2018年共440种，比2017年增加128种。其中马克思恩格斯原著、马克思主义学习研究著作，以及马克思、恩格斯二人的生平传记及人物研究选题都是主要增长点。

二是为加强和推动全面从严治党工作而推出的党的建设相关选题数量增加明显。该类选题2018年共950种，比2017年增加134种。内容涵盖党的组织建设、党员思想政治教育、党的作风建设、党的纪律检查等党建工作方方面面，形式上有党的重要文件、法规汇编及学习资料，也有研究型著作，还有模范党员先进事迹的宣传和介绍等。

三是为响应中国外交新时代到来而推出的国际形势分析和中国外交研究的选题数量增加明显。该类选题2018年共555种，比2017年增加55种。选题内容围绕稳定大国关系、深化周边关系，以及2018年我国主要外交主场活动展开，助力深化和优化中国特色大国外交的进程。

两类政治细分选题数量有所减少。

一是引进版政治理论选题数量明显减少。该类选题2018年共102种，比2017年减少157种。减少的选题包含国外政治理论经典著作、意识形态新思潮研究及各国政治思想史研究等。

二是欧美国家政治相关选题数量有所减少。该类选题2018年141种，比2017年减少61种。与此同时，随着"一带一路"国际战略的逐步深入开展，近两年国外政治研究领域的选题呈现逐步聚焦在"一带一路"周边国家的趋势，研究亚非国家政治问题的选题2018年89种，占比该领域选题的37.87%，较2017年增加了约4个百分点。

2. 经济类选题

统计显示，2018年申报出版经济选题总计23 114种，较2017年下降7.71%，低于哲学社科领域选题整体降幅（11.01%）。大部分经济细分选题数量都有不同程度的下降，而一些新近发展热点产业选题数量则有上升趋势。

中国农业经济选题数量基本稳定。该类选题2018年共1 310余种，主要围绕构建现代农业产业体系、生产体系、经营体系，制定和落实乡村振兴战略、土地利用与管理、发展绿色农业等内容展开。

中国工业经济选题出版态势稳定。该类选题2018年共1 440种，与2017年基本持平。其中涉及制造工业、地质能源工业、电气电子工业、化学工业、轻工业等各细分工业部门的内容，以及地方工业经济和中国工业经济史相关选题数量都有微量增加。

外国工业经济的相关选题结构上变化细微。欧美国家工业经济选题从2017年的59种下降到37种，而关于亚洲、非洲国家工业经济的选题从2017年的27种增加到30种。

邮政、电信经济选题数量上升。该类选题2018年共109种，比2017年增加10种。在选题总量整体下降的大趋势下表现突出。此类选题内容主要涉及邮政、通信、电信以及快递投递等行业，都是近年来发展速度快、规模大，且与民生息息相关的议题。

3. 哲学宗教类选题

统计显示，2018年哲学宗教选题总计7 096种，相较2017年下降18.04%，是哲学社会科学选题大类中数量降幅最大的一类。其中，哲学选题从2017年的7 557种减少到6 162种，同比下降18.46%；宗教选题由2017年的1 101种减少到934种，同比下降15.17%。

哲学选题在总体数量下降的趋势下，内容向中国古典哲学倾斜，国外哲学理论选题数量下降明显。中国古典哲学选题2018年共1 568种，比2017年下降了10.40%，降幅较哲学类选题总体趋缓，内容主要包括先秦到清代古典哲学经典的研究、注译及普及性读物，是弘扬中国优秀传统文化的重要内容组成。国外哲学理论及其研究的选题 2018 年共 408 种，比 2017 年减少 257 种，降幅达 38.64%。

大众心理读物选题出版管控效果显现。2018 年该类选题共 2 485 种，与 2017 年相比减少 525 种。该类选题一直存在的同质化出版、低格调出版等问题在 2018 年有了一定程度地改善，数量减少的同时质量也有了一定提升。

宗教选题有两个较为瞩目的下降点。一是引进宗教选题大幅度下降。2018 年引进宗教选题共 94 种，相比 2017 年下降 54.37%。二是基督教和伊斯兰教选题数量也有较大幅度下降。2018 年基督教和伊斯兰教选题共 102 种，比 2017 年下降 47.69%。相比之下，佛教选题数量相对稳定，2018 年共 585 种，只比 2017 年减少 16 种。

4. 文化教育类选题

统计显示，2018 年申报出版文化教育选题 88 498 种，较 2017 年同比下降 12.08%。出版规模得到有效控制。

中小学教辅出版规模管控效果较好。2018 年度中小学教辅选题共计 61 378 种，相比 2017 年下跌 21.49%。这是近年来坚决推进中小学减负工作的决心的背景下，对该领域出版规模持续关注并有力调控的实绩体现。

学前教育选题出版规模的管控工作有待进一步推进。2018 年学前教育类选题共 12 910 余种，相比 2017 年只下降了 3 个百分点，反映出学前教育"小学化"治理工作在出版领域有待进一步深入实施。

职业教育选题顺应新时代教育形势成为新的增长点。2018 年职业教育选题 820 余种，相比 2017 年有小幅增加。在整体数量下降的大环境下，这一现象充分反映了出版业对新的经济社会发展需要和个人就业形势、劳动市场新动向的前瞻性。

（二）人文历史领域

统计显示，2018 年申报出版人文历史选题 95 176 种，较 2017 年减少 9 996 种，同比下降 9.50%，如图 2 所示。语言文字、文学、艺术、历史地理在内的各类细分选题皆呈降势，2018 年人文历史领域图书出版规模得到有效控制。

1. 文学类选题

统计显示，2018 年申报出版文学选题 48 166 种，较 2017 年减少 5 408 种，同比下

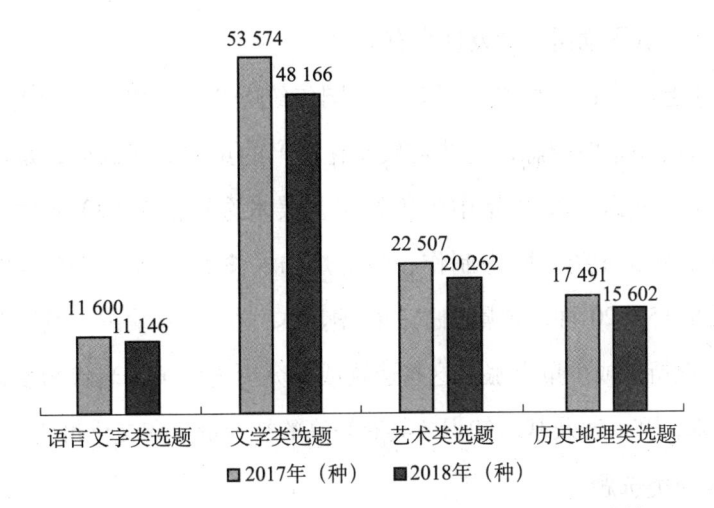

图 2　2017 年与 2018 年人文历史领域出版选题对比统计

降 10.09%。

中国文学选题占比微增。2018 年中国文学选题数量 34 149 种，约占全年文学选题总量的 70.90%，较 2017 年同期提高了 1.28 个百分点。其中，儿童文学作品 9 961 种，较 2017 年同期增加 168 种；小说作品 7 486 种，较 2017 年同期减少 1 370 种。

欧洲文学选题显著减少，亚洲文学选题逆势增长。2018 年外国文学选题数量 12 593 种，同比下降 14.46%，主要归因于英国、法国、德国等欧洲文学选题同比下降约两成。另外，值得注意的是，2018 年亚洲文学选题数量 1 874 种，较 2017 年同期增加 154 种，涨幅 8.95%。

2. 艺术类选题

统计显示，2018 年申报出版艺术选题 20 262 种，较 2017 年减少 2 245 种，同比下降 9.97%。

连环画选题小幅上涨。绘画艺术和文学艺术是中华优秀传统文化的重要组成部分，而连环画集二者为一身，是中华优秀传统文化宝库中的一颗璀璨明珠。2018 年中国绘画选题数量 4 780 种，同比下滑 14.75%。其中，占全年中国绘画选题总量约两成的连环画作品 1 072 种，较 2017 年同期增加 107 种，涨幅 11.09%。

国产动漫选题合理微降，外国动漫选题大幅缩减。2018 年动漫类选题数量 2 759 种，同比下降 10.97%。其中，中国动漫作品 2 341 种，同比微降 5.98%；外国动漫作品 418 种，同比缩减约三分之一。另外，二者比率从 2017 年的 4.09∶1 升至 5.60∶1，说明在利好政策下,我国动漫产业发展卓有成效。

中国传统工艺美术选题量减而质优。我国传统工艺历史悠久、种类繁多,凝聚着千百年来劳动人民的思想智慧,是非物质文化遗产的重要组成部分,是中华优秀传统文化的活态传承与实践。2018年中国传统工艺美术选题数量830余种,同比下降约15.60%。其中,纺染织绣、服饰制作、陶瓷烧造、漆器髹饰、剪纸等相关选题均较2017年同期减少15—20种;金属加工、面塑、木/竹/棕/草编织、风筝制作相关选题则与2017年同期持平或少量上涨。这些选题或探究历史沿革、当代嬗变,或详述工艺流程、技法要求,亦或普及基本知识,具有较高的社会价值和文化价值。

3. 历史地理类选题

统计显示,2018年申报出版历史地理选题15 602种,较2017年减少1 889种,同比下降10.80%。

民国史选题延续降势。2018年民国历史选题数量315种,较2017年同期减少206种,降幅高达39.54%。

中国文物考古选题略降。2018年中国文物考古选题数量仍保持1 513种的较高位,但出版规模呈下滑趋势,降幅6.83%。

中国人物传记选题明显减少。2018年中国人物传记选题数量3 281种,较2017年同期减少502种,降幅13.27%。

进一步细分来看,哲学、军事、经济、艺术四类选题均同比下降20%以上,且艺术类选题相对减量最大;秦汉/三国/魏晋南北朝政治人物、医学卫生、农林畜牧渔相关选题分别逆势上扬44.23%、35.8%、20.00%。

二、2018年图书选题出版主要特征

数据分析显示,与全年图书选题总量整体减少态势相呼应的是,一些广受公众关注的部分重点板块调控效果突出,一些久居不去的结构性顽疾得到初步治理。与此同时,出版单位深挖五大选题富矿,发力"新""精""情""红""实""传""融"七大选题建设,主题出版、学术出版、大众出版和融合出版等领域精品频出,展现出新时代出版新风貌。

（一）部分板块结构趋优

1. 中小学教辅

长期以来，中小学教辅出版因数量繁多而粗制滥造、跟风出版而精品欠缺等问题为公众所诟病。据统计，在图书市场上每出版10本书，就有近3本是中小学教辅。在加快结构调控的大背景下，据《全国申报出版图书选题观察2017年度总报告》统计结果，2017年中小学教辅共计7.82万种，较2016年减少3.09%，所占当年度图书品种总量的比例由26.38%降至24.92%。2018年数据统计显示，全年全国出版单位申报出版中小学教辅（含中等职业教育基础课程）延续了2017年的下行态势，2018年度中小学教辅约6.14万种，相比2017年下降了21.49%，如表1所示。

表1 2016、2017、2018三年中小学教辅选题数量对比统计

年份	2016年	2017年	2018年
选题数量（万种）	8.07	7.82	6.14

2. 公版书出版

活跃于市场上的公版书主要由西方文学名著、古典哲学图书与我国古典文学、哲学图书组成。公版书大量重复出版在生产环节造成产品过剩、库存积压；在流通环节易引发无序竞争，扰乱市场秩序；在消费环节，损害读者的阅读兴趣，影响全社会对于"文化理性"的崇尚与追求。

2018年，管理部门加强对公版书的申报调控，引导出版机构依据受众分层理论、面向细分读者推出不同的编辑版本。统计2017年与2018年公版书出版总量，以第一作者进入公版期为准，覆盖国内近现代及以前与国外文学类的原著与改编图书，以及部分近年来重复出版率较高的军事、生物、林业、传记类图书统计得出同质化重复出版图书概况。结果显示：2018年公版书重复出版图书较2017年减少1 000余种，公版书重复出版情况得到有效改善，呈"选题类别总量"和"单品种图书选题数量"双下降态势。

一是公版书选题类别TOP10总量下降。统计显示，2017年公版书出版选题类别前10位共计4 459种，而2018年这一数字快速降为3 421种，减少了1 038种，降幅约23.28%，如表2所示。

表2 2017与2018两年公版书出版图书类别TOP10对比统计

序号	2017年出版类别	选题量	2018年出版类别	选题量
1	I561 英国文学	910	I242 中国古代至近代小说	608
2	I242 中国古代至近代小说	875	I561 英国文学	555
3	I565 法国文学	823	I565 法国文学	451
4	I712 美国文学	611	I222 中国古代至近代诗歌	324
5	I512 俄罗斯与苏联文学	433	I512 俄罗斯与苏联文学	324
6	I210 鲁迅作品	190	H319 中外语言对照作品	318
7	I516 德国文学	190	I712 美国文学	301
8	I546 意大利文学	187	I246 中国现代小说	280
9	I222 中国古代至近代诗歌	125	I210 鲁迅作品	149
10	I246 中国现代小说	115	I546 意大利文学	111
合计		4 459		3 421

二是公版书单品种选题TOP30总量下降。对比统计2017年与2018年公版书出版选题数量前30名，结果显示，2017年公版书出版前30名选题申报量为2 477种，而2018年降至1 925种，降幅22.29%，如表3所示。

表3 2017与2018两年公版书出版选题量TOP30对比统计

序号	正书名	2017年选题量	正书名	2018年选题量
1	西游记	157	西游记	139
2	三国演义	157	红楼梦	101
3	红楼梦	144	三国演义	96
4	水浒传	136	水浒传	84
5	海底两万里	116	海底两万里	80
6	朝花夕拾	102	小王子	77
7	昆虫记	98	鲁滨逊漂流记	73

续表

序号	正书名	2017年选题量	正书名	2018年选题量
8	鲁滨逊漂流记	88	骆驼祥子	68
9	爱的教育	80	钢铁是怎样炼成的	67
10	老人与海	78	安徒生童话	67
11	格林童话	78	名人传	64
12	绿野仙踪	77	爱的教育	64
13	安徒生童话	77	格列佛游记	63
14	伊索寓言	76	史记	62
15	钢铁是怎样炼成的	76	简·爱	61
16	汤姆·索亚历险记	75	朝花夕拾	61
17	童年	72	猎人笔记	60
18	木偶奇遇记	70	伊索寓言	60
19	福尔摩斯探案集	70	老人与海	56
20	爱丽丝梦游奇境记	69	镜花缘	56
21	格列佛游记	68	格林童话	54
22	名人传	66	爱丽丝梦游奇境记	53
23	猎人笔记	65	汤姆·索亚历险记	52
24	简·爱	64	童年	50
25	尼尔斯骑鹅旅行记	58	绿野仙踪	49
26	镜花缘	56	寂静的春天	47
27	八十天环游地球	54	聊斋志异	43
28	森林报	53	福尔摩斯探案集	42
29	吹牛大王历险记	49	木偶奇遇记	39
30	绿山墙的安妮	48	森林报	37
合计		2 477		1 925

(二) 重点领域佳作频出

1. 选题务新：常讲常新重大主题

2018年出版界重点聚焦主题出版重点领域、我国重大主场外交活动，以及国史、党史重要纪念日，加强顶层设计、精耕内容资源，推出了系列精品力作。

(1) 习近平新时代中国特色社会主义思想

2017年年底，经党中央批准，10家习近平新时代中国特色社会主义思想研究中心（院）成立，进一步深化习近平新时代中国特色社会主义思想的研究阐释。数据反映，2018年有关单位申报出版多种习近平新时代中国特色社会主义思想选题，一批高水平理论图书密集推出，理论与实践结合、内容与形式兼具。

集中反映思想发展脉络和主要内容。《习近平谈治国理政》自2014年9月出版发行以来，广受国内外读者欢迎。上半年有关部门对其进行了修订再版，不仅相继推出了外文版、民文版、盲文版，近期还上线了电子书。作为理论读本，《习近平新时代中国特色社会主义思想三十讲》分三十个专题，全面反映了习近平新时代中国特色社会主义思想发展脉络和主要内容。

阐释思想理论精髓与核心要义作品量多质优。《习近平改革开放思想研究》对习近平改革开放思想作了系统研究，《习近平新闻思想讲义》系统梳理习近平关于新闻舆论工作的新思想新观点新论述，一批图书分别从新时代中国特色社会主义政治、经济、文化、制度、从严治党、国家治理体系等方面对习近平新时代中国特色社会主义思想进行了阐释与解读。

理论宣传普及作品注意区分不同受众群体。人民出版社推出一套以习近平总书记系列讲话精神为依据，以表现新时代爱国主义风范的先进人物和先进事迹为主要内容的爱国主义教育学生读本《迈进新时代 开启新征程》，含拼音版、小学版、初中版、高中版，涵盖面广。

(2) 马克思诞辰200周年

2018年5月5日时逢马克思诞辰200周年。2018年有关出版单位申报出版的马克思主义主题选题数量较2017年同期增幅较大。

有的以纪念形式对马克思经典著作进行再版。人民出版社出版的马克思诞辰200周年纪念特辑涵盖了马克思经典著作《资本论》《共产党宣言》《自然辩证法》等马克思主义经典著作。

有的善抓记述马克思生平历史亮点。中共中央马克思恩格斯列宁斯大林著作编译局编写的《马克思画传：马克思诞辰200周年纪念版》以数百幅珍贵的历史图片、美术作品、实物手迹和肖像剧照等结合文字叙述，展示了马克思为人类进步和解放事业而不懈奋斗的伟大一生。中央党校编写的《向马克思学习》以马克思恩格斯生平事迹为主要内容，提炼归纳马克思恩格斯做人做事做学问的高尚品德和原则。《重读马克思》由国家社科基金重大项目支持，充分阐释了马克思主义在当今时代的发展与重要意义。

有的展现当前时代的马克思主义理论中国化最新成果。如《马克思主义中国化时代化大众化的历程》《当代视角下马克思主义中国化的理论成果分析》等，均以马克思主义中国化的历史进程为线索，从全球化的背景下分析中国选择马克思主义的必然性与马克思主义中国化的必然性。

（3）纪念改革开放40周年

2018年时值我国实行改革开放这一伟大历史决策40周年，在这一重要时间点上，大量纪念改革开放40周年的选题集中出版，形成2018年出版界的一大热点和重点。统计显示，今年各出版单位共申报相关选题1 250余种，涵盖哲学、政治、经济、文化、教育、文学、艺术各个门类。选题内容以回顾历程，总结经验，讴歌成就为主，形式多样，涌现了大批精品力作。

一批通史型选题从全局到地方全面回顾改革开放40周年的伟大历程。其中由人民出版社牵头，联合广西人民等30余家地方人民出版社联手打造的《中国改革开放全景录》是该类型选题的代表。这套书分中央卷和各地方卷，集中反映了全国和各省区市改革开放40年来的伟大实践过程，以及取得的历史性成就。

一批研究型选题致力于总结探讨改革开放取得的地方经验和行业成果。上海人民出版社和格致出版社联合出版的《上海改革开放40年大事研究》，分12卷分别总结研究了上海地区在社会进步、民生优先、产业升级、城市建设等方面取得的经验成果。著名经济学家厉以宁的文集《改革开放以来的中国经济》，把中国经济40年的发展变革之路呈于众前，深刻剖析了中国经济发展之问题所在，并提出了切实可行的解决方案。社会科学文献出版社的《中国生态建设与环境保护：1978—2018》《中国科技发展与政策：1978—2018》《中国社会治理转型：1978—2018》，分别汇总了生态建设、科技发展和社会治理领域改革开放取得的经验和成果。

一批纪实文艺作品用百花齐放的形式讴歌改革开放辉煌成就，生动描绘了各族人民群众在中国共产党带领下建设国家、建设家园的壮丽画面。人民文学出版社的《深圳报告：改革开放40年前沿记录》，用报告文学的形式艺术地再现深圳改革开放进程中高新科技创新的发展历程。连环画出版社的一套《春天的画卷：纪念改革开放40年连环画集》共27册，用连环画故事的形式生动描述了改革开放40年来发生在老百姓身边的人和事。山东画报出版社推出的摄影集《40年400个难忘的瞬间》，通过一幅幅微观、凝固的画面，重温改革开放走过的路。

一批外文选题向全世界宣传介绍中国改革开放的伟大历程和光辉成就。外文出版社依托语言编撰资源优势，面向全世界读者，翻译出版了多套改革开放相关选题，如《中国改革开放四十年简史》《中国改革开放关键词》，分别以中英文出版，介绍改革开放历程和重大事件。《中国新名片》有英文、法文、德文、西班牙文、阿拉伯文等语种版本，讲述了"中国航天、中国高铁、中国新能源、中国桥梁、中国超算"这五张名片背后的故事。《见证中国改革年代：40人的故事》也有英文、法文、德文、西班牙文、阿拉伯文等多语种版本，选取了40位不同领域的中国人的故事，真实生动地讲述了中国改革开放政策是如何践行的，中国的老百姓是怎么样在改革开放的政策指引下过上美好生活的。

（4）社会主义核心价值观和中国梦

社会主义核心价值观和中国梦常年居于主题出版重大选题范畴，有关出版单位针对上述主题出版选题开展追踪、铺设长线，形成了稳固持久的出版能力。2018年相关选题总计约460种，涵盖政治、经济、文化、教育、文学、艺术等门类，不仅有理论研究深度，也有实践指导力度，还有现实生活温度，同时兼顾了受众群体的广度，将这一主题出版持续深入全民政治思想教育和生产生活实践中。

理论研究类选题富有学术深度，全方位多角度深入社会主义核心价值观和中国梦的理论研究，并积极寻求相关的实践理论创新。人民出版社有4种代表选题：《社会主义核心价值观研究前沿问题聚焦》和《培育和践行社会主义核心价值观理论与实践探索》两种选题，围绕社会主义核心价值观的基础理论、基本理念、培育和践行等问题编选学者文章，展示了学界关于社会主义核心价值观研究的新成果；《社会主义核心价值观的大众认同问题研究》和《社会主义核心价值观的榜样引领机制研究》两种选题，前者对社会主义核心价值观的大众认同问题进行了立体的解读和研究，后者探索以榜样来带领社会主义核心价值观的三大机制，具有较高的理论创新度和较强的实践指导意义。广西师范大学出版社的《中国梦的社会公平正义价值蕴涵研究：基于多维视域的考察》，从历史、现实、比较、理想、实践等多维视域对中国梦的社会公平正义价值蕴涵进行了研究。

实践分析类选题具有实践指导力度，为各行业各领域培育和践行社会主义核心价值观和实现中国梦指路引向。人民出版社的《红色文化融入高校社会主义核心价值观教育研究》和上海交通大学出版社的《世界一流大学建设与中国梦》，聚焦高等教育领域，前者以爱国主义教育为载体，阐释了红色文化融入高校社会主义核心价值观教育的理论、路径和对策。后者立足文化基因和制度优势，阐述中国特色世界一流大学建设进程与中华民族伟大复兴的互为因果关系。人民日报出版社的《社会主义核心价值观的对外话语体系建构和国际传播》为中国博士后科学基金资助项目之一，对社会主义核心价值观的国际传播进行了深入探讨和阐述。社会科学文献出版社推出的"华侨华人与中国梦研究"丛书，探讨了中华民族精神的起源、内涵与特质及中国梦背景下的侨乡发展建设问题。

文艺纪实类选题饱含现实温度，透过小人物的故事见证大时代的变迁，传递出中国平凡百姓不平凡的"中国梦"。中国工人出版社的《中国梦·劳动美　全国职工演讲比赛风采录》，让职工群众用演讲的形式交流学习心得，讲述立足岗位奋力拼搏的感人故事。学习出版社的《中国梦·新时代：讲述百姓自己的故事》，通过故事类和曲艺类作品，紧紧围绕"中国梦·新时代"这个主题，生动讲述群众身边的故事，表达群众满满的幸福感和自豪感。新世界出版社的《图说中国梦》系列，通过"中国世相""扶贫的故事"等分册，用纪实专题摄影作品生动展现当今中国社会世相百态。求真出版社的《自强不息中国梦丛书》一套5本，用自传方式真实记录了5位有残疾的主人翁自强不息的人生经历。

普及教育类选题充分考虑受众面广度，将社会主义核心价值观和中国梦主题思想教育在各类人群中全面铺开。培育和践行社会主义核心价值观从娃娃抓起，涌现了不少面向青少年的优秀选题，如《中国梦·少年强：中国好少年故事》系列，通过当代著名青少年的励志成长故事，增强他们自强自信的主人翁精神。《童谣唱响社会主义核心价值观》用儿童易于理解诵读的方式——童谣，使他们从小受到社会主义核心价值观的浸润；《社会主义核心价值观亲子动画绘本系列》选择了动画绘本的形式，可供家庭亲子阅读。另外也有专门面向某一行业工作者的读物，如地质出版社推出的《新时代地质工作者核心价值观读本》，深入浅出地阐述了新时代地质工作者核心价值观的基本内容和主要观点，及培育和践行新时代地质工作者核心价值观应坚持的原则和基本途径。

2. 选题求精：追踪反映学术精品

专业出版社积极追踪学术科研进展，以国家重点出版规划项目、国家出版基金资助项目为依托，策划推出一批展示我国在政治、经济、文化、医学、生物及工程技术等方面取得的重大学术成果新作。

社科学术选题紧密配合当前国家重大发展战略。如国家出版基金项目《"一带一路"国别概览》呼应"一带一路"倡议，用30余册介绍了亚洲、欧洲多个"一带一路"沿线国家的历史、地理、政治、经济、文化方面的基本国情，以及中国与这些国家经济合作的历史、现状和前景展望。国家出版基金项目"中国供应链研究丛书"，从"战略思维、模式创新、技术进步"三个维度，通过"国家供应链战略、产业供应链战略、城市供应链战略、企业供应链战略"四个战略层面来论述供应链战略。

文艺学术选题重在凸显传统民间艺术瑰宝的人文内涵与审美追求。《中国民间泥彩塑集成》作为国家出版基金项目、中国民间文化遗产抢救工程的专题项目，用来自田野民间的鲜活资料，真实而详细地介绍了山东泥彩塑、惠山泥人、天津泥人张、浚县泥咕咕等各地民间泥塑艺术，兼具知识性和欣赏性。北京大学出版社的《唐代诗序及其文化意蕴研究》是国家社科基金后期资助项目，运用考证分析与诗文交叉研究的方法，首次对唐代诗序进行全面考察，并对王勃、陈子昂、皮日休等人的诗序进行全面研究，为唐诗研究提供了新的视角。

自然科学和工程技术类专著汇总自主创新科技成果，彰显"中国智造"实力。隶属"中国大科学装置出版工程"的《观天巨眼：五百米口径球面射电望远镜（FAST）》由天文学家南仁东教授主编，代表了相关领域的最高水平。"十三五"国家重点出版物出版规划项目《中国生物物种名录》《中国植物大化石记录：1865—2005》及《中国常见灌木生物量模型手册》，是生物领域的权威参考用书。国之重器出版工程"空间技术与科学研究丛书"由北京理工大学出版社出版，内容包括卫星通信、卫星遥感、航天器技术研究等，是有关专业科技人员的得力参考。国家自然科学基金委员会与中国铁路总公司高速铁路基础研究联合基金资助项目《中国高速铁路基础研究论丛》，由中国铁道出版社出版，内容涉及高铁技术的方方面面，为国家发展高铁的中长期战略保驾护航。

3. 选题彰情：传承彰显家国情怀

习近平总书记曾多次公开阐述"家国情怀"的内涵外延。近期申报出版的人文选题从弘扬中华廉政清风、传承传统优良家风、宣传模范人物事迹等多角度多层面出发，彰显"家国情怀"这一中华优秀传统文化的深厚内涵。

弘扬中华廉政文化，营造风清气正的社会氛围，是出版教化育人功能的重要体现。相关选题往往以古鉴今、寓教于乐。如人民出版社的《兴廉政 问初心：历史的镜鉴》，从传统文化角度选编历史故事，辅以漫画的表现手法，使读者更易入脑入心；《廉政诗词选》则从古典诗词中汲取廉政建设的力量，兼具政治性和艺术性；《中国古代廉政·医德文化简明读本》将古代政风和职业道德相结合，内容丰富厚重。还有的选题致力于向国际社会展示中国的廉政建设成果，外文出版社的《中国新时期反腐败历程》（德文版、法文版）总结和论述了中国共产党长期以来在反腐败方面所作的努力以及取得的明显成效。

"家是最小的国，国是千万家"，注重家庭家教家风同样是家国情怀主题选题的重要组成。相关选题善于挖掘古今圣贤和文人志士智慧，给今人提供教子的名言、治家的良方。如商务印书馆的《中国古代家训三百篇》、中国文史出版社的《大师们的家风》等，还有的选题着眼普通百姓的家风故事，由中国广播影视出版社策划出版的《中华好家风》视角平民、以小见大，让读者"抬头"看到自己家的影子，"低头"在书中看到可学习、借鉴的楷模与榜样。

一批选题特写当代各行各业英模人物风采，砥砺家国情怀，激发使命担当，向 2019 建国 70 周年献礼。中国工人出版社推出的《煤海撷英》《石油印记》《齐鲁工匠》《逐梦蓝海》系列图书，分别描写了煤炭、石油、工匠及海上石油领域的先进模范人物敢为人先、艰苦创业的工匠精神。两部近期出版图书《戎装天使》和《从银蛇奖到沪上名医》不约而同聚焦医护工作者，记录他们在抗震救灾、抗击超级病毒埃博拉等重大事件中英勇奋斗的身姿。

4. 选题传红：赓续红色文化基因

植根于中国共产党革命、建设、改革进程中的红色文化，因其悠久的历史传承、深厚的文化土壤和丰富的题材储备，正成为当前选题的一大富矿。一批选题或追踪革命遗迹，或讲述英烈事迹，或追忆峥嵘岁月，或颂扬辉煌成就，数量和质量可称上乘，潜力巨大。

红色文学选题表现亮眼。纪实文学《梁家河》自面世以来反响强烈，陆续被译为阿拉伯文、英文、西班牙文、法文、俄文等数个外文版本，旨在向世界讲述梁家河故事，传播好中国声音。纪实文学《照金往事》立足革命史实，真实再现了刘志丹、习仲勋等老一辈革命家创建陕甘革命根据地的艰难历程，为读者打开了一扇回眸历史的独特视窗。长篇小说《国之劲旅》着力刻画了台儿庄战役中第60军官兵奋勇杀敌、激战疆场的壮烈场面，展现了中国战争史上中华儿女誓死保卫家园，坚决抵抗外来侵略的抗争精神和不屈不挠的民族气节。江苏凤凰美术出版社的《朱瑞传奇》以连环画形式生动重现了新中国炮兵奠基人朱瑞从苏北一个书香门第走出来，逐渐成长为我党、我军高级将领的传奇人生。

各地积极编撰具有地方特色的英烈事迹读物。乡土革命传统读物《红色岚谷》集中梳理了在武夷山战斗过的历史人物、从本地走上革命道路的党员同志、革命"五老"以及革命烈士的基本情况。《回望峥嵘读初心》是一套讲述革命战争时期发生在江西各地令人难忘的红色故事系列丛书。《万山红色故事》讲述了土地革命战争、抗日战争和解放战争发生在红色革命老区——贵州铜仁万山的鲜活生动的红色故事。

红色精神学习教育读本层次丰富。既有中国延安干部学院编写的《延安精神学习读本》这样深入论述延安精神概念的主要内容、延安精神与中华民族精神的关系的新作，也有帮助青少年领会沂蒙精神的《沂蒙精神教育读本》和系统梳理改革开放以来学界对红岩精神与中共中央南方局历史研究成果的图书"红岩精神与南方局历史文化资源研究丛书"。

红色文化遗址遗迹梳理成果频频。"丰碑——全国爱国主义教育示范基地大观"丛书，将中宣部公布的五批爱国主义教育基地共428处以省市自治区分册，汇编成22册，通过走进基地，让读者走近红色历史，身临其境。宁夏人民出版社的《银川党史现场》以图文并茂的形式，全面梳理了银川现存的15处珍贵红色印迹。

5. 选题尚实：全面反映建设成绩

近年来，我国在科技创新和重大工程建设领域捷报频传，如嫦娥四号中继星发射升空、"天鲲号"海试成功、广深港高铁香港段开通、港珠澳大桥建成通车、北斗三号基本系统星座部署完成……肩负着宣传中国重要科学研究与重大实践创新成果的使命任务，出版界 2018 年持续跟进热门话题，推出了一批基于原创、反映现实的精品力作。

（1）深挖理论研究资源，书写中国经济建设进展

理论原创图书聚焦"供给侧结构性改革""创新驱动发展""区域协调发展""乡村振兴战略""脱贫攻坚"等国家重大发展战略，从不同角度和层面书写中国当代经济建设进展。

加强供给侧结构性改革主题图书进一步向各行业、各地区研究聚拢。社会科学文献出版社的《深化农业供给侧结构性改革研究》，对农业供给侧结构性改革理论及各地实践进行了研究；中共中央党校出版社的《公共服务供给侧结构性改革》探讨了公共服务业的供给侧结构性改革；《深入推进山东农业供给侧结构性改革》《科技创新与四川供给侧结构性改革研究》，分别关注山东、四川的供给侧结构性改革现状。

区域经济发展战略规划部署及区域各部门经济的分析研究类选题向纵深发展。如《粤港澳大湾区融合发展规划研究》《长江经济带创新驱动发展的协同战略研究》《京津冀协同发展的重点任务与推进路径研究》《京津冀一体化物流发展报告》等，均为有一定深度的理论研究作品。

乡村振兴战略和"脱贫攻坚"主题图书既有理论高度，也有现实温度。中国农业出版社的《乡村振兴战略规划与实施》是国内第一部关于乡村振兴规划编制理论框架的图书；湖南人民出版社的《精准扶贫精准脱贫方略》，系统地分析和阐释了精准扶贫精准脱贫方略提出与形成的国际国内背景、基本内涵、重要内容、实施体系和重大意义；人民出版社的《行进中的中国乡村：一位三农记者的视角》，收集了一位长期致力于三农问题的记者三十多年来的新闻报道和相关研究文章，从亲历者的角度感受农村改革发展厚重艰辛而又荡气回肠的岁月历程。

（2）深挖科技创新成果，反映中国重大建设成绩

忠实记录与反映当前时代始终是优秀图书的关切点所在。一批以当代社会为背景，

植根日常生活、真切映照时代、反映社会进步的现实题材作品陆续推出，涵盖纪实文学、报告文学、人物传记、口述历史等，形式不拘一格，内容丰富多样。

有的选题总结了我国重大成就和关键性突破。石油工业出版社的《中国石油科技进展丛书（2006—2015）》论述了我国在油气储运、石油炼制、井下作业等领域的重大技术进展。浙江教育出版社的"中国大科学装置出版工程"用通俗易懂的语言讲述了长短波授时系统、武汉国家生物安全实验室（P4）等高精尖大科学装置的建设过程、工作原理和应用成就。上海交通大学出版社策划的"海洋强国出版工程"第二期"高技术船舶与海洋工程装备系列"展现了我国在水面无人艇、海洋综合科考船、医院船、载人潜水器等方面的前沿发展技术和水平。中国汽车技术研究中心与北京国新智源科技有限公司共同编写的《中国智能网联汽车创新成果汇编》涵盖了我国在智能网联汽车产业的研发进展、产业概况、创新成果等内容。

有的选题回溯了重大工程建设的艰难历程和背后故事。纪实文学《远征南极：中铁建工集团15次参加中国南极科考站建设纪实》回顾了中国南极建设者们栉风沐雨、砥砺前行的点滴。国新办外宣项目《超算之路》呈现出我国超级计算机从无到有、从落后到领导世界的跌宕史。港珠澳大桥岛隧工程项目总工林鸣编写的《岛隧心录》记录了建设者们的所作所为、所观所感。由《驯水志》《移民录》《修渠记》组成的《命脉》（三卷本）聚焦个体，讲述了南水北调中线工程建设过程中一系列鲜为人知的故事，表现了众多平凡人物奉献、牺牲、勇于担当的崇高精神和博大情怀。

有的选题或再现当代科学家的科学生涯，或讲述新时代的英模故事，激发爱国热忱。中国科学技术出版社的《老科学家学术成长资料采集工程丛书》通过实物采集、口述访谈、录音录像等方式，实现了对金国章、潘君骅、周毓麟等我国老一辈优秀科学家学术成果和科学思想的抢救性保存。广西科学技术出版社的《共和国科学英才》遴选了新中国成立70周年以来在科技领域作出过突出贡献的人才。长篇报告文学《海魂：两个人的哨所与一座小岛》则以朴实、温暖的文字，全景式地展现了王继才、王仕花两位"时代楷模"漫长、艰辛、孤独的守岛生涯。

6. 选题志弘：弘扬优秀传统文化

弘扬中华优秀传统文化是近年来主题出版的一个重要内容。2018年该领域选题仍然保持相当热度，有关出版单位挖掘传统文化丰富的养分，围绕推动中华优秀传统文化创造性转化、创新性发展，策划推出大量优秀作品，为进一步发展先进文化，树立文化自信作出了努力。

一批选题立足社会主义精神文明建设的要求，提炼并宣讲中华传统伦理道德的精华要义。包括倡导培育良好家风、政风，弘扬传统礼法礼制，树立向上向善的社会风气等内容。代表选题如商务印书馆的《中国古代家训三百篇》，从历代圣贤的家训和家书中撷采最富训诲意义、最能体现中华民族优秀传统文化和精神的部分，为今人提供教子的名言和治家的良方。中国科学技术出版社的《中国人的老礼儿》，介绍中国人尊崇的礼节，解析礼节背后的文化内涵，以提升大众的礼仪修为。

一批选题着眼科技文化视角，发掘和介绍中华文明长河中的古代科技之光。内容充实丰富，涉及中医文化、古建筑文化、农业技术、机械技术、纺织技术、生活技术等各个技术门类。如中国医药科技出版社推出的古代中医典籍《张仲景医学全集》和《中医古籍名家点评丛书》，对传承中医药文化具有重要的意义。又如国家图书馆出版社的《国家图书馆藏样式雷图档．颐和园卷》，收集了中国清代宫廷建筑匠师家族——"样式雷"关于修建颐和园的700余种图样和文档资料，是中国古建筑技术和艺术方面的代表选题。还有《农耕百物图说》《图说中国古代纺织技术史》《中国古代机械复原研究》等选题，分别从中国古代农业技术史、纺织技术史、机械技术史的角度，反映了我国古代科学技术光辉灿烂的成就。

一批文学艺术类选题引领大众文化审美力，呈现瑰丽多彩的古典文艺精神世界。有的选题致力于中国古典文学研究，如中华书局《晚唐文学变局中的"温李新声"研究》，在晚唐文学变局的大背景下，对诗人温庭筠和李商隐的诗词创作进行了完整地、多层次地探讨。有的选题引领读者走进传统绘画艺术殿堂，如北京大学出版社《烟霞丘壑：中国古代画家和他们的世界》，是一本中国古代绘画史的通俗读物，以轻松的笔法、隽永的文字将画家、绘事做了简洁的勾勒，引领大众亲近富有人格魅力的绘画大师，领略中国绘画的林泉丘壑。有的选题挖掘中国传统音乐艺术宝藏，如新世界出版社的《乐经集》和新华出版社的《〈燕乐考原〉辩证》，前者是对遗失两千多年的古代音乐经典的重新搜集整理，后者是对中国乐律学史上现存最早的一部专论燕乐二十八调的著作《燕乐考原》的考证研究。

一批选题凸显地方文化特色，展现地方民风民俗，推介各地名产名物。广西师范大学出版社的《为了正在消失的怀恋：八桂江河疍家生存笔记》，考察了自古随河而徙四处漂泊的广西疍民独特的生产生活方式及其现状，对传承和发展八桂传统文化有重要意义。中州古籍出版社的《森林趣话：长白山伐木习俗》，展示了长白山区各族人民千百年来对森林实践活动的认识过程和思想积累。从森林文化角度入手，立意新颖。江西人民出版社的《江西物产总汇》，是一本详实的清末江西名产"百科全书"式的古籍图书，详细记载了江西各地的手工产品、文教艺术产品等名产特产的制作方法、价值用途，附记了源流考证和编撰者说明。

7. 选题趋融：加快实施融合出版

统计显示，2018年出版界推动融合出版从理念到行动、化愿景为现实的行动更为积极，全年共有400余家出版单位、4 800余种图书选题在推动出版融合发展方面付诸实践。这些出版物活用新技术，以传统纸书与现代纸书、有声书、3R（AR/VR/MR）图书、电子书、数据库等相融共存的方式呈现同一IP内容，满足不同用户不同场景下的多元阅读需求。

现代纸书打破了传统纸书的单向传播局面，通过扫码纸质书，付费享用线上衍生内容和服务，满足了读者的多样化、个性化、精准化需求。统计显示，2018年该类选题十余种。如吉林出版集团将《猎人笔记》《寂静的春天》《呼兰河传》等名著打造成具有交互功能的"现代纸书"，通过线上服务，对每位读者精准"画像"，为今后选题策划提供支持。

有声书被誉为继纸质书、电子书之后的"第三种出版力量"。统计显示，2018年该类选题600余种，涵盖时政、教育、文学、艺术等多个领域。新华出版社精心策划的《新时代党员学习90题》除将传统纸书内容同步在"党员书屋"APP上之外，还由咪咕公司提供"有声+视频+电子"同步出版，为新时代"互联网+党建"提供了新型学习方式。商务印书馆的《国韵雅风：2019己亥年诵念古文经典有声日历》精选近百则诗词古文经典选段，由悉心吟诵配以古琴伴奏，使读者能够随时随地感受国子监官韵诵念传承之音。中央广播电视总台编著的《见证：我亲历的改革开放》嵌入了改革开放40年来40位重大历史事件亲历者的采访音频二维码，是一部可读可听的立体出版物。

AR、VR、全息投影等技术植入范围逐渐从最初的少儿科普或游戏类图书向教育、人文、社科等领域扩展，通过二维码可提供音频、视频、微课、情景动画、互动动画等丰富的图书配套资源。由人民文学出版社推出的 CCTV-4 季播节目《谢谢了，我的家》同名图书采用 AR 技术，让读者在阅读的同时重温精彩视频。机械工业出版社的《工程图学基础教程习题集》则嵌入了作者自主研发的 VR3D 版"工程图学"APP 软件，同时还提供了"工程图学在线开放课程"等优质资源。

（三）内容、结构等方面仍然存在问题

数据分析显示，2018 年图书选题出版仍然存在个别出版选题低俗、庸俗、媚俗问题；存在少数书号一号多用问题；存在低水平同质化出版问题；存在部分选题领域结构性失衡问题。其中，低水平同质化问题主要体现为：图书书名和选题趋向一致，且在一个时间段内大量申报出版，以编著为多、水平参差不齐。

如"心灵鸡汤"选题数量居高不下。2018 年选题数量最好的前 10 家出版社中，相关选题就已达 522 种，如果将统计范围扩大至女性心理学通俗读物和儿童文学选题领域，则这个数字更为庞大。

又如个别系列跟风出版。从 2018 年书号数据来看，大众心理读物板块存在大量于同一时段内申报出版，同书名、不同出版社出版的高度相似图书，其典型表现为正书名仅为简单改动，内容简介相似性高、主题重复。其中又以"别让……"书系为突出代表，统计显示共有 23 家出版社出版此类选题 42 种，其中不乏书名完全相同的撞车现象。

再如部分名词滥用于书名。梳理数据发现，一些名词被多家出版社用于出版多种图书，而第一责任著作者往往不同。比较明显的用词是"哈佛""卡耐基""365 夜"等。以"哈佛"为例，2018 年 30 余家出版社申报出版近百种书名冠以"哈佛"的图书，其中 70 余种选题属于同一细分门类（心理类）——《哈佛公开课》《哈佛管理课》《哈佛激励课》《哈佛分享课》《哈佛口才课》《哈佛领导课》《哈佛情商课》《哈佛心理课》《哈佛幸福课》《哈佛优雅课》《哈佛逻辑课》等。上述种种问题是经济利益驱使下的轻选题策划的表现。

三、2019年图书选题出版展望

2018年3月21日，中共中央印发了《深化党和国家机构改革方案》，新闻出版工作划归中央宣传部统一管理。调整后，中央宣传部关于新闻出版管理方面的主要职责是：贯彻落实党的宣传工作方针，拟订新闻出版业的管理政策并督促落实，管理新闻出版行政事务，统筹规划和指导协调新闻出版事业、产业发展，监督管理出版物内容和质量，监督管理印刷业，管理著作权，管理出版物进口等。

舆论普遍认为：新闻出版部门历来是党和国家重要的思想文化宣传阵地。这一管理体制的变更，将进一步加强党对新闻出版的领导作用，强化主流文化的传播；将促使新闻出版工作回归出版价值本质，更加重视出版物社会效益的提升，引导整个出版业向精品出版看齐，多出有利于社会、有利于文化传承与积累的图书，提升出版物的质量水平。

11月14日，中央全面深化改革委员会第五次会议审议通过《关于加强和改进出版工作的意见》。体现了党和政府对出版工作的高度重视，为构建把社会效益置于首位、两个效益相统一的出版体制机制，努力为人民群众提供更加丰富、更加优质的出版产品和服务指明了方向。

这一套出版管理体制改革组合拳对2018年图书选题出版产生了即时又深刻的影响。如前文所述，不仅全年图书选题总量同比降幅达近年最高，一些广受公众关注的部分重点板块调控效果突出，而且主题出版、学术出版、大众出版和融合出版等领域精品频出，展现出新时代出版新风貌。

回望2018，中国图书出版已然站在了一个新的历史节点上，即高质量发展将是今后发展的基本遵循和根本着力点，图书出版要以社会效益为中心，实现由高速增长阶段向高质量发展阶段的过渡，进而助力我国由出版大国向出版强国迈进。这一历史进程要求出版界持续深化供给侧结构性改革，着力选题质量的提升与单品效益的提高，探索建立以单品种平均效益为核心的发展质量评价体系，进一步解决少数出版选题低俗、庸俗、媚俗问题，解决少数书号一号多用问题，解决低水平同质化出版问题，解决部分选题领域结构性失衡问题，不断加强阵地管理。

展望2019，站在新的历史节点上，中国图书出版可在以下方面深度发力。

一是深入实施精品战略，在主题出版领域有新作为。出版业肩负着提升国民文化自信的重要使命。2019年将迎来建国70周年重大历史事件和中国一系列主场外交活动，从走高质量发展之路出发，大力实施精品战略，深刻把握出版发展趋势，持续优化选题结构，着力推出一批回应时代关切、体现时代主题的优秀选题，多出精品、打造高峰，努力实现把社会效益放在首位、社会效益和经济效益相统一，应当进一步成为出版从业人员的主动意识、自觉选择与全面实践。

二是大力实施融合战略，在出版新形态建设上有所作为。《新一代人工智能发展规划的通知》提出，到2030年中国人工智能产业竞争力达到国际领先水平，技术创新正在成为未来社会越来越重要的核心驱动力，同时也正在不断催生新型出版业态。面对融合出版的浪潮，出版业要大力实施融合战略，大踏步进入融媒体出版，从管理模式、组织架构、技术创新等方面与新兴媒体相互学习、形态互补、顺势图变，是建设出版新业态新形态的题中应有之义。

［徐　来　中国版本图书馆（中宣部出版物数据中心）］

第二节　2018—2019 中国图书市场报告

2018 年是图书出版发行行业全面贯彻和落实党的十九大精神的开局之年，也是进一步推进产业转型升级、加快供给侧改革的重要一年。这一年，无论是在行业主管部门的政策推动方面，还是在业内上下游企业的创新尝试方面，都有诸多变化。在不断的推进和尝试当中，行业未来发展的前景更加明朗。鼓励融合创新、强化高质量发展、把社会效益放在首位，成为出版行业长期更好地服务阅读、服务读者的方向指引。同时，增值税优惠、实体书店扶持等行业优惠政策也为现阶段出版发行企业开拓创新、更好地实现转型升级提供了有力支持。

在这一年，图书零售继续保持快速增长，实体书店新开店热潮继续，图书产品服务形态和营销方式的新做法层出不穷，更多科技化、智能化的服务形式改变着书业企业的服务面貌。对于行业上下游的众多机构来说，经营压力犹在，业界也在这些压力当中酝酿和创造着新的未来。

一、2018 年中国图书零售市场基本情况

（一）纸质图书零售继续增长，市场增速有所回落

2018 年，我国纸质图书零售市场继续保持快速增长。根据北京开卷[1]发布的数据，

---

[1] 北京开卷全称北京开卷信息技术有限公司。本文中关于零售市场规模、结构等相关数据，未经特殊说明，均来自于北京开卷相关数据分析，数据统计来自 1998 年开始建立的"全国图书零售市场观测系统"。截至 2019 年，该系统覆盖全国线上、线下的 6 000 余家图书零售终端。

合并线下实体书店渠道和线上网络书店渠道，2018年全国图书零售码洋规模达到894亿，实现同比增长率11.3%，如图1所示。

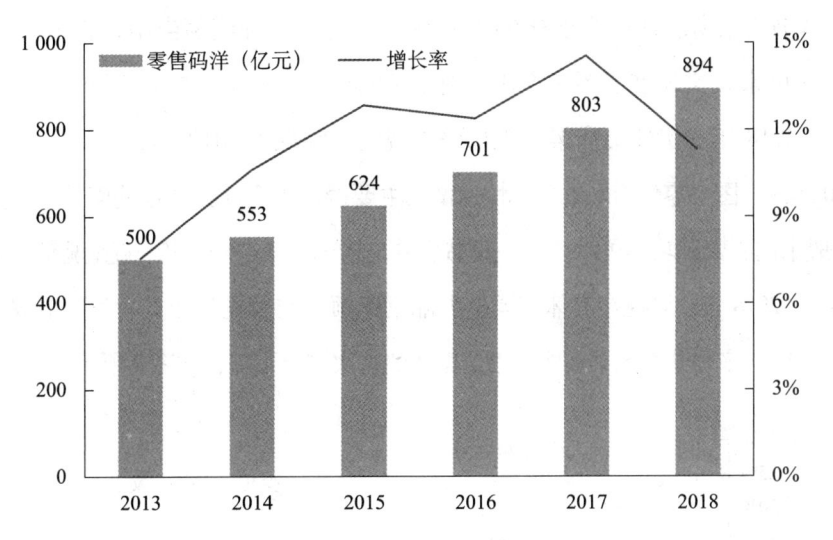

图1 近5年来我国图书零售市场码洋规模与市场增速比较

数据来源：北京开卷

与前几年相比，当前零售市场增长速度稍有回落。数据显示，2018年图书零售市场同比增速低于此前2015年至2017年各年度增速。

2018年全年首次动销的新书品种数达到20.3万种，与2017年新品出版规模基本持平。这也是自2012年以来，连续第七年零售市场当年首次动销的新书品种数位于20万种—21万种之间。2018年新书定价继续上涨，首次动销的新书定价中位数达到40元，比2017年同指标的38元又有所升高。

总体说来，我国图书零售市场仍旧处于快速发展的进程当中，市场增速回落一方面来自于市场长期快速发展的阶段性回调，另一方面也和全行业强化高质量发展、上下游企业转型升级的蓄势待发直接相关。

（二）线下线上冷热不均，网络书店渠道对整体增长贡献明显

对比线上、线下两个渠道的市场规模和年度增长速度，会发现当前图书零售增长的主要来源是网络书店渠道，而实体书店渠道图书零售仍旧面临较大压力。

1. 实体书店渠道再现负增长，实体渠道少儿和文学类图书增长受阻

2017年实体书店渠道图书零售实现了小幅增长，同比增长率为2.33%。进入2018

年这种增长趋势未能继续,实体书店渠道图书零售增速再次转负,出现了6.69%的下降,这也是从2012年实体书店渠道首次出现负增长之后的第五次。"震荡波动"成为近几年实体书店渠道总体规模变化的主要特征,而在这种震荡当中,收缩又略多于增长。2012年以来,实体书店图书零售实现增长的年份有三次,出现下降的年份为四次。数据显示,2018年的实体书店渠道零售码洋规模已经低于2012年。

近20年来,图书零售市场的整体快速增长主要得益于全社会阅读的繁荣,这其中面向大众的一般书出版繁荣功不可没。在一般书当中,文学和少儿类图书一直是驱动市场增长的主要推动力。2018年,以往在实体店渠道内部增速领先的少儿类和文学类图书双双出现下降,这也是20年来少儿类图书在实体书店渠道的首次同比下降,如图2所示。

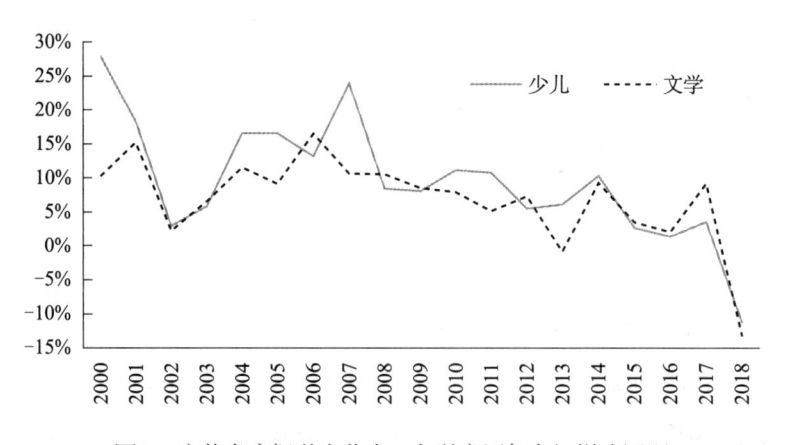

图2 实体书店渠道少儿类、文学类历年市场增速回顾

数据来源:北京开卷

在最近几年的大型书城升级改造中,少儿图书板块一直被作为升级亮点,少儿图书的销售热度一直被书店广泛认可;除此以外,少儿图书对延长顾客停留时间、提高服务黏性、关联其他品类销售转化等方面的特点也是让书店从业者们对其颇为看重的重要原因。业内也出现了像青少年阅读大世界、小海豚书店、文轩Kids等专门的少儿主题书店。如今少儿类图书在实体店渠道出现销售下降,对众多书店希望以少儿图书板块带动图书销售的思路无疑不是个好消息。

2. 网店渠道对整体零售增长贡献突出,打折售书作用明显

北京开卷数据显示,2018年网络书店渠道图书零售码洋超过570亿元,继续保持较高速度增长,年度增长率为24.7%。虽然网店渠道的年度增速也已经放缓,但是每

年超过20%的整体增幅还是非常可观的。

近几年来，网店渠道内部也在不断发生着变化。传统自营电商流量见顶，获取新增流量的成本越来越高，各个平台对存量用户消费力的争夺也越来越激烈；社群电商在经历了2016—2017的爆发式增长之后，也开始面临着流量分散、竞争加剧、单次营销活动销售效果下降的普遍局面。与此同时，出版单位通过借助天猫书城等第三方平台大力发展自主电商业务，强化出版品牌与读者之间的直接连接；出版社甚至根据与读者一线接触获取的需求特点，专门开发针对单一渠道的图书产品，操作手法完全不同于以往的渠道发行方式。出版单位的这些做法本身也在进一步加剧着电商渠道内部对读者购买力的争抢和竞争。

在各个电商平台上，各类电商经营主体的竞争活动一轮又一轮展开，其中最常见也最有力的手段就是打折。久而久之，整体线上折扣售书的生态已然形成，读者对"买书就要打折"的认知也不断被强化。2018年，网店渠道的折扣售书强度又有所加大，具体表现是"满减促销"已经不再只是集中于"423""618""双11"等几个主要营销节点，而是变得更加常态化。在当当、京东等主要平台上，不同类别"100－50""100－40"的促销活动轮番上演；社群电商的定期团购，拼多多上的结伴拼单，更是把图书的销售折扣不断拉到更低。据北京开卷在2019年初发布的"售价折扣"来看，2018年各类电商平台的一般售价平均折扣为"62折"，如果合并各类满减、优惠券等活动，实际售书折扣只能更低。

（三）类别增长亮点与往年有所变化，教辅教材类领衔各类别增长

在介绍了线下、线上两个主要渠道的情况后再来看不同类别的年度增长变化会更有助于对相关数据的理解。

在2018年图书零售市场上，码洋增速表现最突出的类别是教辅教材类，年度同比增长率达到21.05%；其次是社科、科技和少儿类，年度同比增长率位于13%—15%之间，语言类也实现了9%左右的年度增幅，而文艺类和生活休闲类的增长表现不足，如图3所示。可以说，这一类别表现与往年的差别还是比较明显的。在2017年零售市场成长性最强的三个类别是少儿类、社科类和文艺类图书。到了2018年，教辅教材类、科技类增幅上升，社科类、少儿类和文学类增幅下降，这也与近两年市场上的图书零

售渠道演化、畅销主题变化有直接关系。

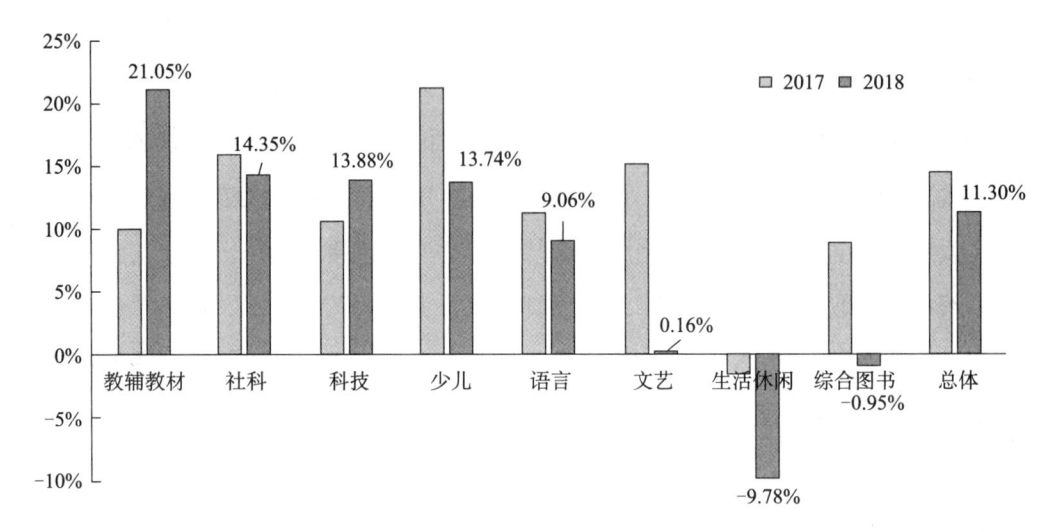

图 3　2017 年—2018 年图书零售市场主要类别增速比较

数据来源：北京开卷

对比线上与线下两个渠道的各类别同比数据，如图 4 所示，可以有两项重要发现。

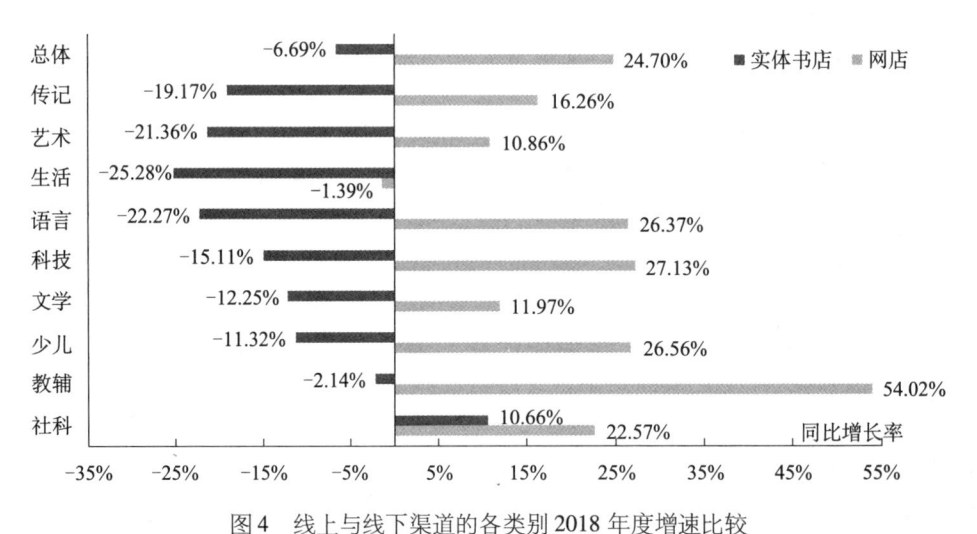

图 4　线上与线下渠道的各类别 2018 年度增速比较

数据来源：北京开卷

第一是整体图书零售的市场增长基本上由网络书店渠道带动：2018 年实体书店渠道当中除了社科类以外的各个分类市场全线收缩；而在网店渠道当中，只有生活休闲一个类别表现为小幅下降。实体书店渠道的社科类图书增长还主要依托于马列类等和政企阅读服务有关的图书品种。可以说，这组数据也进一步证实了实体书店零售卖场的经营压力。

第二是教辅类的大幅增长也是主要来自于网店渠道，实体店教辅类虽然相比其他分类表现较好，但仍旧处于销售下降的状态。在网络书店渠道聚集了越来越多读者购买力的背景下，出版机构不得不加大对网络渠道的发行投入，就连以往作为市场刚需、在实体店渠道很少打折的教辅也开始大量"上网"。当然，始于2017年的中小学教材"一纲多本"向"统一部编版"教材转化的安排也对这一现象起到了促进作用。在"一纲多本"时代，"教材教辅版本多、各地需求差异大"的局面给教辅图书选品和零售提出了很强的差异化需要；而在教材版本趋于统一之后，教辅出版市场也进一步聚焦，品牌和产品的竞争集中度都将加强，网店渠道的规模化销售趋势也就越发凸显出来。

（四）新书畅销热度不足，经典老书和主题出版是畅销主力

2018年正值中国改革开放40周年，一大批出版物回顾和分享了各行各业的改革历程和经验，在当年图书市场上形成一道亮丽的风景线。6月8日，中宣部办公厅公布2018年重点主题出版物选题目录，包括《大江大河》《归去来》《青春抛物线》在内的69种图书选题入选。

从图书零售总体表现来看，全年畅销话题仍旧主要聚集在经典著作、传统文化、主题出版、治愈系暖文等方面。年度最畅销的大众畅销书前三名依次是《活着》《梁家河》和《解忧杂货店》。上榜图书当中新书表现不强，在虚构类、非虚构类和少儿类年度榜单前10名中只有3本是2018年上市新书。在三个类别各自年度TOP100榜单当中，当年新书的数量均不足20种。表1展示了虚构类、非虚构类和少儿类在2018年最畅销的图书作品。

表1 2018年虚构类、非虚构类和少儿类年度畅销书TOP10

排名	虚构类	非虚构类	少儿类
1	活着	梁家河	夏洛的网
2	解忧杂货店	习近平的七年知青岁月（平装）	草房子
3	三体	浮生六记	小猪唏哩呼噜（上）
4	三体Ⅱ——黑暗森林	红星照耀中国	狼王梦

续表

排名	虚构类	非虚构类	少儿类
5	三体Ⅲ——死神永生	你坏	小猪唏哩呼噜（下）
6	平凡的世界（全三册）	原则	窗边的小豆豆
7	追风筝的人	天才在左 疯子在右（完整版）	小王子
8	摆渡人	目送（插图新版）	笑猫日记——又见小可怜
9	百年孤独（50周年纪念版）	半小时漫画中国史（全新修订版）	我爸爸
10	围城	我们仨	了不起的狐狸爸爸

分别查看实体书店渠道和网络书店渠道的大众畅销书榜单，可以发现两个渠道的热点差异也有所不同。2018年，实体书店渠道最畅销的图书是《梁家河》和《习近平的七年知青岁月》；而在网店渠道当中，排在前三甲的畅销图书依次是《活着》（作家社版）、《解忧杂货店》和《别输在不会表达上》。在两渠道的TOP10榜单对比中，完全重合的图书仅有一本——《解忧杂货店》，另有《活着》在两个渠道都有上榜，但却是来自两家出版单位的不同版本。

二、影响图书出版业的重要因素和事件

（一）强化出版物质量管理，高质量发展成为行业发展指针

2018年3月，原国家新闻出版广电总局启动出版物"质量管理2018"专项工作。这不仅是对前几年年度质量管理专项工作的延续，更明确了本年度的检查重点和检查方向，对前期问题比较多的引进版图书和公版图书加大检查力度。在上半年，书号发放环节也加大审核力度，严把新书出版质量关，从源头上控制图书出版质量。叫停同一作品品种的重复出版、"多品种、低单品效益"的出版做法，取而代之的是倡导提高单品出版质量和单品效益。

党的十九大报告指出，我国经济已由高速增长阶段转向高质量发展阶段。图书出版行业的每年新书品种数从2012年开始就基本保持稳定，依靠大规模品种扩张支撑的粗放式增长方式已经结束历史使命，图书出版开启强化单品效益的精细化增长时代。

2018年初开始的这一轮质量管理工作发起于行业主管部门,既覆盖已经上市的图书质量核查,更从新书出版的源头着手,这也正是图书出版业直面供给侧改革的内在要求。当然,这也给整体出版从业者带来了新的挑战,未来,单纯依靠市场增长"顺势而为"的出版从业者将难有出路,而真正具有优秀产品策划和出版能力的从业者将会获得更大的机会。

(二)图书出版发行划归中宣部管理,行业发展规划再启新篇章

2018年上半年,国务院机构改革方案出炉,原国家新闻出版广电总局的新闻出版管理职责划入中央宣传部,中央宣传部对外加挂国家新闻出版署(国家版权局)牌子。出版业归口中宣部体现了党和国家对出版事业的重视和期望,在出版发行行业转型升级、实现高质量发展的背景下具有重大意义。

2018年11月,中央全面深化改革委员会第五次会议审议通过的《关于加强和改进出版工作的意见》指出,加强和改进出版工作,要坚持中国特色社会主义文化发展道路,坚持为人民服务、为社会主义服务,坚持百花齐放、百家争鸣,加强内容建设,深化改革创新,完善出版管理,着力构建把社会效益放在首位、社会效益和经济效益相统一的出版体制机制,努力为人民群众提供更加丰富、更加优质的出版产品和服务。由此,再一次明确出版行业要把社会效益放在首位的指导性原则,指出了当前出版行业内部存在的一些不和谐现象。该《意见》指出,必须牢固树立为读者服务,为国家的改革开放、为国家的现代化服务这一总的原则,鼓励行业发展创新力,更多地出版原创读物。2018年是中国改革开放40周年,也是图书出版行业总结经验、再次起航的重要时刻。

(三)社会效益量化评价开启,双效评价落到实处

2018年12月,中宣部印发《图书出版单位社会效益评价考核试行办法》。这是继2015年9月中共中央办公厅、国务院办公厅印发《关于推动国有文化企业把社会效益放在首位、实现社会效益和经济效益相统一的指导意见》明确国有文化企业社会效益指标考核权重应占50%以上后,中央出台了第一个图书出版单位社会效益量化考核文

件。除了对图书出版单位的考核外，中宣部也已印发了《新华书店社会效益评价考核试行办法》。

进入2019年，各图书出版发行单位陆续开启社会效益自评，这也是全国图书出版发行体系首次统一量化考核社会效益。可以预见，纳入顶层设计的社会效益评价与考核将在未来一段时间成为产业升级、结构调整的重要指针，将一直以来尚未实现全面量化评估的社会效益指标明确化、数据化，使其成为可度量的硬性指标，也是对全行业完整评价的突破性进步。

（四）行业优惠政策继续，实体书店扶持力度加大

2018年1月，《公共图书馆法》实施，这是党的十九大之后出台的首部文化方面的法律，也是公共文化领域继《公共文化服务保障法》之后的又一部重要法律，对于促进公共图书馆事业发展有重要意义；图书馆对纸质和电子出版物的长期需求，让出版机构在馆配市场上得到了更大的发展空间。

2018年4月，财政部、国家税务总局印发《关于调整增值税税率的通知》，明确原适用11%增值税税率的图书、报纸、期刊、音像制品、电子出版物，其税率调整为10%。6月，宣传文化增值税优惠政策通知继续，确定自2018年初至2020年底，免征图书批发、零售环节增值税；对7类出版物在出版环节执行增值税100%先征后退的政策；对两类出版物在出版环节执行增值税先征后退50%的政策。

2018年，全国范围的实体书店扶持工作继续深入。从2014年原国家新闻出版广电总局联合财政部发布实施《关于开展实施实体书店扶持试点工作的通知》开始，国家和各级政府先后制定相关政策并发布通知文件，推进实体书店的普及、农村实体书店建设以及品牌书店的发展，其中大部分地区都已经发布支持实体书店发展、升级的扶持资金管理办法，每个地区的专项资金从百万到千万以上不等。这些资金扶持政策中大多以专项资金、贴息、奖励的形式实施，其中每家实体书店可获得的补助少则几万，多则上百万。在上海，2017年《关于上海扶持实体书店发展的实施意见》首次将实体书店发展纳入城市规划和发展的"顶层设计"，规定在城市建设中为实体书店预留经营场所，达到8万人的居住小区应预留不少于200平方米的书店面积。在北京，市政府于2016年和2017年每年投入1 800万元扶持实体书店；到2018年，实体书店工作被列为

全市重要民生实事、市公共文化服务体系建设工作重点任务，扶持资金上升到5 000万元；2019年，北京实体书店扶持资金达1.2亿元。

（五）全国范围新开书店热潮继续，参与者和经营模式均有创新

到2018年，实体书店新开店热潮还在继续。从不断增加的书店数量，到深入城市各处的高颜值书店，可以看到图书零售端迎来了一轮空前的繁荣。在这一年，新开书店亮点已经不仅仅是在数量增长方面，更多地体现在类型化趋势当中。书店经营者在开店之初就在强化书店定位和书店产品的策划意识，甚至已经开始形成连锁书店内部不同的产品线。"参与品牌多""定位意识强""科技手段新"，可以说是2018—2019年前后关于新开书店的关键词。

首先，各省新华书店卖场升级改造以及多种类型网点建设进入全面落地阶段；新华子品牌不断裂变，在个性化品牌打造和定向人群服务方面成绩斐然。其实，新华书店子品牌建设的历史由来已久，上海新华"一城书集"、四川新华文轩的"轩客会"、湖北新华"九丘书馆"、皖新传媒"前言后记"、河南新华"尚书房"、云南新华"乡愁书院"等都是被业界广为熟知的案例。在书店新一轮网点建设当中，越来越多的出版集团和新华书店将子品牌建设继续推向深入，2018年到2019年，我们也看到了一些新的进展。2018年6月，由上海世纪出版集团和松江区共同打造的新型多元文化空间——"朵云书院"正式对外开放，选址在广富林文化遗址内。2018年9月，"盛文·北方新生活"抚顺店开业，这是该品牌自2017年开启之后的又一个大型项目。"北方新生活"是辽宁出版集团旗下的北方图书城的子品牌，进入2019年，"盛文·北方新生活"锦州店和大连店也陆续开业。2019年5月，新华文轩打造的Kids Winshare文轩儿童书店（环球店）正式开业，这是Kids Winshare的第一家独立的儿童主题书店，其实在2017年九方Books开业时Kids Winshare就已经同步推出。

第二，越来越多的品牌书店开始跨区域布局，以往致力于本地发展的一些知名品牌开始将触角扩展到其他省份。有别于一开始就定位全国发展的民营连锁品牌，国内众多书店以往更多地集中精力服务本省或者区域市场，不过在近几年，跨省发展的现象悄然兴起。2017年11月，广州购书中心北上天津开店曾经引得业内广泛关注；进入2018年，类似的案例还在增加。2018年1月，"三联韬奋书店"在北京开启三里屯店

之前，先行入驻了成都宽窄巷子；10月，在北京已经积累了一定人气的"机遇空间"在上海开出旗舰店；12月，"上海三联书店READWAY"进驻北京朝阳大悦城；2019年初，北京"单向空间"进驻杭州远洋乐堤港。在实体书店经营压力不小的当下，这些书店敢于突破地域限制，也有多方面的原因：（1）自身品牌影响力加强，借助线上服务的方式，部分品牌的粉丝已经扩展到全国；（2）已合作的商业地产认可书店品牌，鼓励书店随同商业品牌异地联合发展；（3）遍布全国各地的实体书店扶持和吸引政策，也增强了一些品牌书店异地开店的信心和动力；（4）快速发展的交通设施、全国范围内物流和供应链业务的成熟，让异地运营的经营压力似乎可以接受。总的来说，让优秀的品牌书店能够走出本地，走到更多读者身边，让读者有了更多选择，这本身就是一件非常有意义的事情。

第三，部分民营连锁品牌在扩展门店数的同时，已经开始进行门店产品线的裂变，并在2018年推出了对其发展具有标志性意义的产品。伴随着连锁门店数量的增加，品牌进一步子品牌化也开始成为趋势。比如"言几又"旗下的门店可以大致分为"言几又""言几又·今日阅读""言几又·见""言几又·言社"等；而在2018年7月开业的言几又广州K11店和10月开业的西安迈科中心店则是属于"言几又品牌旗舰店"系列，此前能进入这一序列的只有言几又成都IFS店。截至2019年年初，西西弗的门店数量已经超过200家；在2018年，西西弗也完成了书店产品线的裂变——9月，西西弗在太原万象城开出第一家黑标店；12月底，西西弗在北京华联常营店开启第一家红标店——至此，西西弗的三种标准店型悉数亮相；其中，绿标店（Park Books）是西西弗的传统店型，黑标店（City Books）定义为城市高端店，红标店（Garden Books）则定位于家庭主题。

第四，在书店与商业结合模式验证成功之后，也得益于行业利好政策的带动，有越来越多的业外机构加入到开书店的队伍当中。北京SKP RENDEZ-VOUS时尚创意书店于2017年底开业，是全国第一家开在奢侈品旁边的书店，这家书店由SKP独立打造，引入了原时尚廊的主理人操盘。2018年12月，深圳万象城前檐书店开业，由华润地产独立打造；与SKP类似，书店管理团队中也引入了资深书店管理人。除了上述两家商业地产主导的书店以外，2018年8月在上海开业的读者书店、10月在上海开业的"一条生活馆"、12月在厦门开业的十点书店分别来自期刊社和互联网应用。根据11月上海办公文具展上发布的信息,在书店经营者引入其他业态到书店的同时,有一些规模较大的文具店也开始引入多种类别的图书,与原有文具商品形成互动。

第五,除了门店数量增加、门店产品线细分以外,实体店在经营和营销方面的新创意也越来越多,在营销和展陈方面的跨界联合开始成为店内聚客的亮点。2018年7月,北京新华书店王府井书店与东城区图书馆合作,将其六层打造为东城区第一图书馆的分馆之一。9月,宜家在成都文轩BOOKS打造了大型客厅阅读空间;12月,宜家又和位于沈阳的玖伍文化城合作,将三层的儿童绘本馆建造成一座"儿童阅读森林"。2019年初,文轩BOOKS联合网易严选,在成都推出了一个超过100平方米的场景化阅读空间——"新中产的书房"。这些品牌之间的合作未必会成为常态,但是这些跨界联合做法本身确实非常值得研究,联合优秀的异业品牌不仅能够在营销方面造势,更重要的是可能开启书店与读者服务连接的新的可能。

(六) 科技手段助力经营创新,黑科技推动书店应用升级

2017年一度被誉为国内的"新零售元年",自此"新零售"概念被各行各业广泛关注。在图书零售行业,围绕"智慧书城"建设,智慧化零售和无人书店也为实体书店带来了耳目一新的变化。

2018年1月,北京发行集团旗下"新华生活+24小时无人智慧书店"开业,店内整合了自助结算系统、全智能商品识别、远程客服协助、动作识别防盗系统、人脸识别等创新技术,并实现24小时运营。4月,天猫首家无人书店志达书店在上海开业,通过电子支付连接线上和线下,在支付时通过顾客线上信息建立电子会员体系,以便推送个性化的促销商品。7月,深圳书城龙岗城开业,该书城通过大数据应用、移动支付、人脸识别等最新科技手段推出了深圳首家无人书店,实现智能导购、智能营销、智能展示、智能收银结算,给顾客带来科技感和体验感并重的智能体验。10月,浙江杭州博库书城天目店在全面升级后重新亮相,并引入智能付款、智能书架、人脸识别等多项创新技术为读者提供更佳的互动和体验,同时还可以通过采集和分析客户数据,提升运营和服务水平。

这些黑科技实施起来价格不菲,可能在短时间之内也不能在书店实际运营工作中实现很高的应用价值,但是可以让行业和读者都更加接近零售行业可能的未来。

(七) 出版机构革新产品与服务，融合发展落地机制逐渐完善

在新技术带动零售书店变化的同时，上游出版也在被新技术影响并发生着变化。对内容资源的深度发掘、结合新技术手段丰富读者服务，成为出版工作的主基调，而伴随着产品的变化，出版社的内部工作机制也在发生变化。

首先，数字内容形态和纸质内容形态有机融合，催生了"现代纸书"。出版机构的数字出版不再是纸书数字化、电子书、扫码听书等单一形式，而是可以充分结合两种载体各自的优势，更好地向读者传递内容，方便读者在同一场景下的组合使用以及在不同场景下的便捷操作。

其次，知识付费模式日渐成熟，某些方向的图书策划与出版产业链正在被改写。一些内容服务平台、渠道商纷纷通过知识服务、在线课程等方式直接服务读者，进而入局图书出版，这种内容生产模式已经覆盖了一部分原本属于出版社和编辑人员的工作，同时平台还牢牢掌握着最终用户。他们通过"先讲述再出版"的方式，已经将"一本书"从诞生到销售的各个环节打通，在此过程中，出版社的角色已经发生改变。2018年中信出版集团出版的《薛兆丰经济学讲义》和广西师范大学出版社出版的《枢纽》，内容都是来自知识付费平台。在一些专业领域，众多专业出版社的优势依旧突出，也就有在相关内容服务领域更大的话语权——比如外研社、商务印书馆、中国建筑工业出版社、中国水利水电出版社、化学工业出版社、法律出版社等都依托自身专业优势建立了相关的知识服务平台。

再次，伴随着内容产品形式的扩展，图书出版的营销工作以及内部管理机制也在发生变化。在营销方面，新的传播形式与传播通路不断扩展，直播荐书、抖音宣传开始成为一些出版单位的营销标配；借助新型营销通路和营销方式，出版社大幅增加了在整个出版和阅读过程中的各种交流与互动，内容与读者、出版与读者、作者与读者，甚至读者与读者之间的互动不但增强了服务价值，更强化了作者对出版品牌的黏性。同时，在出版机构内部，组织机构和管理机制的创新对新时期多形态的图书出版提供助益。为了配合营销工作，营销编辑在出版社内部的重要性越来越大；对于重要出版方向和重大选题项目，很多出版单位内部开始尝试以项目部、工作室的方式组织工作，让一个团队贯通产品编辑、生产、营销、推广各个环节，取得最大的合力效果。

三、2019年图书出版业发展趋势与展望

对比之下，我国图书零售市场的数据表现似乎与如火如荼的书店开业热潮、出版单位的积极创新并不完全匹配，与行业主管单位的政策引导和大力度支持、业界的努力和市场业绩并不成比例。现实也正是如此，这是由行业当前所处的特殊阶段造成的。

在图书零售增速放缓的大背景下，行业上下游都在努力破局，但是答案和目标却可能在图书之外。网络书店在图书价格战内外寻找新的增长点，最大的价值并不是图书业务本身，而是为其所属的平台电商生态作贡献。实体书店一方面背负着快速上涨的物业成本，同时还在网店折扣打击之下寻找着图书业务的出路，"线下不足线上补""零售不足馆配和团供补""图书不足多元补"成为很多书店不得不做的选择。出版社借助融合出版方式，可以在内容服务的路线上越走越远，纸质书已经不再是唯一。此时，行业主管部门再次强调"将社会效益放在首位"，正是对全体从业者的提示，引导大家从更高层面看待当前行业现状，并指明了未来的发展方向。

因此，这里看起来矛盾的各种现象，正是全行业在变革中寻找未来的过程中必不可少的表现，在这其中的种种也正在昭示着图书出版行业的未来。

（一）社会效益评价成为方向指引，行业高质量发展得以保障

"将社会效益放在首位"是党和国家为出版工作确定的方向性原则，正可以为当前出版发行领域由经济效益指标导向的经营压力适度降温。

出版和传播高质量的内容是图书出版发行行业的基本职责，出版单位如果片面追求经济效益，就很可能出现"劣币驱逐良币"的后果，导致市场上大量充斥"短、平、快"的低质量作品；发行零售单位如果片面追求经济效益，甚至可能导致图书业务收缩、将物业资源投入其他盈利性项目的恶性后果。在实体图书零售增长乏力的当下，强调"将社会效益放在首位"，有助于出版发行单位坚守初心，更好地满足读者对知识、文化产品的深层需求，促进行业高质量发展。社会效益量化评价工作，无疑将为

出版发行单位的社会效益建设进一步落地明确方向，并为行业整体的健康发展构建了保障机制。

（二）出版融合发展不断深化，新技术应用继续推动知识服务进步

伴随着互联网应用的快速发展，社会公众的网络使用习惯已然形成。全国国民阅读调查报告显示，我国居民的数字阅读接触率近年来不断提升。据工信部发布的信息，我国 2019 年将在部分城市发放 5G 临时牌照，可以预期未来基于互联网的应用还将进一步丰富。

对于图书出版者来说，技术升级无疑会使内容的策划与传播更加便利，但最核心的仍旧是对优质内容的把握能力和编辑能力。此前国内出版业融合发展在数字出版、知识付费、阅读服务等多方面的探索与尝试，正在推动未来内容和知识服务方式的进步和成熟。

（三）品牌书店新开热潮还将持续，精细化服务时代来临

在持续的新开书店热潮之后，全国范围内新型书店的数量将创历史高峰，从现在的各方消息来看，这一趋势还将继续。2018 年诚品已经在深圳开出大陆市场的第二家店，近期有媒体报道茑屋书店将在 2020 年正式进入中国，其第一家店已经选址杭州。更多大型品牌书店的市场投入将会给这个行业带来更多的关注。

可以说，本轮大量新开书店现象发生于国内各大型城市的商业化进程当中，新开书店大多集中于省会及以上城市，基于城市商业化布局形成的这一批书店将极大地优化传统图书零售网点布局。而大量新型书店的出现也必然倒逼传统新华书店卖场升级，进一步丰富和提升各地图书零售网点的数量和品质。而且，新一代书店普遍具备高颜值、多业态的特点，有的还兼具各种黑科技和特色服务功能，更加符合当前社会消费升级背景下新兴城市人群的生活方式和文化消费需求。可以说，新型书店群体的表现值得期待。

不过，当书店供应积累到一定的规模，精细化服务的要求必将出现。以西西弗、言几又为代表的连锁品牌将下属门店区分成为不同的产品线就是源自于对精细化服务

需求的响应。另外还有值得注意的一点，图书零售业务毛利率不高、当前销售增长不足也会给这些新书店的业务经营带来压力。商业项目当中的书店招商一般协议期为8至10年，书店开业后如何能通过优化运营提升赢利能力，在商业运作的长线考量下可以交出满意的答卷，才是近期新开书店长期发展的根本。

（四）图书零售市场继续保持增长，线上线下价格矛盾有待解决

从零售市场整体表现来看，我国图书零售在未来一段时间仍会保持增长。2019年是新中国成立70周年，相关主题出版物有望成为市场亮点。

在零售市场继续增长的同时，实体书店仍旧压力很大，线上与线下的价格冲突已经日趋明显。常态化打折促销不但挤压实体书店的零售空间，也给出版单位的长期健康发展带来隐患。网上书店渠道销售中常见的"高定价、低折扣"售书方式不符合图书作为内容产品应高质量发展的要求，这种以追求短期利益而损失长期价值的做法不可持续。在行业主管机构的引导下，在市场读者日趋成熟的环境下，图书出版终将回归内容价值的本质。

参考文献

［1］北京开卷信息技术有限公司.2018年图书零售市场报告［EB/OL］,2019-1-11.

［2］余若歆.2018上半年出版业"工作总结"［N］.出版商务周报,2018-8-13.

［3］章红雨.《2018年度中国出版业发展报告》显示——传统出版与新兴出版共舞市场［N］.中国新闻出版广电报,2018-12-18.

［4］商务君.复盘5大渠道爆款案例,2019必读的图书销售攻略［N］.出版商务周报,2019-1-17.

［5］商务君.图书出版单位的社会效益考核该如何打分［N］.出版商务周报,2019-2-18.

（杨　伟　北京开卷信息技术有限公司）

第三节 2018—2019中国期刊出版业发展报告

2018年11月14日，中央全面深化改革委员会提出《关于深化改革培育世界一流科技期刊的意见》，更加明确了期刊肩负着推动学术发展、繁荣市场的使命。处于改革开放40周年的巨大转折点之上，2018年度是我国期刊业发展史上极为重要的一年，借助政策推动、产业扶持、融合创新，积极融入国际发展的浪潮，探索具有中国特色的发展之路，期刊发展有明显的时代烙印。这一年，传统期刊和数字期刊出版在政策、人力、技术、资本的驱动下，在整体上均取得了稳中有进的发展。

一、2018年期刊出版业发展概况

根据国家统计局的统计数据，2018年度，我国期刊出版总印数24亿册，较之2017年减少了0.9亿册；较之2016年度，总印数减少了3亿册，如表1所示。近年来，我国期刊出版总印数在逐年递减，数量不断减少，这与纸媒日益严峻的生存环境是分不开的。同时，期刊业在政策扶持和市场选择的基础上，逐渐适应"丛林法则"，出现了优胜劣汰的局面。

表1 2016年—2018年期刊出版总量规模

年份	总印数（亿册）	较上一年变化（亿册）
2016	27	—
2017	24.9	-2.1
2018	24	-0.9

根据《中外学术情报》公众号的统计结果显示，在人文社科领域，共有15种学术期刊新批准创办：包括《城市与环境研究（英文）》《党建参阅》《法治参阅》等；共有24种学术期刊批准更名，包括《安徽教育科研》《安全与管理学报》《产业科技创新》《当代马克思主义》《当代文艺评论》等，如表2所示。从命名方式来看，新批准创办和更名的学术期刊专业化程度更强，辨识度更高，一改学术期刊领域综合性办刊的氛围，大众化背景下实现小众化细分。

表2　2018年新批准创办和更名的学术期刊（人文社会科学学术期刊）

新批准创办期刊（15种）	批准更名期刊（24种）
《城市与环境研究（英文）》	《安徽教育科研》
《党建参阅》	《安全与管理学报》
《法治参阅》	《产业科技创新》
《反腐败导刊》	《当代马克思主义》
《工业信息安全》	《当代文艺评论》
《鉴证研究（中英文）》	《东方学刊》
《经贸法律评论》	《发展瞭望》
《科学计量学杂志》	《法治时代》
《外语教育研究前沿》	《管理会计研究》
《艺术评鉴》（电子连续出版物）	《河北财经》
《中国家庭医生管理》	《河北农业大学学报（社科版）》
《中国教育科学（中英文）》	《环球探索》
《中国人事科学》	《建筑实践》
《中国外汇（英文）》	《教育革新》
《中国新闻研究（中英文）》	《经济统计评论》
	《警学研究》
	《媒体融合新观察》
	《南亚东南亚研究》
	《文博学刊》
	《西部文化研究》
	《乡村振兴》
	《扬子江文学评论》
	《中国工业和信息化》
	《中国物流研究》

根据 2018 年 6 月 26 日发布的最新版《期刊引用报告》（JCR），国产杂志 Bone Research 上榜，达到了 12.354，国产 10 分以上期刊再添一员，如表 3 所示；从整体的收录量来看，国内总上榜期刊相比 2016 年度的 179 种期刊增加了 13 种期刊，增幅为 7.26%；从影响因子的学科分区看，位列 Q1 区（"期刊分区"的分值为 75.0—100）的期刊数量相对 2016 年度的 31 种上升至 40 种。

表 3　2017 年—2018 年部分中国大陆 SCI 期刊影响因子

期刊名称	2017 年 IF	2016 年 IF
CELL RESEARCH	15.393	15.606
LIGHT-SCIENCE&APPLICATION	13.625	14.098
FUNGAL DIVERSITY	14.078	13.465
BONE RESEARCH	12.354	9.326
NATIONAL SCIENCE REVIEW	9.408	8.843
MOLECULAR PLANT	9.362	8.827
NANO RESEARCH	7.994	7.354
JOURNAL OF MOLECULAR CELL BIOLOGY	5.595	5.988
PROTEIN&CELL	6.228	5.374

从 SCI 数据库收录的视角，2018 年对于学术期刊界依然是个丰收年，根据"学会服务 365"公众号于 12 月 26 日发布的最新统计，共有 15 种刊物被收录，如表 4 所示。从刊物变化看，新刊所占比例增多。在这 15 种期刊中，2013 年往后创刊的 6 种，但 Zoological Research 其实是原来的中文期刊《动物学研究》，2014 年才改为英文刊；2012 年创刊 3 种、2011 年创刊 1 种。从主办单位来看，科研机构和大学出版社平分秋色，清华大学、浙江大学、上海大学等高校出版单位，对学术期刊出版高度重视。

表 4　2018 年 SCI 新收录的 15 本中国期刊

刊名	ISSN	创办时间	出版周期	升级自	出版单位
Quantitative Imaging in Medicine and Surgery	2223-4292	2001	Monthly	ESCI	AME Publishing Company

续表

刊名	ISSN	创办时间	出版周期	升级自	出版单位
Forest Ecosystems	2095-6355	2014	Quarterly	BP/ZR	北京林业大学
Frontiers in Energy	2095-1701	2007	Quarterly	ESCI	高等教育出版社、中国工程院和上海交通大学
Burns & Trauma	2321-3868	2013	Quarterly	ESCI	陆军军医大学
Annals of Cardiothoracic Surgery	2225-319X	2012	Bimonthly	ESCI	AME Publishing Company
Annals of Translational Medicine	2305-5839	2013	Biweekly	ESCI	AME Publishing Company
Translational Lung Cancer Research	2218-6751	2012	Bimonthly	ESCI	AME Publishing Company
CSEE Journal of Power and Energy Systems	2096-0042	2015	Quarterly	ESCI	中国电机工程学会
Zoological Research	2095-8137	1980	Bimonthly	BP/ZR	中国科学院昆明动物研究所、中国动物学会
Frontiers of Mechanical Engineering	2095-0233	2006	Quarterly	ESCI	高等教育出版社、中国工程院和华中科技大学
Translational Andrology and Urology	2223-4683	2012	Bimonthly	ESCI	AME Publishing Company
Journal of Magnesium and Alloys	2213-9567	2013	Quarterly	ESCI	重庆大学
Defence Technology	2214-9147	2005	Quarterly	ESCI	中国兵工学会
Journal of Pharmaceutical Analysis	2095-1779	2011	Bimonthly	ESCI	西安交通大学
Eye and Vision	2326-0254	2014	Electronic		温州医科大学

二、2018年期刊出版业发展亮点

(一) 多项政策联动,打造期刊业健康发展生态圈

期刊出版业是兼具社会效益和经济效益的特殊产业,长期以来,政府对期刊出版业予以高度重视。2018年度,在调整原有政策基础上又新增部分政策,先后多项利好持续落实,引领期刊业健康持续发展。

1. 人才评价

学术期刊的评价结果一直在期刊界、高校、科研机构产生重要影响,不少学者、

高校、科研机构也因此陷入了唯影响因子论的误区，使得学术期刊的发展产生畸变。2018年，国家先后出台相应政策，努力消解期刊评价结果对人才和期刊发展的不良影响。2018年2月，中央办公厅、国务院办公厅印发《关于分类推进人才评价机制改革的指导意见》，要求"科学设置评价标准"，克服唯学历、唯资历、唯论文的评价倾向，加强了对人才评价的纠偏和引导。2018年5月，中央办公厅、国务院办公厅印发《关于进一步加强科研诚信建设的若干意见》，明确要求学术期刊应该提升审稿质量，加强对学术论文的把关。2018年7月，中共中央办公厅、国务院办公厅印发《关于深化项目评审、人才评价、机构评估改革的意见》，强调人才评价的科学性和注重发挥学术共同体的作用。2018年10月，科技部、教育部、人力资源和社会保障部等五部门联合发布《关于开展清理"唯论文、唯职称、唯学历、唯奖项"专项行动的通知》，以期改进现有人才评价制度。2018年11月8日，教育部办公厅发布《关于开展清理"唯论文、唯帽子、唯职称、唯学历、唯奖项"专项行动的通知》，清理"五唯"行动，在"四唯"的基础上增加了"唯帽子"，对科研评价的负面影响进行相应程度纠偏，保证了人才评价的公正性和客观性。

2. 产业扶持

2018年3月，中央印发《深化党和国家机构改革方案》，明确"中央宣传部统一管理新闻出版工作"，"中央宣传部对外加挂国家新闻出版署（国家版权局）牌子"，"发展和繁荣中国特色社会主义出版事业"，"统筹规划和指导协调新闻出版事业、产业发展"。作为意识形态主要载体，出版业作用被提升到了一个前所未有的高度。2018年伊始的期刊政策扶持与产业推动会议在京举行，奠定了本年度政府引导、扶持、鼓励高水平期刊发展的总基调。会上，原国家新闻出版广电总局规划发展司司长朱伟峰介绍了期刊的具体扶持政策。第一，关于增值税优惠，分为100%先征后退和50%先征后退两种形式。第二，在"中国科技期刊国际影响力提升计划"具体执行方面，针对全国优秀英文科技期刊以奖代补，第一期支持资金高达2.91亿，累计奖补135种期刊；第二期扩大奖补范围，遴选出105种期刊和20种拟办期刊，奖补资金达1亿多元，总计支持金额高达3.91亿元。第三，在鼓励文化产业发展和促进媒体融合方面，成立文化产业发展专项基金，推出东风工程、农家书屋工程、中国原创动漫出版扶持计划等，予以相应资金支持，鼓励期刊业"走出去"和"引进来"。2018年11月14日，中央全面深化改革委员会《关于深化改革培育世界一流科技期刊的意见》出台,强调做强做优一批科技期刊,提升中国期刊影响力和话语权。

从政府层面出台的文件及具体实施措施,为期刊业构建了健康的生态环境,引导其和谐发展。除此之外,会议论坛数量可观,行业关注促进产业繁荣。6月25日—30日,2018年期刊编辑业务研讨会于重庆召开;8月21日—24日,第10届科技期刊发展创新研讨会在新疆乌鲁木齐市举行;10月25日,2018中国学术期刊未来论坛在京召开;11月16日,第五届全国人文社科高峰论坛暨期刊评价峰会由中国社会科学评价研究院召开;12月25日,中国期刊协会党刊分会年会在广东省广州市召开。会议论坛涵盖了期刊发展的方方面面,多维思想交融引导期刊发展的正确方向。

(二)市场化经营初见成效,品牌期刊遍地开花

社会效益注重作者需求,经济效益追逐读者需求。有赖于政府的支持,期刊业在经营过程中也曾走入了缺乏自身"造血能力"的困境,陷入了"坐等来稿""只重视量化指标""忽视读者"的误区,市场经营乏力。近年来,期刊业面临体制改革加剧、生存环境严峻、经营成本提升等挑战,外界环境的变化使得期刊业不得不加强对市场的关注,转变发行方式和调整产品结构,提升市场运营能力。处于改革开放40周年的重要节点,2018年期刊总印数24亿册,较之1978年7.62亿册,增加了16.38亿册,增长2.14倍。

在定价方面,由于纸质刊物尤其是文化用纸价格提升印刷成本增加,不少期刊调高定价,作为全国最具影响力的期刊之一,《读者》杂志涨价50%,由原售价6元提至9元;《奇妙博物馆》由原售价10元涨至12元;中国少年儿童新闻出版总社下的13种少儿期刊更是第一次迎来所有刊物调价,《中国卡通》由原售价5元提至10元,页码由80页缩至64页。[1]期刊业的调价缩页行为部分消解了上游成本增加的影响,保证了期刊的正常运转。以《读者》为例,其主刊2017年营业收入为15 509.41万元,订阅发行量为2 432.84万份,零售发行量2 501.48万份,主刊营业收入占读者传媒2017营业收入的19.64%。

在细分读者市场方面,期刊不断深化改革,注重提升读者阅读体验,将受众群体进一步细分,精准定位,形成逐步扩大的读者群。根据《中外学术情报》公众号2018

年 8 月 30 日发布的数据，2018 年我国新批准创办 15 种人文社会科学学术期刊，包括《工业信息安全》《中国新闻研究（中英文）》《反腐败导刊》等；同时批准 24 种期刊更名，有《教育革新》《法治时代》《中国物流研究》等，以满足多方位读者需求。期刊规模不断扩大的同时，结构也在不断优化，涵盖哲学社会科学、自然科学、文化、体育、教育、文学、少儿等多个门类，结构日趋合理。

在品牌期刊崛起方面，我国期刊业不断优化资源配置，纷纷成立报刊集团，形成品牌期刊集群，传播力和影响力有所提升。作为中国首个上市的科技出版集团单位，中国科技出版传媒股份有限公司强化产出目标导向和改革目标导向，推进了期刊集团化、集约化的进程，截至目前，旗下已拥有《中国科学》《科学世界》《中国国家旅游》等 330 种期刊，45 种被 SCI 收录，有 51 种被 EI 收录，形成品牌优势集群。[2]除此之外，其还不断延伸产业链，拓展数字出版、影视传媒等业务渠道。专业期刊发展也取得不俗成绩，中国航天期刊群、中国光学期刊联盟、中国文学期刊联盟、中国社会学期刊群、中国力学期刊等形成资源汇聚，在垂直领域实现集约化经营，产业形态初具规模。

以读者需求为导向，我国期刊产业精耕细作，不断向纵深发展，在国际上影响力和传播力有一定提升。根据《期刊引用报告》（JCR）显示，国产 10 分以上期刊达 4 种，较之去年增加 1 种。全国"百强期刊"也有较大进展，形成了以材料、生命科学、物理为代表的优势学科期刊集群。

（三）媒体融合呈现新景观，人工智能应用渐趋灵活

与国外媒体融合相比，我国起步较晚，2004 年我国学者蔡雯将"媒介融合"引入国内，2006 年以后，研究逐渐丰富，但并未形成体系，实践更是相对滞后。在 2014 年《关于推动传统媒体和新兴媒体融合发展的指导意见》出台以后，新老媒体融合逐步深入。以《人民日报》中央厨房为模型，各地融合模式渐趋多样，期刊业也加入融合发展的浪潮。传统纸质期刊囿于其印刷成本过高、出版周期过长、传播范围小的限制，阻碍了产业规模的扩大，而数字出版的兴起，使期刊发展又迎来了新的生机和活力，期刊业借助科技，实现转型升级，以互联网、人工智能和大数据为技术支点，延伸出"智库建设""增强现实""知识服务"等多种新业态。目前，全国 95% 以上的期刊已

开展了数字出版业务，且已由最初的将纸质内容"搬"到各个平台的初级融合方式逐步发展为适应各个媒体特点的高级融合模式，实现媒介、内容形式、组织、渠道的全方位融合。

"互联网＋期刊"是期刊在新媒体生态的主要融合路径，以学术期刊为例，最早以两微一端为主要阵地拓宽其出版渠道，到现在已经形成多渠道多平台进驻，打造立体化的融合发展模式。社科类期刊借势自媒体流量平台，拓宽内容融合的边界。2018年4月，《青年文摘》杂志探索与武汉数传集团合作，启动线上"现代纸书"项目，推出"青年文摘·好课"，"期刊＋互联网"通过纸质媒体和新媒体融合的方式，将知识服务链条延伸，衍生的资源和服务实现读者的线上线下转化；2018年4月12日，"读者传媒"推出"中小学语文阅读与作文教育平台"项目，"期刊＋教育"实现读者IP转化；2018年5月，"新周刊"入驻趣头条自媒体平台，定期在趣头条上更新文章，为读者创造更加丰富的阅读体验，创新"期刊＋自媒体平台"体验；2018年9月，辽宁北方期刊出版集团与数传集团达成合作协议；2018年以来，《十月少年文学》在实现全媒体办刊的前提之下，推动"期刊＋戏剧""期刊＋研学""期刊＋朗诵"等深化发展，延伸儿童文学产业链，线下举办"小十月戏剧嘉年华"品牌活动，线上举办"儿童诗歌领读者计划"项目，深受少年儿童喜爱。[3] 此外，"期刊＋"业务不断拓展，从音视频、文创、3D阅读刊物到当下的直播，期刊业已逐步渗透，教育类期刊通过开设各种公开课，AR/VR在道路桥梁、历史文物、虚拟仿真专业期刊领域的应用，智能机器人对于期刊的无人销售和智能服务的增强，多维方式增加用户黏性，创新多重融合方式，激发期刊业内生活力。期刊业整合传统媒体和新媒体的传播特点，注重提升用户的阅读体验，通过互动出版、增强出版等方式实现出版的个性化、定制化，从而实现期刊业的全媒体化。

基于全媒体思维的"现代纸书"打造计划，也是2018年期刊融合的一大亮点。国家新闻出版广电总局融合发展（武汉）重点实验室研发的RAYS系统以"读者在线上"为理念，打造现代纸书，实现编辑与读者、作者与读者的双向互动，获得额外线上收益。2018年7月24日，在第八届中国数字出版博览会上，RAYS5.0系统正式发布，截至2018年8月，DCG数传集团已与全国200多家出版社、400多家期刊社形成战略合作，为5.3亿册纸书增值，囊括11亿册书刊。

2018年初正式启动OSID（OpenScience Identity）计划，是面向学术期刊行业的一项开放科学公益性计划，除了传统的文字表述，衍生出语音介绍、问答、学术交流圈、专题、读书卡片、教育表格、直播等形式，有效连接了期刊、作者、读者的关系，论文展示形式更加立体化，服务更加精准，扩大期刊的学术影响力，目前已经有《科技与出版》《大数据时代》《植物生态学报》《电讯技术》《中华医院感染学杂志》《放射学实践》《中国机械工程》等多种期刊加入该计划，实现了线上增值服务。

此外，"读者—作者—编者"三重身份在平台技术的保障之下无障碍沟通，作者读者可以随意实现身份转换，使得期刊知识传播、交流、共享、思辨的效果得以发挥，社交化、移动化、互动化使作者、读者参与感大大增强，期刊评价回归知识共同体。

（四）内容涵盖时代特色，彰显期刊媒体特质

改革开放40周年，也是中国期刊发展史上相当重要的一个时期。历经40年的发展，我国已经形成了品类丰富、结构合理、形态多样的期刊体系。期刊业作为知识碰撞交流的核心载体，具有服务大局，凸显主阵地的作用。值改革开放40周年之际，期刊业管理方式也迎来调整。2018年3月，中央印发《深化党和国家机构改革方案》，将新闻出版工作纳入中央宣传部管理，进一步明确期刊出版业的事业性质，贯彻落实党的宣传工作方针，协调新闻出版事业，监督出版物内容质量。

在内容方面，各类期刊聚焦改革开放40周年的主阵地，唱响时代主旋律，肩负起使命担当，通过发设增刊、专栏专稿、主题征文、会议论坛等多重形式约稿、组稿，积极开展具有正能量、时代感主题策划活动。大型出版传媒集团利用优势资源，形成内容聚合，中国新闻出版传媒集团有限公司开设"时代印记，巨变无声"新闻出版行业改革开放40周年发展历程网站，特设新闻中心、走基层、感悟40年、各地活动、主题出版物联展各个栏目，利用其新老媒体文字、声音、图像、视频等可视化呈现，渗透旗下各个媒体内容生产，全方位立体化展示改革开放40周年取得的不俗成绩，反映百姓生活变革的方方面面。

期刊社和各类相关期刊也结合自身实际，从不同角度反映改革开放40周年的学术性和学理性探讨。《社会科学战线》推出"中国学术40年回顾与反思"专栏，发表17篇关于改革开放40周年的文章，并于2018年6月召开专题会议，聆听来自各方的声

音,广泛交流改革开放以来的成就以及更好发挥人文社科类期刊在传播中国文化中的作用。学术类期刊专注专业领域的思想交流碰撞,2018年9月7日,《兰州大学学报》举办关注改革开放40周年中国特色"三农"发展制度创新论文研讨;2018年10月8日,《十月》杂志在北京举行创刊40周年座谈会,并启动"庆祝改革开放40周年——第三届北京十月文学月"系列活动;2018年12月8日,《国际论坛》编辑部策划"改革开放四十年的中国外交暨纪念《国际论坛》创刊二十周年"学术研讨会;2018年12月,《学习与探索》微信公众号推出"学术中国:改革开放四十年的历史与现实"电子刊,用数字化的形式展现改革开放40周年;《哲学动态》杂志开设《他们的思与想——〈哲学动态〉人物专访辑录》栏目,通过国内百余位哲学大家探讨哲学与时代相互交融的使命。

时政类期刊多以主题征文,开设专栏,发挥内容优势,《前线》杂志自2018年第7期开始刊发庆祝改革开放40周年的栏目文章,迄今已连续刊发8期;中央宣传部委托新华社主办的《半月谈》期刊于网站上设立改革开放40周年特色专题,2018年5月21日,刊发文章《改革开放40年,深圳为何能一直走在前列》;2018年5月24日,刊发文章《改革开放40年珍贵经验启示录》;2018年6月4日,刊发文章《读懂中国人40年心态之变》;2018年6月7日,刊发图文《40年图闻,中国高考记忆》;2018年6月12日,刊发文章《40年后,改革开放为何仍是关键一招》;2018年12月12日,刊发文章《改革开放先行地,乐音清扬谱新篇》等。《半月谈》网站以理论文章、评论、新闻、图片等多种方式展示了我国改革开放以来城市和社会发生的变化,涵盖经济、政治、文化、旅游的方方面面。

哲学社会科学类期刊结合自身定位举办的刊庆活动也成为2018年期刊发展的一大亮点,《社会科学战线》创刊40周年,《江海学刊》《学术研究》《江汉论坛》《人文杂志》创刊60周年,这些刊物将自身的发展历程与改革开放40周年的特殊时间节点相结合,纷纷开展具有特色的纪念活动和主题研讨会。

此外,期刊业内的主题展览活动也如雨后春笋一般蓬勃发展开来。2018年9月15日,中国(武汉)期刊交易博览会特设"纪念改革开放四十周年期刊典藏展"专区,第四届中国出版政府奖期刊奖获奖期刊、第三届全国"百强报刊"获奖期刊,第四届"中国最美期刊"遴选活动入选期刊成为展览活动主要展品,多维立体化展示我国改革开放40周年取得的成绩。此外,相关的期刊均结合自身特色,展示改革开放40周年文化成果的方方面面,形成线上线下集聚,立足时代与回顾历史相呼应,深耕内容建设,体现媒体价值,树立行业自信。

(五)体制改革不断深化,集约化、集团化初见成效

中国新闻出版业的改革历程要溯源到20世纪90年代,但是基本上只是少部分走向了市场,例如《读者》《知音》《家庭》等,真正意义上的改革始于2011年,非时政类期刊转企改制拉开序幕,2012年,新闻出版总署下发《关于期刊编辑部改革的实施办法》,将期刊业改革推动到高潮,由事业单位变为市场主体,加入市场经营,成为自负盈亏的企业。转企改制运动从中央到地方,进行得轰轰烈烈,不少期刊也迎来严峻的挑战,如何转变发展思路,在市场中求得生存之地成为思考的命题,走传媒企业集团之路,还是合并成为杂志社,或者是缺乏竞争力的期刊直接淘汰成为期刊业从业人员关注的话题。至2018年,期刊业体制改革进一步深化,在运作方式、市场观念、集约化程度等方方面面都有所提升,取得了累累的硕果和丰富的经验。

关于集约化发展的观念,在国内已经提出有20多年,但是实践操作和理论一直相去甚远,集约化最终只是简单地停留在口号化。近年随着期刊体制改革不断发展,大多数期刊的集约化意识进一步加强。在组织架构中,大型出版集团优化内部资源配置,在人力、技术、管理方面都有所调整。中华医学会旗下期刊在编辑、出版、发行的实际经营层面实现了集约化,将资源进行充分利用。中国科学杂志社、卓众出版社等在集团化管理方面进行了有益的探索。

在期刊品类方面,科技期刊在集约化发展中表现出色,科技期刊发展水平和质量关乎我国国际影响力。长期以来,我国科技期刊存在"小散弱"的特点,制约了国际话语权争夺的步伐,为提升自身竞争力,在集约化集团化方面也身先士卒。目前探索出国家控股、多元参股的市场化发展路径,形成了以"全国百强科技期刊"为代表的品牌期刊。但值得关注的是,目前我国的科技期刊还未形成吸引技术和资本进驻的合力,还存在较大的挖掘空间。

此外,对于集约化发展形式的探索,合资也成为其路径之一。人民日报社与香港泛华科技集团成立合资公司——大华媒体服务公司;福建外文书店与台湾合资闽台书城,香港资本进驻阳光文化,丰富了图书报刊出版的业态。

(六)优秀期刊积极"走出去",国际话语权地位稳步提升

改革开放40周年,我国期刊总量规模和产品结构上都有了巨大的变化,但是传播力和影响力依然与发达国家有所差距,不少优秀文章出现了"墙内开花墙外香"的现象。为此,我国积极谋求从出版大国向出版强国转变的思路,党的十九大报告更是将"推进国际传播能力建设"写入提案,目前我国期刊业文化软实力及国际话语权建设取得一定成果。2018年3月17日,伦敦书展公布了2018年国际出版业卓越奖的提名名单。我国有4家出版机构入围,包括凯叔讲故事、三联韬奋书店、学术专业图书中心、方所书店。

期刊业"走出去"的形式主要分为国际贸易、版权输出、出版企业对外投资三部分。在国际贸易方面,主要以期刊的实体"走出去"为代表,包括期刊实物出口、期刊从业人员在外办刊、参加国外展览等。期刊实物出口较之前数量有所提升,2017年,出口数量335.19万册;中国图书进出口(集团)总公司在美、英、德、日、俄等国家和地区设立7个境外分支机构;中国人民大学出版社在以色列、罗马尼亚、蒙古、哈萨克斯坦、土耳其、意大利设立海外分支机构,并发起成立了"一带一路"学术出版联盟。

在版权输出方面,主要形式包括期刊平台在外拓建、中国原创期刊版权交易等,中图公司建立与国际标准接轨的"易阅通"数字平台,在海外21个国家和地区126个图书馆开通落地。2018年8月21日,由中国图书进出口(集团)总公司主办的第二十五届北京国际图书博览会(BIBF)举办,多项版权输出合作成为焦点,四川文艺出版社与阿根廷仟雨出版社签约、中国社会科学出版社与兰培德国际学术出版集团举行战略协议签署仪式,新蕾出版社《奇妙博物馆》英文版试刊亮相。2018年8月23日,中国科学院携手中图公司推动国家哲学社会科学学术期刊数据库走向海外。

合作出版也成为期刊出版"走出去"的重要形式之一,中国期刊从业人员和外国期刊从业人员共同选题策划、组稿编稿、并购连赢。2018年春季,牛津大学出版社与华人抗体协会正式签约,合作出版华人抗体协会旗下的英文期刊;自2008年起,清华大学出版社与Springer陆续合作出版了6种英文科技期刊,经过10年的发展,目前已有4种期刊被SCI收录，1种位于Q1区，3种位于Q2区；2018年，科技导报社《Research》成为《Science》自1880年创刊以来进行海外合作的第一本科技期刊。

目前，利用新媒体技术延伸期刊出版的产业链条也成为"走出去"的一种新模式。中国知网除了具有国内知名期刊和硕博士论文，还拥有海量的外文文献，包括剑桥大学、牛津大学等顶级大学的数据库，以及美国、韩国、法国等国科学技术数据库，成为一个具有国际性的知识资源平台。2019年3月，同方知网与五洲传播出版社签署国际营销协议和数据库代理协议。

凭借主办单位为高校、学科覆盖面广、专业化程度高的优势，高校学报也成为期刊业"走出去"的重要力量之一，近年来在传播力和影响力方面的发挥也是可圈可点。目前，我国高校学报已有1 700多种，主要分为自然科学版和哲学社会科学版，汇聚了我国高校优秀科研人员的最新成果及创新精神，成为外国了解中国文化的主要窗口之一。2018年年底，中南大学依托其交通运输学科的优势和国际声誉，与牛津大学出版社联合创办英文期刊《交通安全与环境（英文）》。

（七）适应性文件接连出台，行业标准渐趋规范

行业标准规范从另外一个侧面反映行业的繁荣程度和发展水平，一个行业的长远发展离不开标准化的行业规范。随着期刊业规模日趋扩大，与国际不断接轨，我国期刊业的行业标准也随之变革。

在新技术应用与推广方面，我国期刊业积极推动人工智能、大数据、AR/VR与期刊业的深度融合，并结合实际制定一系列标准。2018年3月1日，《2018年新闻出版产业新型智库联盟工作计划》出台，使智库建设进一步完善化、常态化。同时，在知识服务、增强现实等新技术应用进程不断加快的前提之下，与之相对应的标准也适时出台。2018年6月21日，全国新闻出版标准化技术委员会确立了7项知识服务国家标准的组长、副组长单位，正式启动了知识服务国家标准和行业标准的研制工作。2018年年底，为规范知识服务工作的开展及实施，向全社会公开征求意见，包括《新闻出版　知识服务　知识资源建设与服务工作指南》《新闻出版　知识服务　知识资源建设与服务基础术语》《新闻出版　知识服务　知识资源通用类型》《新闻出版　知识服务　知识关联通用规则》《新闻出版　知识服务　主题分类词表描述与建设规范》等7

项国家标准已经完成工作组稿,步入征求意见阶段。此外,随着 AR 技术在期刊业上的应用日渐成熟,范围不断扩大,《出版业 AR 技术应用规范》行业标准也不断细化,到目前为止,已经正式步入送审阶段。

在期刊评价体系方面,我国期刊业也不断完善现有学术期刊评价,制定与国际接轨的期刊评价体系,目前已经有被广泛认可的五大主要期刊评价体系,包括南京大学"中文社会科学引文索引(CSSCI)"、北京大学图书馆"中文核心期刊"、中国社会科学院文献计量与科学评价研究中心"中国人文社会科学核心期刊"、中国科学院文献情报中心"中国科学引文数据库(CSCD)来源期刊"、中国科学技术信息研究所"中国科技论文统计源期刊"。同时,为保证期刊的质量和学术水平,鼓励高质量的评委会建设,实行同行评议制度,让期刊评价回归科学共同体,克服唯影响因子论的弊病,让内容建设成为期刊永恒的生产力。

三、关于 2019 年期刊出版业发展的建议

2018 年是中国改革开放 40 周年,在这一年中,中国期刊业有了新发展,展现出了新面貌。党的十九大精神以及政府出台的相关新政策,对期刊出版业的发展起到了引领和推动作用,同时,市场上的各种新技术也为期刊出版产业的转型发展起到了推波助澜的效果。期刊既是我国文化软实力的重要组成部分,也是丰富我国人民精神文化生活不可或缺的一部分,同时还起着提供信息、监测社会、繁荣市场等作用。期刊业为我国文化事业的发展增砖添瓦,为我国精神文明建设贡献力量,是促进社会发展、增进人民幸福的重要推动力。

为了使期刊出版业的发展更好地适应当前社会的发展需要,更好地为社会和人民服务,期刊出版业还应再接再厉,勇往直前,克服困难,谋求新发展、新进步。

(一)政府:把握主体方向,发挥监管职能

期刊业已经进入了市场,是市场中的一部分,除了发挥自身的文化职能以外,必

须谋求自己的经济利益,有了经济市场才可能有文化影响力。因此,对于期刊的发展,政府在把握主体方向之余,应该发挥服务职能,让期刊在更加充满活力和竞争的市场环境中生存和发展。让期刊参与市场竞争,政府必须在价格机制、竞争机制、风险机制、供求机制和利益机制上让期刊有充分的自由,充分地融入市场,适应市场,利用市场赢得发展机遇,获得新生。

1. 适当放宽准入门槛,引导良性竞争

期刊出版需要经过严格的审批,每年新进入市场的期刊数量十分有限,以人文社会科学学术类期刊为例,2018年,仅新增加15种。就我国的期刊市场需求而言,这是一个非常小的数字。放宽期刊市场的准入门槛,能在一定程度上起到活跃和繁荣期刊市场的作用,市场竞争激烈,优胜劣汰,从而使市场的运转更加高效。因此政府要引导学术期刊的良性竞争。首先,主办单位对学术期刊的"包养",使得学术期刊缺乏危机意识和竞争意识。其次,被主办单位"包养",使得学术期刊自然脱离不了主办单位的行政色彩,期刊的身份有着行政色彩上的高低之分,不利于期刊的"起点公平"。再次,主办单位低微的补贴并不能满足学术期刊出版相关从业人员对高薪的追求,没有相应的回报,高素质人才自然难求。在期刊市场上占绝大多数的学术期刊无法活跃,整个期刊市场也会面临着萎靡。因此,政府对学术期刊的补贴应该由补贴期刊转到补贴作者和补贴消费者,对作者的补贴在"破五唯"提出后显得尤为重要。"破五唯"的提出,削减了作者的功利性需求,整个期刊市场上的稿源会面临一定程度的萎缩,在这种情况下,激发作者的创作热情和创新能力显得尤为重要。因此,对作者的补贴有助于维护作者的权益,激发作者的创作信心,缓解短时期内可能出现的稿源紧张的情况,从供给侧保证了稿源的数量和质量。对消费者的补贴,将主动权掌握在了消费者手中,期刊只有为消费者提供更优的质量和更优的服务,才能赢得消费市场。

2. 把握宏观方向,力求精准扶持

把握期刊发展的宏观方向,不仅有利于提升我国文化软实力,增强我国国际影响力,同时也是为人民群众提供喜闻乐见的精神文化产品的必要措施。2018年正值改革开放40周年,《习近平新时代中国特色社会主义思想三十讲》《习近平扶贫论述摘编》等一系列弘扬主旋律、展示社会主义精神等图书的出版,为社会主义文化事业的发展奠定了基调,既满足了我国广大党员群众的精神需求,也为我国的国际形象塑造起到了正面的宣传作用。2019年是新中国成立70周年，为期刊的发展提供了更为广阔的发展空间和平台，把握好这一机遇势必会促进期刊出版业的进步，提升期刊影响力。为期刊提供精准的扶持，能够让期刊发挥更大的效益，同时也能节约资金，做到专款专用，让每一笔扶持切实发挥应有的功效。对科技期刊和英文类期刊的扶持是重点，也取得了相当明显的成效，2019年应该继续支持科技类期刊的发展，提升我国科技期刊的水平和国际影响力。同时，也要关注大众期刊的发展，让大众类期刊有明确的发展方向，提供更加优质的内容，同时精确读者群体，向个性化、精品化发展。

3. 调整激励机制，让学术研究回归本质

在相当长的一段时期，我国的学术评价是与职称评定、奖励发放等私人利益直接挂钩的，在这样的机制下，很多人做学术、在期刊上发表论文都不是真正为了学术，而是为了现实的利益。作者为了让论文在期刊上发表，除了要付版面费以外，有时还不得不放弃自己的权益，例如数字出版权等，这对作者而言是不公平的，这种行为纵容了期刊编辑部对作者权利的侵害，也导致了后面数字出版机构对作者权益的忽视。更重要的是，功利主义思想对学者的侵蚀，对学术风气的污染，进而破坏市场秩序，影响整个社会的文化风气。教育部发布《关于开展清理"唯论文、唯帽子、唯职称、唯学历、唯奖项"专项行动的通知》是对教育系统、对科研评价体系的反思，力求教育回归本质，立德树人。"破五唯"的提出，说明了我国学术领域的评价机制已经到了非常扭曲的地步，"破五唯"是对我国科研评价体系的扭转，同时，也对期刊回归本质发展和建立科学评价提供了政策支持。"破五唯"并不是不要论文、职称、学历、奖项、帽子，而是要让评价体系更加科学灵活，让真正有学术水平和学术贡献的成果和个人真正服务社会，带动社会的进步与发展，让学术回归本质，更加纯净公正，让真正的学术价值存在于学术共同体的心中。

4. 严厉打击学术不端行为，鼓励学术创新

高品质的内容是期刊能够立于不败之地的关键。要建设高质量内容的期刊，一定要防止学术不端行为的出现，学术不端会影响整个行业的发展，破坏行业权威，破坏行业口碑和信誉度，同时也是对读者的欺骗。2019年3月，一位网友在微博发文称，自己国家自然科学基金项目申请书遭到湖南大学一位硕士生的剽窃，严重影响其博士论文的重复率及学术声誉。论文抄袭、数据作假、剽窃他人成果的事件在学术界屡有

发生，对整个学术环境造成了极为恶劣的影响。目前，该硕士生已经被湖南大学撤销了硕士学位，其导师也被警告处分并取消了导师资格。良好的学术风气的养成，需要政府的监管和引导，增强对学术不端行为的打击力度，严惩学术造假行为，同时引导建立更加科学严格的学术评价体系，从各个方面预防学术不端，营造良好的学术氛围，促进学术进步，促进期刊发展。创新是期刊发展进步的关键，学术水平的高低直接影响期刊的影响力，要想提升我国期刊在国际上的影响力，必须坚持创新。无论期刊的风格、销售渠道、品牌等如何变化，期刊的创新能力始终是期刊能够在市场上立足的核心力量。政府要鼓励期刊创新，鼓励期刊拥有自己的核心竞争力，对创新能力强的企业进行适当的补贴，从资金、技术、政策等方面给予支持，让期刊重视创新，努力创新。

（二）企业：把握市场机遇，坚持品牌道路

企业是市场中的主体，把握市场规律，遵循市场规则，明确自身优势，是企业在市场中谋求生存与发展的前提。我国期刊的发展除了政府的政策扶持和必要的监管以外，必须依靠自身的实力谋求发展和进步。

1. 明确自身定位，找准市场空间

企业自身有明确的定位，才能朝着明确的方向发展，避免在发展过程中迷失自我。世界学术出版巨头瑞德·爱思维尔（Reed Elsevier）在全球拥有广阔的市场和人力资源，在充沛的资源支持之下，瑞德·爱思维尔依旧注重对自己业务结构的调整和规划，专注于核心业务。早在1997年，瑞德·爱思维尔就将其大众读物领域的业务卖了出去，2001年卖掉了高等教育，2007年彻底将教育集团的教科书卖掉，并且收购信息公司，及时应对新的市场需求。正是因为对自己定位和核心产业有着明确的认识和目标，对新的发展形势有着清晰的认知，敢于抛弃"舒适圈"，瑞德·爱思维尔在全球学术出版行业一直立于不败之地。对我国期刊而言，目前最重要的是对市场的把握，闭门造车做出的产品是很难适应社会的新变化的。尤其是专业类的期刊，不能轻易模糊概念，或者只注重期刊的类型多样，而不顾期刊的品质。只有对自身认识清晰的刊物，才能创造自己的特色，打造自身的优势，也才能逐渐培养消费市场。对自身的清晰定位除

了对读者市场的把握以外，还包括对自身经济实力、文化实力等有明确的认识，量力而行。

2. 合理利用新技术，积极探索新的数字出版模式

纸质期刊的销售和发行每况愈下，据原新闻出版广电总局发布的通知，2018年上半年我国有近20家报刊停刊，虽然停刊的大部分为报纸，但期刊业的发展形势依然不容乐观。在移动阅读和网络阅读方式盛行的当下，纸质期刊的萎缩似乎已经无力挽回。新技术如AR、VR、机器人、语音识别、知识图谱等的发展给期刊出版业带来了新的挑战，也带来了新的机遇。新技术的出现使得信息的传播和交流更加便捷，互联网带来的信息洪流也远非一本或者几本期刊的内容可以涵盖的，新的传播方式和阅读方式正在逐步消解传统期刊的市场，并逐渐培养消费者新的阅读方式和消费需求。面对这种挑战，期刊出版者应该注重对新技术的利用，用新的传播和消费方式来承载优质的内容，加深对新技术下的语言风格、传播方式、消费群体等的认识和理解，让优质内容能够真正深入人心。将传统的出版形式逐渐转变为数字出版，将原来的纸质期刊转变为数字期刊，不但简化了流程，缩短整个供应链，节约了成本，还更加符合当下消费者碎片化的阅读习惯，更容易受到消费者的青睐。当然，对新技术的利用并非越多越好，也并不是所有新技术都适用于所有刊物，要选择适合自身发展的技术手段，让先进的技术手段更好地为优质内容和有效传播服务，增强传播效果，提升期刊影响力。

3. 坚持品牌化道路，实施长久目标战略

信息的洪流将大众裹挟在信息泛滥的海洋里，卖方市场转为了买方市场，如何帮助消费者快速有效地找到他们自身需要的产品，成为期刊出版者必须思考的问题。品牌就是解决这个问题的必备措施。当前市场中期刊的品牌主要面临两种状况，一种是传统期刊的品牌被数字平台削弱或者消解，另一种是新建立的期刊亟需建立自己的品牌。针对原本期刊品牌被数字平台消解的状况，应该着眼于建立自身的数字出版平台，利用微信、微博、客户端等方式，将自己的品牌传播出去，同时可以通过联合其他出版者的方式，建立专属于期刊的出版机构，并且尽量在与数字出版机构合作的过程中掌握主动权。亟需建立自身品牌的新期刊，首先必须明确自身的品牌定位，并把品牌发展作为一项长久的目标战略来实施，让期刊一步步进入品牌之路。强烈而明确的品牌意识会让期刊在发展的过程中少走弯路，不会在复杂的市场环境中迷失方向。期刊

的品牌化发展能够让期刊在消费者的心中有独特的定位和印象，也是让期刊保持生命力的必由之路。需要注意的是，期刊的品牌并不能像商品品牌一样过分地追求经济价值，而要坚持内容为主，在追求经济效益的同时重视社会效益。任何产品的品牌化发展都是一个较为漫长的过程，期刊也不例外，对期刊的品牌培育不可操之过急，慎重把握期刊发展过程中的变化，及时调整发展方向，让期刊能够更好地面对市场，服务读者。

4. 建立高水平编委会，吸引高质量稿源

期刊的发展离不开优质的内容，而优质的内容有赖于优秀的作者，优秀作者的优秀作品要成为期刊的一部分，还必须得有优质的编委会作为支撑。高水平的编委会不仅能够帮助期刊识别优秀的稿件，提升期刊的内容质量，同时也是吸引优质稿源的重要手段。当前我国优质稿源外流严重，稿源的外流不仅严重地影响我国期刊的建设水平，同时也阻碍了高端知识成果为我国社会主义现代化建设服务的快速转化。稿源外流，作者追求的是影响因子，最终目的是为了让学术成果能够被认可。高水平的编委会正是起着这样的作用，高水平的编委会首先起到的就是对学术成果的认证作用，然后让优质成果在优质期刊上发表，进一步提升期刊的影响力，让作者的先进学术成果被更多人了解。学术成果的发表会增强作者的学术影响力，提升期刊的水准，同时让学术成果尽快服务更多读者，从单纯的影响因子转化为影响力，为社会实践服务。

5. 拓展销售渠道，增强规范意识

传统期刊的销售方式一直是比较固定的，邮发或者报刊亭售卖，在我国快递业发展如此快速、网络销售如此盛行的状况下，期刊行业没有理由不考虑更加快捷方便的销售渠道。便捷的销售渠道能够更加便利地为消费者提供服务，更加适应当前的社会发展速度。相关期刊社可以开办自己的网络销售店铺，或者寻找网络代销平台，让期刊能够尽快到达消费者手中，服务消费者。同时，网络购物的消费方式更适应当前消费者的消费习惯。在寻求新的销售渠道的同时，要注意规范化运作，不能因为渠道的某些因素而损害期刊的声誉，让新渠道更加规范、高效地为期刊服务，为消费者服务。

（三）社会：明确自身职能，做好公共服务

这里的社会主要是针对除了政府和企业以外的社会组织而言的。社会组织是公共关系的主体，在社会生活中发挥着重要作用，对期刊的发展也是不可缺少的助力。期刊自身具有公共属性，社会组织的职能也是为社会提供公共服务，二者具有天然的契合点。

1. 收集行业信息，提供基础服务

无论是政府还是企业都需要了解期刊的发展状况，迫切需要对整个行业的信息有全面的了解，政府和企业都不是专业的信息收集机构，对于信息的了解并不全面和及时。社会组织可以在这方面贡献自己的力量，同时为期刊的发展提供一定的帮助。收集期刊业的发展状况，了解最新信息，及时提供给公众和企业，让期刊企业和社会公众能够节约资本，掌握全面准确的信息，促进整个行业和社会的和谐发展。例如行业的最新动向、整个行业的季度（年度）发展状况、市场的最新需求等属于服务于整个行业和社会的基础信息资料，由社会组织统一提供，在节省成本的同时，为更多人服务。

2. 建立权威协会，制定行业规范

期刊行业需要有一定权威的协会来规范自身的发展，不论是面向全行业的还是面向某一特定领域，权威的协会以及制定的行业规范都能够让期刊更加稳定有序地发展。为了促进当前期刊业的发展，相关的期刊协会可以加强自身的组织建设，对期刊行业的发展有更加清晰的认知和了解。建立质量监督、道德评价、价值评定等多方面功能集于一体的权威协会，规范和监督行业的有序发展，提升整个行业的质量水准和道德水平。同时，对于我国期刊业当前的发展状况而言，加强学术水准的评价和学术造假的监督是刻不容缓的，对学术水平的认证不仅有利于提升我国科研实力，振奋作者研究热情，防止稿源外流，还有利于提升整个期刊行业水准，同时，对学术造假的监督和预防则有利于肃清造假行为等不良风气，推动行业的健康有序发展。

3. 促进行业交流，谋求行业共识

期刊行业的交流与共识长期以来并不为行业所重视，尤其是在面对新技术所带来的冲击时，绝大部分期刊选择了与新技术的融合，与其他行业的跨行业的交流与合作，行业内的竞争势头大于合作势头。跨行业的交流合作拓展期刊市场能够给期刊发展注入新活力，但是行业内的交流与合作也应该受到重视，尤其是在面临共同问题、单打独斗没有胜算的情况下，更应该积极谋求业内的帮助，从共同问题上寻找突破口，谋求共识，帮助期刊业摆脱困境，创新发展。期刊行业的振兴和发展不仅需要个体的努力，更需要集体的"凝力"。例如在与数字出版平台的合作中面临的不公正问题、作者的数字版权问题、学术不端等危害行业健康发展的问题，都可以通过相关协会组织会议进行交流，促进问题的解决。

2018年是期刊蓬勃发展的一年，尽管依然有很多亟待解决的问题，依然面临着诸多困境，但是在国家政策的有力支持下，在期刊行业从业者的努力下，在社会各行业对期刊行业的关注和支持下，期刊行业取得了令人瞩目的成就。无论是期刊转型，还是面向主旋律，或者走向国际社会，期刊业都在努力向前并取得了不俗的成绩。在国家政策的持续发力下，相信我国期刊业在2019年会迎来更大发展。

参考文献

[1] 周国清. 2018年中国期刊现象综论 [J]. 编辑之友，2019 (2)：24-53.

[2] 吴尚之. 中国期刊业40年发展成就与展望 [J]. 中国出版，2018 (23)：9-11.

[3] 付江. 虚实之间——2018年社科类市场期刊动态盘点 [J]. 科技与出版，2019 (3)：27-32.

（赵文义　长安大学文学艺术与传播学院）

第四节 2018—2019中国报纸出版业发展报告

2018年，报业又度过了一段艰难岁月。在过去的一年里，广告份额下滑、阅读率下滑、发行量继续下滑，报纸的市场化价值越来越衰减，从某种程度上说，报业已不具备市场化运行的条件，能拯救报业的不再是报纸本身，而在于报业、产业、财政的组合拳。

在过去的一年里，人们曾寄予厚望的中央厨房、AI新闻、智慧媒体、区块链等新技术带给报业的，只是令人眼花缭乱的"炫"，加上一点虚无缥缈的希望。报业的市场价值并不因为这些新技术的加入而增加足够的砝码。相反的是，专刊专版、购买服务、媒体智库、内容收费、版权保护、全媒全案营销、多元产业等务实转型举措，则给了报业实实在在的前景。

处在如此艰难的条件下，只有务实的转型举措才能给报业以希望与腾挪拓展突破空间。报业当前最需要的不是"玄乎""炫乎"的新媒体，而是新经济来源。

一、2018年报业市场基本情况

1978年肇始的中国报业市场化运行进程在2018年遭遇困境，广告下滑、阅读率下滑、发行下滑，越来越多的人开始不看报纸，单纯报纸的广告吸引率越来越低，作为一个媒介产品的报纸已越来越不具备市场化运行条件。

（一）报业广告仍然保持惯性下滑局面，但党报广告稳步增长

2018上半年全媒体广告整体市场的增幅同比明显提高，达9.3%。但报纸广告一如既往地下滑。当然，现在报纸广告的基数已经很低了，根据CTR媒介智讯的数据，

2018年上半年,报纸广告刊例收入下滑了30.6%,而2017年同期也是下滑了30.5%,几无变化。与此同时,2018年上半年,报纸广告面积下滑更严重,达-33.8%,而2017年同期只下滑了24.4%,如图1所示。按照惯例,刊例价格参考性不大,更具有指数性意义的是广告面积,代表了实际意义的涨跌幅度。

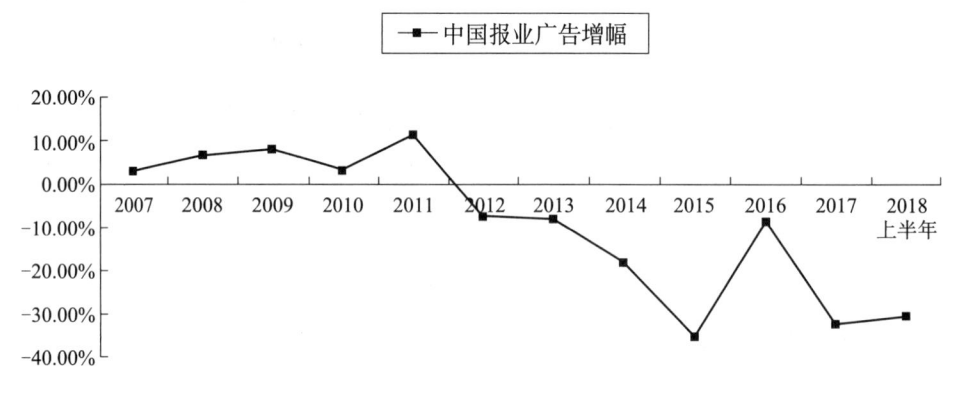

图1 报纸广告涨跌幅度

数据来源:CTR,课题组自制图

对于纸媒广告投放的持续下滑,需要考虑当前的媒介竞争格局与环境,CTR公布的广告主营销调查报告显示:广告主在各种营销预算上都有投入,更关注的是整合不同媒介形态的效果,2018年上半年广告投放量排名前50中,投放的媒介种类超过5个的有68%,一些厂商的广告投放甚至超过10种媒介。随着媒体类型的增多,其费用分配的分散性在逐渐加强。总体蛋糕就这么大,分给报纸的就必然在不断减少。

分类方面,报纸总体广告在下跌,但是对党报的广告投放却仍然持续增长,《重庆日报》《新华日报》《湖北日报》《南方日报》《江西日报》等省级党报,《金华日报》《温州日报》《湖州日报》《荆州日报》等地市党报,包括浙江的一些县市报在调研中都表示,党报的广告投放仍然保持增长,但是这种增长主要是由于"专刊专版"等一些非市场化广告模式运作,依靠的部委办局的广告投放。由于党报广告的增长,一些报业集团甚至已经形成了"母报养子报"的奇观。都市报的广告下滑幅度要远远超过三成,一些都市报已经出现"零广告"的现象,依靠母报"供血"支撑。

2017年,广告刊登额前20名的报纸中只有4家报纸是同比增长的,其中的第一名同比增长117.7%,却是证券报纸。2018年也大致是这种情况。证券报纸广告的增长主要源自信息披露的大幅增加,这是几家专业证券报纸营收的主要来源。但根据种种外围信息分析，证券领域信息披露制度的改革势在必行，信息披露的电子化趋势将必然导致专业证券领域的报纸营收直线下滑，必须未雨绸缪，寻找新的经济来源。

从这些增量广告类型分析可以看出，报纸当前的广告模式已不是完全的市场化行为。

（二）新闻纸价格高企，供需趋于稳定

即使到了今天，报纸发行量已经无关紧要的当下，各报的发行量依然是个谜，只能从新闻纸的产量、销量以及价格变化窥知报纸发行量的总体增减幅度。

作为报业生产最大宗的生产资料，报人最关注的还是新闻纸的价格，2018年，新闻纸价格高企，让报业不堪重负。新闻纸价格上涨原因是多方面的，主要是外部环境。自2018年3月1日起，根据生态环境部的有关规定，进口废纸含杂率要求由原来的1.5%降低到0.5%，而国际上符合上述标准的废纸货源非常少。2018年5月2日，海关总署发布文件，自2018年5月4日起，对来自美国的废物原料实行100%掏箱检验，导致各纸厂进口废纸通关速度大大降低，无法满足生产需求。5月4日起，对中国检验认证集团北美有限公司实施为期一个月的A类风险预警措施，期间，各纸厂原料都无法发货。"贸易战"下，从8月23日开始，对废纸在内的固体废物从美国进口的商品加征25%关税。再有，2018年初起，由于环保因素，生态环境部未批准几大造纸企业2018年的废纸进口额度，这些纸厂没有了废纸原材料没法生产新闻纸。在这些复杂因素的影响下，新闻纸产量锐减，价格上涨也是必然，2018年年初到年底，新闻纸生制造企业多次给新闻纸提价，新闻纸平均价格从2017年年底的5 500元/吨上涨到最近的6 350元/吨。

实际上，新闻纸的使用量呈下滑趋势，如图2所示。2018年，共有35家报纸停刊休刊，还有大量的报纸减量、缩版，使新闻纸使用量继续下降。根据《2017年新闻出版产业分析报告》，2017年报纸出版总印数降低7.1%，总印张降低15.1%。

中国报协对全国103家用纸量大的报社进行了调研，其中，有22家报社（占比21.4%）2018年的用纸量比2017年增加，有75家（占比72.8%）用纸量减少，6家（占比5.8%）基本不变。接受调研的这103家报社2018年的总用纸量是98.5万吨，2017年的总用纸量是105.3万吨，2018年同比下降6.5%。2017年全国报业用纸量为

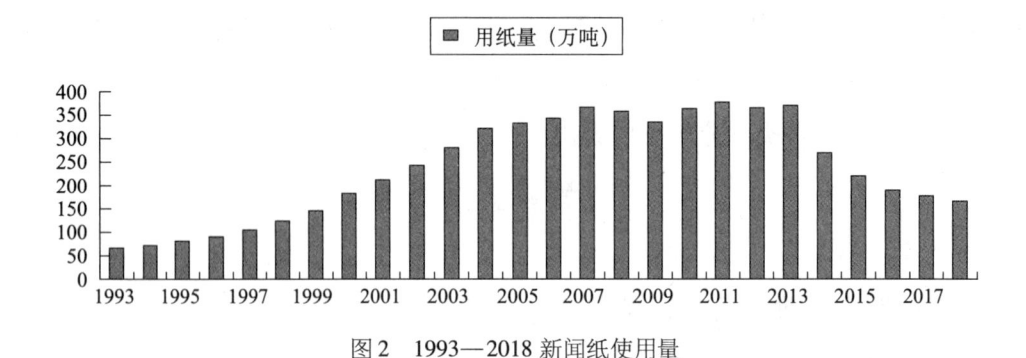

图2　1993—2018 新闻纸使用量

数据来源：中国报业协会，课题组自制图

177.7 万吨，按照 6.5% 的降幅，推算 2018 年全国报业用纸量约为 166.1 万吨。从数据上看，相对于 2014 年、2015 年、2016 年的两位数降幅，这两年降幅相对较小，某种程度上看，从发行量或者印张来看，中国报业进入小幅缓慢下降趋势。

比较有趣的是，中央级报社用纸量继续保持稳定，调研的 103 家报社中，2018 年用纸量比 2017 年增加的 22 家（占比 21.4%）报社中，有 15 家是中央级报社，2 家省级党报和 5 家地市级党报。[1] 各省级报业集团的用纸量下降幅度都较大，主要原因是都市报在省级报业集团中占较大比重，而恰恰是都市报广告、发行降幅最大，用纸量降幅也较大，党报用纸量基本不受影响，甚至还略微有增加。由此看出，用纸量减少是市场因素，而用纸量增加并非市场因素。

下降的都是所谓的"市场化报纸"，而上升的都是"非市场化报纸"，无论是广告，还是发行量，中国报业的这个趋势已基本确立。

（三）中国邮政报刊发行流转额稳步增长，自办发行模式难以为继

曾经，自办发行是中国报业的主要发行模式，但最近几年，由于报纸发行量的下滑，发行人工成本上升，自办发行逐渐成为报业不能承受之重，自办发行队伍纷纷裁撤，留存下来的发行员也纷纷改行做快递、落地配等业务。报纸发行逐渐回归邮发。根据中国邮政集团总公司报刊发行局的数据，2018 年度邮政报刊收订流转额实现了 222.1 亿元，同比增长 5.1%。1985 年《洛阳日报》自创邮发体系的主要原因在于邮发效率低、服务差、回款慢，如今，三十多年过去，邮发体系依然市场化程度不高，所存在的最大问题还是老问题，但现在读者对于邮发体系的容忍度明显要比以前高得多，

即使今天的报纸明天才送到，也不会招来多少投诉电话。调研中，很多读者表示，并不在意。这是最让报人抓狂的。

梳理改革开放 40 年以来中国邮政邮发报刊的期发数量，如图 3 所示，可以发现，不似都市报的大起大落，邮发报刊保持相对稳定状态。只在几个特定历史条件下，邮发报刊的期发数有较大变动：一是 1983 年，当时大量新报刊创刊，人民群众对于信息如饥似渴，又没有其他信息渠道，报刊是主渠道，所以邮发报刊数量有一个突飞猛进的增加；二是 1989 年，1985 年，《洛阳日报》自办发行模式获得成功，全国报社群起而学之，截至 1990 年底，全国有 130 多家报社退出了邮发体系，建立了自办发行队伍，所以 1989 年、1990 年、1991 年这三年，邮发报刊期发数大幅下滑；三是 2005 年，报业面临第一个"寒冬"，读报人数减少，邮发报刊亭板块报刊业务大幅下滑，但征订依然保持相对稳定，所以邮发报刊期发数下滑；但 2010 年后，邮发报刊期发数却有个小幅增长，主要是由于一些自办发行的报刊纷纷回归邮发，2018 年报刊发行流转额 5.1% 的增长也大致归因于此。还有一个很重要的原因是，绝大部分的党报党刊传统上都是邮发的，而这两部分的发行量在近几年中是稳步上升的。

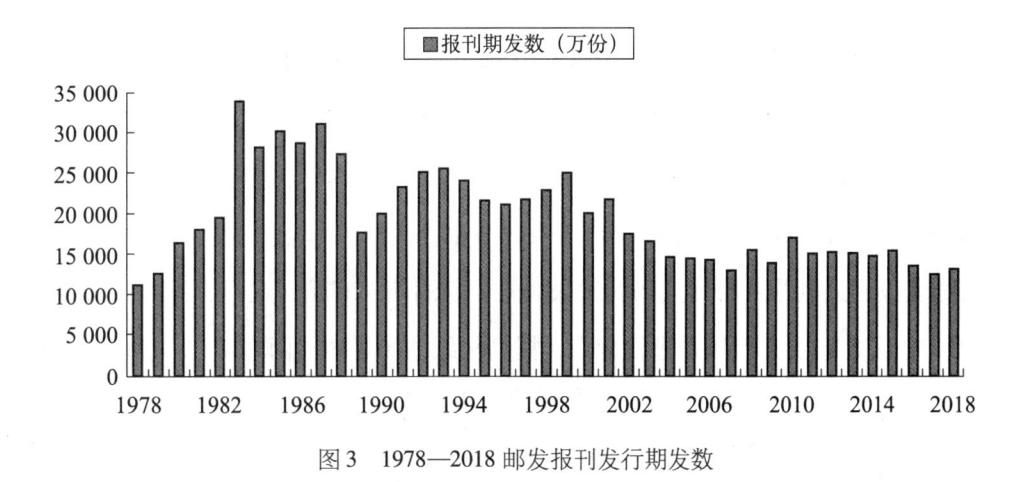

图 3　1978—2018 邮发报刊发行期发数

数据来源：国家统计局"国家数据"，课题组自制图

从报业的发行格局来看，零售才是真正的市场化行为，市场自发订阅数量已经下降至很少；而在订阅中，公费订阅占较大份额，公费订阅相对而言更不容易受市场需求因素影响。报业发行已不是纯粹的市场行为。

（四）报纸阅读率持续下降，积极寻找越来越稀缺的阅读场景

报纸影响力、广告的大幅下滑主要是由于报纸阅读率的下滑，越来越多的人不看报纸。报纸的阅读率持续下降，已经从 2012 年的 53.9% 下降到 2018 年的 25.6%，下降了五成多，如图 4 所示。其中，最主要的原因就在于读报场景的稀缺。

读报场景正在一步步地被移动互联网下的其他新媒介形态所蚕食，曾经的地铁、公交车、排队、客厅、卫生间等天然读报场景都被手机所替代。高铁列车由于速度快，4G 信号仍然不能够覆盖，但随着 5G 时代的到来，加上高铁列车 Wi-Fi 的普及，高铁列车——这个很多人认为最适合读报的场景也将消失。

正在飞行的飞机——这种不能开手机又需要消磨时间的场景最适合读报，但如今，航班正在逐步放开对于手机开机的管控，目前可以将手机设置为飞行模式，有望在将来实现 Wi-Fi 的覆盖。因此，目前在绝大部分航班上都有免费派发的报纸供乘客在空中旅行时阅读。

从目前情况来看，中小学校的班级是最适合阅报的场景。大部分中小学校不允许学生携带手机上学。浙江的《树人导报》从都市报《天天商报》转型而来，周报，将发行范围专注于绍兴市 53 万名中小学生，目前有 50 万的发行量。

《半岛都市报》发起了报纸进班级的活动，为青岛市各个学校的每个班级免费派送全年报纸，并在报纸内容上进行配合，大力发展学生记者，提高报纸影响力。此外，《半岛都市报》还利用各种形式拓展阅报场景，与酒店、宾馆、银行、保险、电信、加油网点、社区、居委会等场景进行合作，提高报纸的场景覆盖面。

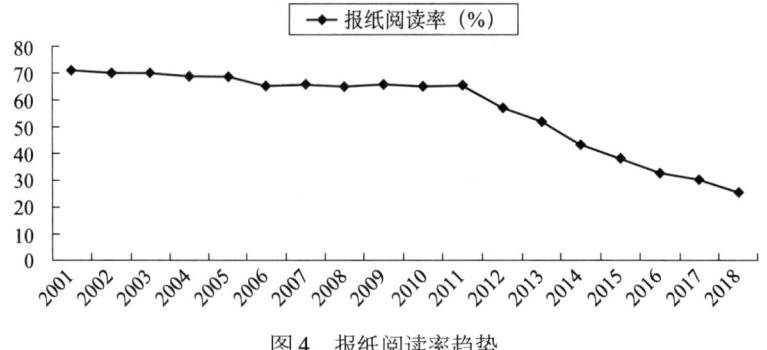

图 4 报纸阅读率趋势

数据来源：CTR，课题组自制图

二、2018年报业市场发展的主要特点

对于当前的报业而言，数据更多的是说明现状，我们更应从一些趋势性的事件中精准把握报业发展趋势以及转型突破方向。

由晚报、都市报兴起而引致的报业市场化进程，从当前报业所面临的困境与趋势来看，需要发生重大转向。

（一）"事业单位，企业化管理"与媒体经济体制改革

"事业单位，企业化管理"是改革开放40年来中国报业的主流经济体制，在"事业单位，企业化管理"体制下，大部分报社成为"自收自支"的事业单位。20世纪80年代初是"以厂养报"，以印刷厂的收入养活报业，90年代是"以报养报"，梯次创办晚报、都市报来养活母报，90年代后期是"以业养报"，以多元产业营收来支持报业运营。

对于媒体而言，企业化管理是自主做出的选择，1978年，人民日报社着眼于当时的财政拨款入不敷出，报社发展遭遇经济困境，而信息拥有实现营收的前景，联合了当时的8家其他中央新闻单位向财政部打报告，要求实行企业化管理；即使到了今天，课题组在调研中发现，很多媒体人仍然赞成企业化管理，主要原因是只要实行企业化管理，就能够拥有运营自主权。

但是，有企业化管理的需求，还需要企业化管理的能力。1978年以来，报业都拥有养活自己的资源，报业对于信息的垄断优势一直都存在，直到最近几年，报业失去了对于信息的垄断优势，导致各方面的市场化举措失利，逐渐失去了企业化管理的能力。因此，这种沿袭中国报业40年的经济运行体制需要改革。

2018年2月26日至28日，党的十九届三中全会审议通过了《中共中央关于深化党和国家机构改革的决定》，强调对于从事经营活动的事业单位和面向社会提供公益服务的事业单位推进事企分开，理顺同主管部门的关系，推进官办分离，强化公益属性，

破除逐利机制。要求事业单位"去行政化、去营利性"。"事业单位,企业化管理"这种传统报业经济运行体制必须进行改革,在中央对意识形态工作的高度重视,对媒体公益事业属性的不断探讨与强化,以及媒介职能单一化趋势下,对主流媒体的扶持体系将初步建立。[2]

一些媒体在财政"断奶"多年后,又开始逐步获得外部"输血"扶持。2000年泉州晚报社就没有了财政补贴,但从2010年开始申请到每年200多万元的文化产业基金扶持。衡水日报社1992年开始完全自收自支,2017年申请到财政补贴200万元,2018年增加到300万元。攀枝花日报社20世纪90年代初财政"断奶",从2005年开始申请彩印纸张专项补贴。从2012年开始,兰州日报社由原来的自收自支改为全额拨款事业单位,一年有9 000万的财政补贴。甘肃日报社一年有2 000万元的财政补贴。千岛湖传媒集团自营收入600万元,政府拨付1 300万元。

此外,还有诸如购买服务、专刊专版、减免税收、项目扶持、资源扶持等一系列扶持举措,报业在扶持体系的范畴下,运营理念、方法、路径都应发生根本性变化。

(二) 报纸停休刊与报业集团内部整合

一般情况下,很多报纸在办不下去的时候会选择折衷的"休刊"方式,就可以暂时不用注销刊号。因此,每年国家新闻出版署发布的《新闻出版产业分析报告》的信息就相对滞后一些,比如,2016年只减少了12份报纸,但是,根据《报业转型》微信公号发布的文章《这8年停刊休刊的40份报纸,下一个会是谁?》中有名有据的,就有19份之多。而截至2018年12月30日,2018年停休刊的报纸已经达到了35份。

根据《报纸出版管理规定》第二十条:报纸休刊超过180日仍不能正常出版的,由新闻出版行政部门撤销《报纸出版许可证》,并由所在地省、自治区、直辖市新闻出版行政部门注销登记。大部分休刊的报纸最终都走向了注销的宿命。

2018年停休刊的35份报纸当中,都市报占据了2/3,这些都市报当中,或者是地市都市报,或者是省级报业集团下面的第二子报、第三子报。这些报纸的停刊仍然属于报业供给侧改革范畴,本来就不该创办。现有根本没有支撑那么多报纸共存的市场空间,在市场形势好的时候,第二、第三子报一般都由第一都市报养着,一旦市场形势不好的时候,第一都市报自身难保,子报也就更无法生存。[3]

回溯到本世纪初，那段时间是第二子报、第三子报、地级市都市报创刊的高峰期，一方面，同城报业竞争激烈的情况下，报业集团需要第二、第三子报作为所谓的"防波提""护卫舰"参与报业竞争，抵御竞争对手的冲击；另一方面，地级市只有一份党报，眼红于都市报巨大的赢利能力，地市都市报纷纷创刊。这些都是报业跑马圈地时期的产物，如今时过境迁，对于一些创办初衷就是走市场、用子报养母报的都市报而言，已经失去了存在价值。报纸的停休刊只是产业发展衰退阶段的必然行为，也是对前些年报业"暴利"盲目扩张、跑马圈地的另类惩罚。原本市场就不需要那么多的报纸，即使在报纸已经纷纷停休刊的今天，1 884 种报纸依然是产能过剩的，在行业衰退阶段，盲目扩张的恶果开始呈现，停休刊是必须也是必然的。

从另一个角度看，实现优化选择、精简聚焦则是对主流媒体进行有效扶持的基础和条件。

首先是优化选择。现存媒体数量太多，没有完善的退出机制，媒体只生不死，小散滥现象较为严重，导致"少数媒体死不了，多数媒体活不好"。当前对主流媒体进行扶持的基础应该治理，治散治滥，建立健全媒体"退出机制"，优化整合，对于一些舆论引导乏力，新闻供给质量低下，经营能力低效的媒体实行"关停并转"。摆脱媒体恶性竞争，竭泽而渔，争抢有限新闻资源的局面；集中资源，合理选择，扶持一些优势主流媒体率先打造成形态多元、手段先进、具有竞争力的新型主流媒体。

其次是内部的精简聚焦。经过多年的发展，一些媒体单位内部子媒体、子机构林立，数量极大，由于各种原因，内部也缺乏健全的"退出机制"，机构与项目在转型中越转越多，在改革中越改越多。一些传播力、赢利能力低下的子媒体在不断分食有限的媒体资源和运营精力，稀释扶持措施的效果，拖累优势媒体的发展与转型；因此，媒体单位内部的精简聚焦应成为对主流媒体进行扶持的条件，才有利于扶持手段更好地发挥作用。2013 年 10 月 28 日，上海报业集团合并组建时，旗下正常出版的子报子刊共有 32 家，是全国拥有报刊数量最大的报业集团。2018 年，通过关停并转一些子报子刊，目前只有 21 家报刊还在运营，停掉了 11 家报刊。

从当前的发展趋势来看，"一城一报"将成为现实，即使同城报业集团没有合并，现有的市场空间也无法支持那么多的都市报，在市场作用下，仍然会出现"一城一报"现象。由于特殊需要，党报能多份共存；都市报则只可能存在一张，其他的都市报要么裁撤，要么就彻底底地改变。

（三）报刊广电整合与企业化管理矛盾

合并整合是2018年中国媒体的关键词。2018年3月，中央广播电视总台整合了原来的中央电视台、中央人民广播电台、中国国际广播电台三大中央台而成立。这是影响最大的媒体合并。在行业衰退阶段，报业与广电的合并2018年也成为热点与趋势。

与报业相关的两个重头信息，一是2018年7月19日，新组建的辽宁报刊传媒集团（辽宁日报社）、辽宁广播电视集团（辽宁广播电视台）挂牌，"这标志着辽宁在推进媒体融合道路上又迈出了新的征程"。新成立的辽宁报刊传媒集团（辽宁日报社）合并了17家单位，为省委直属事业单位，规格正厅级，实行企业化管理。新成立的辽宁广播电视集团整合了辽宁广播电视台等7家单位，为省委直属事业单位，规格正厅级，也实行企业化管理。而且，辽宁省所属14个市锦州、盘锦、葫芦岛、大连、营口、沈阳、抚顺、朝阳等，按照政事分开、事企分开、管办分离的要求，也相继出台各市的《市直公益性事业单位优化整合方案》，对市属媒体进行整合。

另一个消息来自天津，2018年11月13日，天津海河传媒中心正式宣布成立，根据天津市机构改革实施方案，将天津日报社（天津日报报业集团）、今晚报社（今晚传媒集团）、天津广播电视台职责整合，组建天津海河传媒中心为市委直属事业单位。下设天津日报事业部、今晚报事业部、天津广播电视事业部，不再保留天津日报社（天津日报报业集团）、今晚报社（今晚传媒集团）、天津广播电视台、天津广播电视传媒集团有限公司、天津报业印务中心、中国技术市场报社。

行业衰退阶段的媒体合并能否缓解困境，提高"四力"？从媒体发展的历史经验看，"拉郎配"的硬性整合会面临互相拖累的问题。历史上，成都、牡丹江的媒体合并都是如此，最后不了了之，连什么时候分道扬镳的都避而不谈。合并的不同媒体发展成熟度、经营状况、体量规模和属性特点都完全不同，将它们整合到一起，"甩包袱"也不能甩得彻底，不一定能起到"1+1大于2"的结果。

成都、牡丹江当年是在媒体经营能力很强的情况进行整合，受这些年媒体经济大环境的影响，辽宁、天津等地媒体这轮整合的不同之处在于当前的媒体经营能力大幅下滑，属于"穷帮穷"，互相拖累的可能性更大。最后"谁都死不了，但也活不好"。

大连报业与广电整合之后，开始让广电员工也承担订报任务，甚至由于员工将订报信息上网而致发生"乞讨式发行"的舆情事件。

天津市的相关改革方案明确指出，要"强化事业单位公益属性，全面清理事业单位承担的行政职能"。辽宁各地的媒体整合方案却又都强调"企业化管理"，看来，在改革方向上，不同地方又持不同的态度。笔者认为，让事业单位真正回归公益属性，应是媒体改革和整合的主要路径和方向。

三、2019年报业市场发展展望

当前，媒体经济体制改革是趋势，但是，"事业单位，企业化管理"的旧有经济模式仍然使报业承担了较多的经济职能；近年来，报业通过媒体融合，运作新媒体在传播能力上已有很大提升，但是所运营的新媒体在赢利模式上却鲜有突破；因此，报业转型的可行模式和突破方向主要表现为追求经济效益，以此来反哺传播业务。但是即使是"找钱"，大部分行为也都是逆市场化之举。当然，从另一个角度看待问题实质，存在即是合理，对于部委办的传播、表达需求的满足也是一种市场化行为，没有优劣之分，对于当前处于困难阶段的报业而言，都是值得肯定与推广的。

（一）专刊专版模式

在都市报广告收入"断崖式"下滑的趋势和背景下，党报广告收入却在近几年一直保持稳步增长。主要原因就在于党报的专刊专版所带来的广告营收增长。据测算，来自各级部委办局投放的形象广告、专刊专版的营收占党报总广告营收的50%以上，有很多党报甚至占到70%以上。

《焦作日报》是一个典型案例，目前每年办有专刊80个，这几乎覆盖了当地所有的政府部门、群工妇团组织，打出的口号是"人民报纸人民办"。淮北日报社目前开通政务专刊专版20余个，为确保这些专刊专版健康运行，统一组织记者、通讯员参与策划选题、撰写稿件，提升党报在特定人群中的影响力。县级报纸《永康日报》每年的政务类资讯收入都在1 500万元以上。

一些部委办局拥有委托报社办专刊专版的现实需求。主要是算经济账，部委办局自己出版内刊，一般每个月出二到四期，就需要采编人员三四名，仅人员工资，按照每人15万计算，一年就要支出60万元，再加上印刷、发行、办公经费等，一年至少都需要100万元。但由报社来办专刊，专刊就成为报纸的版面，部委办局一方面节省了费用，另一方面传播覆盖面也大大提升。

有人质疑这种专刊运营模式有违规经营或有偿新闻的嫌疑，但实际上，根据2013年国务院公布的《关于政府向社会力量购买服务的指导意见》，政府购买宣传服务也是购买服务的重要组成部分。除了专刊的形象宣传、沟通服务形式，政府通过公共资源服务平台采取单一来源采购方式购买党报的服务还可包括：制作新闻产品、策划活动、提供媒体技术支持等。这为报纸发展提供了新的空间。

（二）运营代管模式

媒体人的内容运营能力是可变现的，特别是在各部委办局重视政务新媒体的背景下，以政务微信号为代表的政务新媒体日趋成为发布政府信息、提供公共服务和实现政民互动的新渠道。这些政务新媒体背后，多有传统纸媒的身影，报社专门的微政务部门（或新媒体部门），承接了来自政府相关单位的部分新媒体宣发业务，包括平台的搭建、运营、维护乃至涨粉等。《焦作日报》开展"新闻+"服务，不仅在报纸上做专刊，而且依托新媒体，发展"新媒体专刊"（托管合作单位微信公众号），开展"专刊+两微一端"全方位、立体化服务，托管20多个移动政务平台微信公众号。

深圳在政务新媒体建设运用方面走在全国前列，目前，深圳《晶报》参与运营服务的政务新媒体已达108家。《晶报》的政务号运营数位居全国第一，成为政务新媒体运营龙头品牌。合作一般以年为单位，服务费用在10万到50万之间，高一点的还会包括H5产品制作和活动策划等。一年能有2 000万元左右的收益。成本方面，主要是人工成本，目前，《晶报》负责政务新媒体建设的人员20人左右。据介绍，从理论上讲，每个号衍生新的产业价值，提供周边服务，营收大概能达到一亿元，整个深圳地区的体量甚至可以达到两三亿元。

如果能够拥有较多的运营项目，只要合理配置资源，控制成本，微政务业务无疑是报纸广告经营乏力之下诱惑力十足的利润来源，且具备较大的挖潜价值。而且，这些代运营的微信公号实际上也是媒体拥有自主权的自媒体，其潜在矩阵传播价值也值得重视。《晶报》还上线一个 APP "全橙智媒"，把运营的这些公号的内容聚合到这个 APP 里面，将各种民生服务链接到 APP 上，并通过这一平台探索新的变现模式。

（三）媒体智库模式

媒体智库成为近年来转型的一个重要方向，很多媒体都积极行动起来，南方报业传媒集团提出"媒体智库化"的转型方向，打造了南方传媒智库矩阵。旗下有十个智库机构，南方报业传媒集团的大的子报都建立了智库。[4] 就在南方报业传媒集团的智库矩阵召开研讨会成立的同一天，同城的羊城晚报报业集团也隆重成立了智库，并将智库定位于生产定制化数据咨询、课题研究、主题论坛等产品。看来，智库的竞争非常激烈。

但是媒体智库模式在当前也遇到了种种难题，包括：媒体体制机制与智库研究不合拍的问题，新闻报道生产流程与智库产品生产流程方式完全不一样，媒体原有体制机制流程不能够匹配智库生产；智库人才专业性不够的问题，智库模式知识密集、人力密集，但记者编辑转型为智库研究员并不顺畅；赢利模式尚未建立，目前能够赢利的也就是榜单等为数很少的智库产品，而且，很多智库产品也是依靠政府购买服务形式实现。关键问题是同质竞争，报业都在转型智库，这个市场空间就会越来拥挤。舆情服务实际上也是媒体智库模式的一个路径，根据人民网年报数据，人民网舆情服务一年的营业收入是 1.94 亿元，但实际上，舆情服务市场竞争激烈，从体制内到体制外，国有私企都在抢占这个市场的份额。

（四）版权收费模式

目前，国内 B2B 的版权售卖模式已初具雏形，上海报业集团版权收费 2017 年达 1 000 万元，2018 年媒体数字版权业务收入预算是 4 500 万元。重庆日报报业集团 2017 年原创版权内容收入为 215 万元，同比增加 13.5%。但 B2C 的数字版权收费一直不甚理想，《人民日报》《经济观察报》等报纸先后进行了尝试，最后都不了了之。

2017年11月6日，财新传媒正式启动财经新闻全面收费，推出了一系列产品，包括："周刊通"（《财新周刊》数字版，298元/年，后来调整为348/年），"财新通"（周刊通+财新网，498元/年），"数据通"（数据产品+财新通，1 998元/年），和"英文通"（Caixin Global+财新通，200 \$/年或1 348元人民币）。实行全面收费以来，付费用户数量每月平均增长20%—30%，有时遇到热点新闻会放量，月增长速度达40%—50%。虽然增长速度很快，但由于基数低，至今付费总用户数量还未突破10 000。对于财新付费订阅的发展前景和预期目标，财新表示会坚定推行这一模式。他们认为，财新属于小众传媒，不追求海量用户。2018年的目标是数字订阅收入能够覆盖编辑部成本。总体来看，直接面向用户的新闻付费产品步履维艰。专业性不够，用户付费动力不足是主要原因。在当前新闻免费、获得渠道丰富的情况下，提高内容产品的必读性、有用性、不可替代性才是让用户付费的可行途径。

但是，面向机构的B2B新闻付费有望在版权保护完善之后得到解决，一些专业化程度较高的报社有望成为优质内容提供商。2018年10月初，江苏省高级人民法院做出终审判决：今日头条因未经授权转载《现代快报》的4篇稿件，被判赔偿现代快报社经济损失10万元。这是目前网络违法转载传统媒体原创新闻稿件判赔金额最高的案例。中国虽不是判例法国家，今日头条这个案例基本上可以作为一个风向标。报业作为内容提供商从使用者手中获取收益有望成为一个趋势，甚至可以类似于某些图片供应商一样，将打官司和解获得赔偿作为一种稳定赢利模式。

（五）全媒全案营销模式

现在的报业广告获得难度已越来越大，广告客户都已经成了报社的VIP用户，营销部门为其提供全媒全案服务成为增加广告的常用方式。

山东大众报业集团旗下的《半岛都市报》打破部门壁垒，组建了八个行业全媒体中心和全媒体策划中心，以及一体化统筹报网端微内容发布和平台互动的全媒体指挥中心，加强全媒全案策划营销力量，调整优化考核奖励办法。仅房产全媒体中心签订的全案全媒合同额度就接近1 000万元，占到中心全年刊登额的一半以上，带动该中心广告同比增长52%。

在此基础上，《半岛都市报》全力培育新媒体集群，调整优化报纸发行结构，形成了拥有1 800万用户的全媒体矩阵，包括半岛都市报卫星公号粉丝820万，青岛进出港航班发行3万余份《半岛都市报》。这些都保障了全媒全案营销的效果。2017年广告刊登较2016年增加1 727万元，增幅18%；其中新业务占比两成左右。利润同口径增加2 868万元，增幅77%。[5]

其实，报业广告仍是有一定市场空间的，关键还是理念的变化以及更深度地挖掘。

（六）强化发行模式

《快乐老人报》首创"邮报媒体营销平台"的商业模式，适应了中国邮政集团公司对报刊发行的转型趋势，原来邮发报刊的赢利模式中只能赚取发行费率，而在与《快乐老人报》的合作中，邮政还能获得广告盈利、活动盈利、发行盈利等，这也使《快乐老人报》发行实现高速发展。2017年，每期发行量超过200万份。

中国邮政集团公司湖南省分公司主管主办的《时代邮刊》2017年期发量突破100万份，2018年达到115万份。总结其原因，除了内容方面"思想、深度、品质"、超前的选题、真实犀利的文本风格、真实独到反映社会问题的封面专题等外；"跑"发行和第三方订阅的发行策略是主要原因。《时代邮刊》采取"重心下移跑市场"的"笨办法"。杂志社共有30多名员工，其中有1/3是做发行的，发行团队跑遍全国各个省市区，平均每年出差150天以上。

另外，这两家报纸在发行量费率上对邮政做极大让利，在山东、辽宁等省实行全费率，发行收入全部归邮政所有。由邮政承担印刷费用，另向刊社支付每本定价1.8元的3%的编辑费（0.054元）。在一些省份也实行正常费率，《时代邮刊》是40%，《快乐老人报》本埠31%，外埠36%。

这两个案例的可供借鉴之处在于："跑"发行、第三方订阅加上细心服务客户。这样的举措看似平淡无奇，实则需要定力，坚持精力资源。当然，在媒介环境发生如此巨变的今天，"10万+"横行，创意成为媒介产品走红"唯一"要素，横下心来苦练扎实功夫的人越来越少；似乎也只有这些实实在在的"力气活"，才能让传统媒体继续凸显核心竞争力，成为横扫"花拳绣腿"的不二法门。

（七）拓展发行模式

2016年9月28日，绍兴日报社将原有的一张"已活不下去"的《天天商报》彻底转型成一份面向中小学生的周报，近2年来，《树人导报》已经拥有50多万的发行量，越来越得到广大小读者、家长、老师的喜爱与肯定。

绍兴日报社与当地教育局合作，市教育局每年从全市中小学生（公办学校的小学、初中、高中）经费中划拨（生均15元）用于订阅《树人导报》，报社派出6人负责《树人导报》的采编工作，教育局派人做顾问协助报社做好发行与采编工作。为高效准确地完成50万份报纸入校园的投递工作，报社通过公开招投标引入了顺丰快递，确保《树人导报》付印后第二天就能基本全部投递到全市各中小学校。投递到学校后，再由各校分送到各个班级，使其进入了移动互联网不能涉及的领域。

报纸应致力于移动互联网不能达到的新空间的拓展，比如航班、学校班级。但《树人导报》的问题在于：征订发行方式的行政化降低了报纸的价格，三年"孵化器"之后的方向问题迫切需要明确。另外，作为一份拥有50万读者的"大报"，一年的广告收入不足300万元，其经营能力、相关教育产业的开拓能力，都需要大力拓展。某种程度上，大量用户基础上的变现成为考验报业转型成败的又一难题。

（八）利用政策红利

在2018年8月21日至22日召开的全国宣传思想工作会议上，中共中央总书记习近平发表了重要讲话，讲话指出："要扎实抓好县级融媒体中心建设，更好引导群众、服务群众。"这是从中央层面第一次提出"县级融媒体中心"这一概念。11月14日，中央全面深化改革委员会第五次会议通过的《关于加强县级融媒体中心建设的意见》指出，要深化机构、人事、财政、薪酬等方面改革，调整优化媒体布局，推进融合发展，不断提高县级媒体传播力、引导力、影响力。[6]对县级融媒体中心建设提出了具体要求。

如2016年的"中央厨房"一样，全国很快掀起了"县级融媒体中心"的建设高潮，中宣部在浙江长兴县召开县级融媒体中心现场会之后，有单位宣布，在2020年底前，县级融媒体中心要基本实现全国全覆盖，浙江力争2019年底实现全覆盖。

实际上，县级融媒体中心按照设计理念是一个系统工程，非常消耗资源，也需要技术支撑、流程支撑。硬件包括大屏幕、中央办公区、新购办公设备等；软件包括采编发系统、绩效考核系统、舆情监测系统等；人力包括视频采制人员、直播人员、无人机飞手、各种工程师等；后期维护包括大屏等硬件以及软件的维护，还需要对县级媒体内部进行体制机制的改革、各单位的整合、流程再造。仅依靠县级媒体本身资源进行改革并不现实，必须依靠外力。

从目前市场情况来看，共有四个方面力量试图在县级融媒体中心建设中分一杯羹，中央媒体、省市媒体、广电网络、技术公司。这是个大市场，也是摆在报业面前的一个好机会。

一些报社已经行动起来，江西日报社2016年建立了"赣鄱云"智慧融媒体平台，11月13日至14日，江西省委宣传部在分宜县召开了江西省县级融媒体中心现场推进会，会上提出2019年6月底前江西省100个县（市区）全部完成融媒体中心建设的目标。目前，江西依托"赣鄱云"承建的市县融媒体中心有42个（其中市级融媒体中心有2个，县级融媒体有40个）。"赣鄱云"中央厨房实际执行价70万元，以后每年升级维护费35万元，光这一项一年就能给报社带来营收2 000多万，即使这样，也比区县媒体自己建融媒体中心更节约成本，一个真正的中央厨房市场报价高达460万元，以后每年升级费、维护费、宽带流量费不低于100万元。此外，如湖南日报社的"新湖南云"、新华日报报业集团等都在积极地涉及县级融媒体中心的解决方案市场。

参考文献

[1] 李雪昆. 今年全国报业用纸量下降18% [N]. 中国新闻出版广电报，2015-12-10：8.

[2] 陈国权. 谁为媒体提供经济支持？——1949年以来中国媒体经济体制变迁与趋势 [J]. 新闻与传播研究，2018（10）：113-125.

[3] 陈国权. 上海报业整合与第二子报命运——对上海报业集团成立的格局预判 [J]. 传媒观察，2013（12）：11-13.

[4] 骆骁骅，陈枫. 打造十大智库 建设智慧传媒 [N]. 南方日报，2018-06-

30：2．

［5］负瑞虎．全媒全案营销转型 带动广告逆势飘红——半岛都市报社扭转广告下滑困局的思考和探索［J］．传媒，2018（4）：41-43．

［6］陈国权、付莎莎．传播力建设的最后一公里——县级融媒体中心建设路径［J］．新闻与写作，2018（11）：24-27．

（陈国权　《中国记者》杂志社）

第五节　2018—2019中国数字出版产业发展报告

一、2018年数字出版产业发展的基本状况

2018年，伴随网络强国战略的持续推进，新一轮的改革结构调整完成，数字出版意识形态阵地作用日益凸显，并被赋予了更加重要的使命和任务。数字出版产值突破8 000亿元，再创新高。新闻出版业转型升级，融合发展持续深化，创新能力进一步加强，5G和人工智能等新技术发展推动产业不断创新升级。

（一）数字出版意识形态阵地作用日益凸显

2018年以来，党和政府持续推进网络强国战略。习近平总书记在多个场合、多次会议上，从维护网络安全、把握关键核心技术、加强网络人才队伍、网络空间治理、全球网络空间命运共同体构建等多个维度为网络强国建设指明方向。2018年4月，习近平总书记在全国网络安全和信息工作会上着眼于党和国家全局，精准把脉信息技术变革和全球竞争新格局、新形势，系统阐明了网络强国的战略思想，特别强调"要加强网上正面宣传，旗帜鲜明坚持正确政治方向、舆论导向、价值取向，提高网络综合治理能力"，体现出网络内容建设对于国家网络安全、构建网络强国的重要意义。

党的十八大以来，以习近平同志为核心的党中央高度重视传统媒体和新兴媒体的融合发展。2019年1月，中共中央政治局进行第十二次集体学习，习总书记强调，推动媒体融合发展、建设全媒体成为我们面临的一项紧迫课题。要运用信息革命成果，

推动媒体融合向纵深发展，做大做强主流舆论，巩固全党全国人民团结奋斗的共同思想基础，为实现"两个一百年"奋斗目标、实现中华民族伟大复兴的中国梦提供强大精神力量和舆论支持。习总书记的重要指示，系统阐述了媒体融合的方向、目标和任务，为媒体融合发展指明了方向。随着媒体融合发展迈向纵深，全媒体发展成为必然趋势，出现了全程媒体、全系媒体、全员媒体、全效媒体，信息无处不在、无所不及、无人不用，舆论生态、媒体格局、传播方式正面临深刻变革。毋庸置疑，互联网和移动互联网已成为人们生产生活的新空间和意识形态传播的新主流阵地，数字出版必须在推进媒体融合纵深发展的重要任务中发挥更大的作用。

（二）数字内容消费需求日益旺盛

2018年，互联网和移动互联网持续快速发展，互联网普及率进一步提升。《第43次中国互联网络发展状况统计报告》显示，中国网民数量已达8.29亿，普及率达59.6%，较2017年同比增长了3.8%。手机网民数量达8.17亿，通过手机上网的用户占比已达到98.6%。同时，2018年我国各类互联网应用用户规模持续上升，并呈现出移动化、视频化的发展趋势。其中，即时通信、搜索引擎、网络新闻仍然保持在前三名，用户规模分别达到7.92亿、6.81亿和6.75亿，使用率分别达到95.6%、82.2%和81.4%。网民使用率排名第四到第十名的应用分别是：网络视频、网络购物、网上支付、网络音乐、网络游戏、网络文学、网上银行。值得一提的是，在线教育在2018年取得较快发展，用户规模年增长率达29.7%；短视频应用迅速崛起，使用率高达78.2%。网络新闻、网络视频、网络音乐、网络游戏和网络文学等数字内容类应用都保持了持续增长态势，特别是网络文学用户规模达到4.32亿，网民使用率超过50%，意味着两名网民中至少有一名是网络文学读者[①]。

据中国新闻出版研究院《第十六次全国国民阅读调查报告》显示，2018年中国成年国民包括书报刊和数字出版物在内的各种媒介的综合阅读率为80.8%，相较2017年提升了0.5个百分点。其中，数字化阅读方式（网络在线阅读、手机阅读、电子阅读器阅读、Pad阅读等）的接触率为76.2%，较2017年的73.0%上升了3.2%，数字阅

---

① 数据来源：CNNIC第43次《中国互联网络发展状况统计报告》。

读对国民阅读率提升的作用进一步提升。手机成为我国成年人每天接触时间最长的媒介，接触率达到 73.7%，较上一年上升 2.7 个百分点。我国成年人人均每天手机接触时长接近 85 分钟，达到 84.87 分钟[①]。从阅读方式来看，有声阅读成为我国数字阅读的重要增长点。2018 年，我国有近三成的国民养成听书习惯。我国成年国民听书率为 26.0%，相较去年提高 3.2 个百分点。

（三）转型融合创新能力明显提升

2018 年，出版业转型融合持续深入，融合发展的理念已经普遍形成，出版企业对融合发展有了更为全面的思考，纷纷围绕"融合出版"进行规划布局，借助新技术、新形态和新媒介，在内容、产品、品牌、模式等方面持续探索，创新能力有了显著提升。如长江文艺出版社制定了数字出版融合发展的改革规划，将着力建设内用中心、用户中心和数据中心，并通过体制机制改革，制定系列激励举措，鼓励编辑建立创新思维[②]。

在产品创新方面，顺应媒体融合发展形势，不断寻求满足移动化、碎片化、细分化、多场景化的内容获取需求，出版单位的创新能力进一步提升。聚焦音视频领域，进行产品融合创新。如安徽少年儿童出版社推出了"萌伢听书"APP，通过扫描其系列童书中包含的二维码，可进行 APP 下载，让孩子在阅读纸书的同时，也可以进行有声阅读[③]。近年来，多家出版单位以音频为主要形态，深耕优势内容，目前已涌现出多个品牌，在逐渐形成各自品牌特色的同时，也获得了较好的市场反响。如中国出版集团旗下《三联生活周刊》打造的知识服务产品"中读"在上线一年多以来，凭借着其出色的选题策划能力和精细化的内容，已初步形成品牌影响力。2018 年 7 月推出的以"我们为什么爱宋朝"为主题，讲述宋朝民俗文化的音频课程栏目，上线仅一个月就售

---

① 第十五次全国国民阅读调查成果发布 [EB/OL]. (2018-04-19) [2019-8-12] http://www.cbbr.com.cn/article/121178.html.
② 朱焱. 玩转"出版+"，出版社如何发力融合发展？[EB/OL]. (2018-10-22). http://www.cbbr.com.cn/article/124804.html.
③ 郝天. 安徽出版集团：融合"书"创新 [EB/OL]. (2018-05-15). http://www.cssn.cn/ts/ts_wxsh/201805/t20180515_4250716.shtml.

出2.8万份，收入近300万元，成为知识产品的当季"爆款"①。此外，融合出版重点实验室实施建设一年多以来，成果显著，为出版业融合发展的路径创新积累了有益经验。如国家出版融合发展（时代出版）重点实验室研发虚拟实验资源出版及教学服务系统，开发物理、化学、生物等学科虚拟实验内容资源，建设面向中小学实验教学的数字资源库，目前已逐步开展试点应用②。

（四）网络文学主流化、精品化趋势日益明显

2018年是中国网络文学发展的第二十个年头，在党中央精神的强劲指引和主管部门的有力引导下，网络文学保持着良好的发展态势，逐步迈进健康发展的健康轨道。数据显示，截至2018年12月，我国网络文学用户规模达到4.32亿，占网民总数的52.1%。

在内容创作方面，无论从网站层面还是作者层面，精品意识和导向意识都有了显著提升，网络文学的作品主流化、精品化趋势日益明显，特别是现实主义题材持续蓬勃发展，成为网络文学发展的强劲动力。越来越多的写作者在创作中主动关照现实，贴近生活，人文情怀日益凸显。在国家新闻出版署和中国作家协会共同发布的"2018年优秀网络文学原创作品"24部入选作品中，现实题材作品占比进一步提升。很多以前以幻想类题材见长的网络作者开始聚焦现实。同时，网络文学在主题出版方面有突出表现，各家网络文学网站平台着力增强现实题材储备，并结合改革开放40周年、新中国成立70周年等重大节日、重大事件、重要节点和重要社会热点进行作品征集。网络文学积极正向的发展态势，逐步得到主流文学的认同。2019年世界读书日揭晓的"2018年度中国好书"，首次将网络文学纳入评选范畴，《写给鼹鼠先生的情书》等三部网络文学作品入选。

网络文学正逐步构建起良性发展的生态环境。2018年9月，第二届中国"网络文学+"大会在京举办。持续以"网络正能量，文学新高峰"为主题，搭建网络文学及

---

① 融合转化，知识服务升级［EB/OL］．（2019-01-24）．http：//www.wenming.cn/djw/ds/jtrds/dsjj/wz/201901/t20190124_4985102.shtml.

② 于彩丽．国家出版融合发展（时代出版）重点实验室喜结硕果［EB/OL］．（2018-06-21）．http://www.press-mart.com/NewsCenter--view--2jtdt--5b74328b-33ed-4c56-a2b6-ffac0bfc43e0.shtml.

相关行业权威发布、行业交流、IP 交易、成果展示、互动体验、宣传推广六大平台。第二届大会以网络文学发展 20 年和改革开放 40 周年为契机，全面展示了网络文学 20 年来取得的丰硕成果和欣欣向荣的良好风貌，首次由主管部门组织指导、行业研究机构核心参与，行业协会发布的《中国网络文学发展报告》，评选出中国网络文学 20 年前行历程中的"二十件大事""二十部优质 IP 作品"和"二十个关键词"。已成功举办两届的中国"网络文学＋"大会，已成为中国网络文学行业的重要平台和北京文化中心建设的一张亮丽名牌。除了中国"网络文学＋"大会，网络文学周也已自 2018 年起在杭州成功举办两届。2017 年 12 年，首个中国网络作家村在浙江杭州成立，打造网络文学作家集群，为网络作家提供创作和沟通交流的平台。成立一年来，已有 100 多名作家签约入驻并注册了工作室。2018 年江苏网络文学谷、江苏网络文学作家村和中国网络文学泛娱乐产业孵化基地相继成立，集群化发展模式不仅为网络文学的创作生产、人才培养创造有益环境，也为集孵化、培育、转化于一体的网络文学 IP 的产业生态提供有力支撑。2018 年 6 月，上海率先面向网络文学推出《上海市文学创作系列网络文学专业职称评审办法（试行）》，在网络文学人才选拔、评价、考核机制的建立健全方面做出了有益尝试。

（五）数字教育出版呈垂直化、精品化发展

2018 年，随着数字教育竞争格局初步形成，以及国家政策的介入，行业发展逐步成熟。据艾瑞咨询报告显示，2018 年中国在线教育市场规模达 2 517.6 亿元，付费用户数达 1.35 亿人，同比增长 25.7%[①]。

2018 年，国家有关部门加大了对中小学教育教学类 APP 的管理力度。11 月，教育部办公厅、国家市场监管总局办公厅、应急管理部办公厅三部门联合发布《关于健全校外培训机构专项治理整改若干工作机制的通知》，明确提出要加强对线上培训内容的监管。12 月底，教育部印发《关于严禁有害 APP 进入中小学校园的通知》，要求建立学习类 APP 进校园备案审查和日常监管制度。出于为中小学生减负的目的，也提出了

---

① 淘金时代结束：2018 中国在线教育行业发展研究报告 [EB/OL]．（2019 - 02）．http：//report．iresearch．cn/report_pdf．aspx？id = 3336．

合理使用电子产品等的规范制度。相关政策的密集出台对基础教育领域教育教学类市场带来一定影响，但监管趋于严格，将有效推动基础教育领域数字出版产品的规范化、高质量发展。

继续教育和职业培训两大领域数字教育呈现出良好的市场发展前景，主要由于职场人群工作和生活压力不断加大，个人素养和专业能力提升逐渐成为刚性需求，同时也与近两年兴起的知识付费浪潮不无关系，在线学习的付费习惯已普遍养成，在线教育和知识付费的交叉融合更加紧密。由于成年人学习需求呈现个性化、差异化特点，继续教育和职业培训的数字教育产品垂直化发展趋势明显，目前已涵盖语言学习、资格考试应试培训和咨询、学历教育、招聘求职、专业垂直领域的知识提升、心理健康辅导等多个层面，产品形态也呈现知识社群、学习类APP、在线课程等多样化形式。

2018年，随着教育出版转型升级、融合发展渐趋深入，数字教育出版发展模式日趋多元。各家出版单位纷纷基于自身资源优势，在"垂直化、精品化、品牌化"上下工夫，探索"专、精、特、新"的发展路径，打造专业化、个性化的数字教育产品。同时，人工智能在教育出版领域的应用日趋深入。如2018年10月，人民教育出版社旗下人教数字出版有限公司与教育机构好未来达成合作，打造学习产品"AI外教互动课"，将智能识别语音技术等AI技术运用到练习与测评场景[1]。

二、2019年数字出版产业发展趋势

过去一年来，在习近平新时代中国特色社会主义思想的强劲指引下，数字出版产业整体呈现出健康向上良好的新面貌，向高质量发展持续迈进。数字出版内容精品化趋势日益明显，注重价值引领、深耕内容质量将成为发展的主旋律；媒体融合迈向纵深，县级融媒体中心建设加快推进，媒体多元发展格局逐步构建；人工智能在出版业应用场景逐步深化拓展，将在IP价值评估体系建设中发挥重要作用；5G提前实现商

---

[1] 好未来与人教数字达成合作，推出AI外教互动课［EB/OL］．（2018-10-17）．https：//www.iyiou.com/p/83543.html．

用,将为出版融合创新提供更多可能性和想象空间;知识付费在质疑声中或将迎来发展拐点;数字内容产业发展格局或将重塑。具体到未来一年,我们有望看到数字出版产业呈现以下发展趋势。

(一)数字内容精品化趋势日益明显

随着产业环境的不断优化与国民消费升级,粗放式发展已经越来越不能满足产业发展和人们日益提高的精神文化需求。新时代,数字内容产业在不断创新升级、创造更多的经济价值的同时,也被赋予了更大的社会责任。特别是在IP市场逐渐趋于理性、流量效应渐渐削弱的形势下,数字内容产业正加快向精品化发展的步伐。无论是网络文学、网络游戏,还是知识付费、短视频等领域,都逐渐认识到深耕内容才是提升价值的根本关键。

可以看到,越来越多的数字内容产品在娱乐属性之外,融入了更多的文化内涵,更加注重思想性和艺术性。发生这样的改变,一方面源于相关政策制度体系的日益健全,相关管理部门对新兴意识形态主流阵地的引导和管理力度的不断加大,有效提升了数字内容平台的内容把关意识,进一步完善内容审核机制,同时调整内容建设重点,增加思想导向正确、正能量、接地气、有温度、有深度、有丰富思想文化内涵的内容储备;另一方面,受众对数字内容的关注点逐渐回归到内容质量本身,流量明星和大IP成就爆款的范式逐渐失效。与此同时,《大江大河》等优秀现实主义题材网络文学作品成为年度现象级IP;纪录片《我在故宫修文物》走红于网络;在抖音短视频平台上,书画、传统工艺、戏曲等传统文化成为播放热点,如《铡美案》梅葆玖选段,相关视频累计获得超过500万点赞。上述现象表明,大众对精品数字内容有着强烈的诉求,而数字内容自身的审美价值取向也正在逐步去低俗化、庸俗化,向传统主流文化逐渐靠拢。此外,继2018年9月爱奇艺关闭前台播放量显示,另一知名视频平台优酷也于2019年1月宣布关闭了前台播放量显示。这意味着网生内容正在逐渐摆脱唯点击率、唯播放量的不良风气。在网络文学领域,书写时代变迁、反映现实生活的作品日益增多。仙侠等非写实题材作品,也愈加注重融入中国传统文化元素。在网络游戏领域,功能性游戏或者称为严肃游戏,成为游戏领域的重点方向。网络游戏在休闲娱乐之外,有了知识传递乃至价值观输出等多元功能。特别是游戏与教育之间有了紧密的结合。

教育类游戏把知识点融入游戏之中，让课本内容以游戏化的方式得以呈现，学生在游戏中完成学习。由此可见，在各个细分领域，数字内容精品化、精细化的良性生态正在逐步构建。

（二）媒体融合迈向纵深发展

2019年，习近平总书记在中共中央政治局第十二次集体学习中强调，推动媒体融合发展、全媒体建设成为当前摆在我们面前的一项紧迫课题。随着技术的不断进步，新媒体形态不断涌现，信息渠道日益多元，媒体多元发展格局逐步构建。这突出表现在政务媒体、主流媒体紧跟移动互联网时代潮流，遵循移动优先原则，采用微博、微信、短视频等新兴媒体形态的现象日益普遍，同时以算法为主的以今日头条为代表的新媒体平台和以抖音为代表的短视频平台也加大了对政务媒体、主流媒体的引入。据了解，已有78 000余家各级党政机关开通政务头条号。据抖音发布的数据报告显示，截至2018年底，抖音已入驻了5 724个政务号和1 334个媒体号，抖音作为短视频平台，已逐渐成为政务媒体和主流媒体官方信息发布的重要方式。业内人士称，"两微一抖"已成为媒体布局的新标配。主流媒体正在媒体融合大潮中实现自我迭代，采用短视频、网络直播、H5、VR全景等新形式，如2018年6月，人民日报客户端推出的聚合媒体平台"人民号"上线发布，截至目前，已入驻媒体机构7 000家，不仅包括全国媒体、党政机关、各类机构，还有不少优质自媒体；新华社打造短视频在线加工平台，每天发起直播报道300余场；经济日报社也成立了短视频工作室，在抖音、快手等短视频平台上打造品牌栏目。可以看到，传统主流媒体正在以内容呈现方式和传播手段的创新，进一步提升媒体传播力、引导力、公信力，唱响时代主旋律，传唱时代最强音，抢占意识形态新阵地。随着媒体融合的纵深发展，传统媒体与新兴媒体正在从过去的产品融合、渠道融合，逐渐演变为平台融合、生态融合，迈向合二为一的一体化发展新阶段。

过去一年来，作为新时代党中央推进媒体融合向纵深发展的一项重要举措，我国全面推进县级融媒体中心建设，为媒体融合发展，特别是地方县级媒体融合带来新机遇和新契机。2018年11月14日召开的中央全面深化改革委员会第五次会议审议通过了《关于加强县级融媒体中心建设的意见》，指明了县级融媒体中心建设的总体要求和基本思路。2019年1月15日，中宣部和国家广电总局联合发布了《县级融媒体中心建设规范》《县级融媒体中心省级技术平台规范要求》，为县级融媒体中心制定了操作指南和建设规范。目前，不少县域已经加快整合县级媒体资源，打造全媒体传播矩阵，着力县级媒体中心建设，并已取得了初步成效。这些县级媒体中心或服务于国家建设或服务于地方宣传，部分融媒体中心还摆脱了对财政资金的依赖，积极探索多元化的经营模式，实现了社会效益和经济效益的双赢。

（三）人工智能技术应用场景日益深化

当前，出版业已成为人工智能技术应用的重要领域，人工智能越来越多地应用于内容的创作、审核、流量预测、运营、推荐、交互等诸多环节，应用程度无论是深度还是广度都在不断拓展。

一方面，人工智能技术在优化出版流程方面将发挥更大作用。目前方正电子正运用大数据和人工智能技术，打造智能编纂、智能审校、智能排版等相关产品，为出版业智能化生产提供解决方案。其中，智能审校系统由方正电子与北京印刷学院联合开发，并成立智能审校实验室，通过双方优势互补，为提升出版编审效率和编校质量提供智能化解决方案[1]。另一方面，人工智能在人机交互层面的应用不断深化。2019年初，微软（亚洲）互联网工程院与阅文集团旗下红袖读书达成合作，为该平台作品《全职高手》中叶修等五个主要人物构建虚拟形象。基于情感计算框架开发，通过对《全职高手》这部作品进行文本学习，对书中人物角色的外貌和性格以及语言风格进行模拟，构建出相匹配的虚拟人物，实现与读者进行情感对话交流，赋予书中人物生命。读者在阅读时，不仅可以与它们进行文字交流，还可以实现语音对话，在阅读体验方面获得了极大的陪伴感和代入感[2]，同时也进一步提升了网络文学IP影响力。未来，人工智能在提升IP价值方面将发挥更大作用。据悉，优酷已将AI技术应用于IP运营过程中，包括运用AI技术进行影视剧作品的选角、流量预测、宣传推广等，大大提高了IP运营效率。特别是在剧本环节，运用AI技术对内容价值点进行深挖，从而进行剧

---

[1] 智能编审联合实验室 [EB/OL]. [2019-08-12]. http://www.cuobiezi.net/t/show/58043.
[2] 红袖读书联手微软小冰 AI 再次拓展IP开发的边界 [EB/OL]. (2019-02-16). https://tech.sina.com.cn/n/k/2019-01-16/doc-ihqfskcn7716320.shtml.

本完善。此外，目前已有网络文学企业尝试将人工智能应用于作品的 IP 价值评估。建立量化的 IP 价值评估指标和分析体系，为 IP 价值评估过程提供了数据支撑，削弱人为因素和主观色彩，为数字内容企业战略决策降低"人为"风险。

（四）5G 将为出版融合创新提供广阔空间

2019 年，工业和信息化部发放 5G 牌照，包括中国移动、中国联通、中国电信和中国广电四家企业，这标志着我国正式步入 5G 商用元年。我国 5G 实现商用，早于预期大约半年，充分体现我国借助 5G 在移动互联网方面实现弯道超车、构筑国际竞争力的信心和决心。5G 的运用，将极大提升信息的共享效率和传递能力，将为经济发展、社会服务、个人生活带来深远影响，更将为出版传媒行业带来颠覆性变革，对出版业选题策划、生产传播、消费等各个环节都有深远影响，为出版业融合创新开拓出更加广阔的想象空间与实践路径。

一方面，5G 将为新技术、新媒体、新业态在出版领域的应用提供更加便利、顺畅的条件，万物互联成为可能，大数据、云计算将成为出版传媒业的标配技术。特别是 5G 将为虚拟/增强现实技术在出版传媒领域的真正落地、更深层次的创新应用提供有力支撑，将构建起信息传播的全新场域，真正实现沉浸式体验，"3R" 技术（VR、AR、MR）在游戏、新闻媒体、数字教育等领域的研究和投入的重点。目前已有游戏企业在着力开发云端化游戏等基于 5G 环境的产品。可以预见，在 VR、AR、物联网、智能传播领域将涌现出一批现象级产品。另一方面，在 5G 环境下，富媒体特别是视频内容占比将大幅提升，从牌照的发放可以看出，除了三大运营商外，中国广电也获得了 5G 牌照，将推动视频内容在移动互联网上实现巨大增量。带宽的增加让可视化内容传递更快、画面更加清晰。

5G 环境将激发更加多元的数字内容消费需求，由此也将催生更丰富多元的数字内容呈现、产品形态和服务模式。出版业创新融合在迎来空前发展机遇的同时，也面临着重大挑战，融合发展这一课题的紧迫性日益提升。同时，对于出版单位精准把握用户需求，提供精准化服务、交互式体验提出了更高要求。如何借助 5G 东风，把握 5G 时代下的新需求提升资源整合能力，进行产品开发、业务布局和商业模式探索，为优质内容构建更加多样化的消费场景，提供更加多样化的服务，成为出版单位提升融合发展能力、打造竞争力的重中之重。

（五）数字内容产业将构建起新的发展格局

近年来，数字内容产业不断发展壮大，成为数字经济的重要组成。与此同时，数字内容产业的发展格局也在悄然发生转变。在内容形态方面，音视频业务无疑将成为数字内容产业的发展重心。步入5G时代，短视频或将迎来新一轮的爆发式增长，并将与教育、新闻资讯、知识付费等多个领域实现更深度的融合。同时，伴随5G的商用落地，人们对网络视频的消费需求仍将不断提升，且不再过分依赖Wi-Fi环境，或将涌现出新的、丰富度更高的可视化数字内容形态和模式。

在产业市场竞争格局方面，互联网大型企业中，近年来百度在人工智能等技术研发应用上更为专注，成绩也更加突出。在内容上，百度以百家号为重点，以百度APP作为网络文学、资讯、游戏等各类内容流量的总入口，同时也加快布局短视频领域，但明显在各个领域都未能进入第一梯队阵营。在移动互联网时代强者恒强的游戏规则下，只能期待百度在5G场景下的内容产业有创新性突破。未来，腾讯和阿里巴巴仍将围绕IP在数字内容产业加大布局，持续丰盈各自的文娱生态闭环。另一方面，抖音的所属公司字节跳动凭借着抖音、西瓜视频、火山小视频三家平台在短视频领域的强势布局，以及其旗舰产品"今日头条"在移动资讯领域积累的行业领先优势，此外在视频社交、游戏、在线教育等多个领域逐步构建数字内容产品体系，有望跻身与腾讯、阿里巴巴并列的数字内容产业矩阵第一梯队。同时，在现有的产业细分领域中，数字内容产业马太效应将愈发突显，数字出版企业可以着力在垂直领域或特定人群需求中寻求突破口，挖掘新的需求点，开拓新的消费场景，探索新的内容呈现方式和变现方式。

三、促进数字出版产业发展的建议

在当前媒体融合迈向纵深的趋势下，数字出版意识形态阵地作用日益凸显，对数字出版提出了新的要求。数字出版需要承担起新时期新的使命和任务，增强导向意识，持续内容深耕，实现高质量发展；持续创新出版融合路径，实现融合发展的提质增效；深耕IP价值，实现优质内容价值的放大、叠加、倍增；精准把握用户需求，加强品牌建设，提升品牌效益；进一步规范自媒体发展，构建网络清朗空间。

（一）顺应全媒体发展形势，推进产业高质量发展

目前，数字出版虽然在各方面取得了长足进步，但与高质量发展尚存在不小的差距。有些传统出版单位对融合发展的认识还不到位，对数字出版的业务布局还停留在较浅层次；而有些新兴出版企业则仍然存在过于追求点击量、注重经济效益，而忽视社会效益的现象。

在媒体融合迈向纵深的趋势下，出版业要着眼于深化改革大局、媒体融合发展大势，进一步增强融合发展的使命感和紧迫感，充分认识我国从出版大国迈向出版强国中数字出版承担的重要职责，坚定不移地走融合发展之路。加快推进出版产品的供给侧结构性改革，实现从高原到高峰的跨越转变，推动数字出版迈向高质量发展。以更高站位、更大格局、更宽视野、更强定力，提升文化自信，推动网络强国建设。

数字出版工作者要深入学习贯彻习总书记重要论述，以习近平新时代中国特色社会主义思想为指引，强化"四个意识"，坚定"四个自信"，做到"两个维护"，注重价值导向引领和内容质量把关，自觉肩负起"举旗帜、聚民心、育新人、兴文化、展形象"的使命任务，坚定不移地把坚持正确导向作为数字出版工作的首位要求，借助移动传播，牢牢占据舆论引导、思想引领、文化传承的传播制高点，在数字出版方面做大做强主流舆论。坚持弘扬社会主义核心价值观，弘扬主旋律，传递真善美，坚决抵制低俗、庸俗、媚俗，始终把提升内容质量作为发展的生命线，坚持以人民为中心的生产创作导向，以导向正确、主题鲜明、特色突出、健康向上、格调高尚的数字出版产品和服务丰盈出版物产品市场，以内容优势巩固发展优势，以文化自信筑牢数字出版阵地，以精品力作不断增强人民群众的获得感、幸福感、安全感，满足人民对美好生活的新期待、新向往、新追求，将高质量作为开展一切工作的出发点和落脚点。

(二)建立全局化融合思维,创新融合发展路径

融合出版是出版业发展的必然趋势,已经成为行业的共识。出版单位推进融合发展必须坚定信念,增强融合发展的紧迫感和主动性,加深对融合发展的认识与理解。一是要把融合发展当作"一把手"工程进行全局式部署,集中资源力量深入推进。坚持传统出版业务与新兴出版业务一体化发展的工作思路,进行统筹部署、统一管理、合理布局,将融合出版理念落实到主题策划、资源整合、技术应用、产品设计、品牌建设、市场运营等各个环节和出版单位的各个部门,建立与融合出版相匹配、相适应的体制机制,有效破除传统出版与新兴出版的壁垒,建立传统出版和数字出版有机结合的融合产品矩阵。二是建立融合出版的短期目标和长期规划,为融合出版制定清晰的路线图和时间表,有计划、分步骤地推进融合发展逐步深入。不断拓宽融合发展思路,开展融合发展路径创新的积极探索,加大力度、下足工夫找差距、学经验、补短板、强本领,对自己的优势和劣势有清晰的认识。三是面对新环境、新技术、新领域、新业态,出版单位要进一步加强前瞻思维和开拓精神,特别是要加强对云计算、大数据、人工智能、物联网、虚拟/增强现实等技术的跟踪研究,以技术应用创新引领内容呈现、产品形态和服务体验的创新升级。要加强对有声读物、知识付费、短视频等新领域的了解与把握,找到与自身优势相契合的融合发展路径。出版单位要敢于直面迎接全媒体趋势下传播格局的变化,顺应信息传播移动化、个性化、可视化的特点和需求,实现产品和服务的智能化、分众化、交互化,特别是5G时代已经来临,必将催生出版的新形态、新领域、新业态,为融合发展带来新的机遇与挑战,出版单位要抓住这难得的发展契机,在产业变革中找准自己的位置,进行基于5G环境的出版流程改造、平台优化、资源整合、技术应用、产品设计和品牌运营,拓展技术应用和内容消费体验新场景,抢占5G环境下的竞争优势。四是借助社群营销等新模式,全面提升融合出版产品的营销能力、服务能力和盈利能力,让融合发展在有成果的同时,也能真正实现有影响、有效益。五是借助资本力量,通过融资、上市、寻求文化基金扶持等手段,增强融合发展动力,释放融合发展活力。

（三）持续深耕IP价值，实现内容多元增值

过去一年来，很多由当红明星出演的影视作品被搬上荧幕后，却没有获得预期中的口碑与市场双赢，反而反响平平，引发了整个文化文艺领域和资本市场对IP的质疑。事实上，IP转化仍然是内容增值的重要手段。之所以会出现IP失效的现象，是由于随着IP市场的日趋成熟，无论是受众方还是资本方，对于IP的态度都更加理性，对IP质量的要求越来越高。过去粗放式的运营模式已不适用于当前产业发展的需求，现在要求对IP源头的审慎选择和精细打磨。因此，与其一味地强调或者弱化IP效应，不如构建IP生产、运作的良性机制和产业生态环境，推进优秀IP的孵化、培育、开发，使优秀的内容脱颖而出，并真正充分发挥其潜在价值。当前，制定一套科学、合理、普遍适用的IP价值评价标准已成为行业的共同诉求，也是一项主管部门、研究机构、资本市场、相关企业等各方近两年努力的重要工作。该标准需要兼顾社会效益和经济效益，不能一味强调点击量、下载量等用户数据。IP的屡屡"失效"，让人们逐渐认识到，IP热度也并不能直接与IP的转化成功直接划上等号，同时再次验证了IP价值的核心始终在于内容本身。内容质量才是IP价值的根基所在，也是后期开发制作的重要基础和保障。以网络文学为例，作品质量包括价值观、完整度和思想性等几个方面。首先，一定要确保IP作品的导向正确，价值观要积极正向，符合社会主义核心价值观，贴合主流文学审美趋向，不能忽视IP的主流价值正向引导作用；其次，故事具备基本的完整性和逻辑性，人物设置要基本完整，避免后期改编开发难度过大；三是IP作品要具备一定的思想性和艺术性，有一定的文化内涵。格调低俗、思想浅白的作品始终难登大雅之堂。在制作开发过程中，对IP也需要进行精细打磨，摒弃急功近利的思想，在尊重原创、保留主线和故事内核的同时，也要将作品以最适合受众需求的方式进行修饰、润色，让其更加饱满，这样才能让IP的价值得到充分提炼，甚至实现价值的叠加、放大、倍增。

IP开发是出版单位提升内容价值和品牌价值的重要手段，也是全媒体融合发展下，出版单位融合创新、多元发展的重要途径。出版单位应进一步强化IP思维，进行基于优势内容的IP多元开发，将自身的内容影响力转化为品牌影响力，将品牌影响力延伸至其他文化领域，从而实现内容的多元增值。同时，出版单位要主动融入IP产业链，

提高参与度。要从内容的选题策划环节开始，就对 IP 的开发形式进行考虑，包括对市场、受众的研究分析，找到 IP 作品最佳的呈现方式和运作方式，避免盲目开发造成收效甚微，甚至带来负面影响。同时，数字出版单位要加强 IP 策划、IP 运营、版权代理、IP 资产管理等相关专业人才的培养与引进。

（四）精准把握用户需求，加强品牌建设

面对激烈的市场竞争，在提升质量、巩固内容优势的同时，数字出版产品的着力点不仅是用户的吸引，更重要的是用户的留存。数字出版企业，特别是传统出版单位要摆脱固化的生产经营思维，在把握用户需求上下工夫。一方面，做好市场调查和研究工作，兼顾大数据、智能算法分析和问卷调查等多种方式，对用户的需求目的、阅读情景状态、喜好偏好等方面精准把握，并做到实时追踪，实现产品与需求的精准匹配。另一方面，企业要学会换位思考，建议组织一支专业的用户需求研究团队，对产品的体验进行测试体验、不断优化，切实做到尊重用户、理解用户，从用户的角度出发，把自己当成产品的使用者，设身处地地做好产品设计工作。此外，要注重用户反馈，通过建立顺畅的企业、产品和用户之间的沟通渠道，将用户对产品的体验直接反馈给运营团队，第一时间进行产品优化。

在移动互联网时代，用户的选择越来越多，品牌建设对数字出版企业而言的重要性也日益提升。出版单位要进一步提升对品牌经营的重视程度，应把品牌纳入资产管理的范畴，通过品牌设计、品牌保护、品牌延伸、品牌升级，让品牌价值不断提升。一方面，借助多维度、多渠道的多元化营销方式，持续提升品牌经营力度，不断强化品牌标识；另一方面，注重品牌产品的体系化、矩阵化，产品可以根据用户需求进行多元开发，但品牌不宜过多，否则反而会削弱品牌在用户心中的印象。此外，出版单位可在新闻媒体、音乐、综艺、服饰、礼品、文化消费场所等其他领域寻找契合点，通过跨领域跨品类不同品牌的联合营销，让品牌可触达更广的用户，最大限度地提升品牌的覆盖面，或者与社会热点事件相结合，通过彰显态度提升感染力，提升用户对品牌的认同感。

(五) 健全管理机制，加快推动自媒体自律发展

近年来，自媒体快速发展，成为信息传播和内容营销的重要渠道，但在迅速发展的同时，围绕自媒体也涌现了一些新问题，主要集中在内容和版权保护两个层面。2018年11月，中央电视台《焦点访谈》节目报道了自媒体行业存在的"低俗色情""标题党""谣言""黑公关""花钱购买阅读量"等一系列乱象，引发了广泛关注。构建自媒体良性发展秩序，已成为当前网络空间治理的迫切需求。某自媒体发布的《甘柴劣火》一文更是引发了关于媒体大量存在抄袭侵权、"洗稿"盛行的广泛热议。所谓"洗稿"是指对原创稿件进行重新加工润色，再以原创稿件的名义进行发表，事实上在观点上并无实质创新。自媒体将稿件重新包装打造"爆款文"，获取了大量流量和不菲的经济收益。然而，目前对于整合新闻稿件属于合理引用还是构成抄袭侵权，尚无明确定论，而在合理引用和洗稿之间也缺乏清晰的界定标准。在2019年的"剑网行动"中，将未经授权转载主流媒体新闻作品的侵权行为作为打击重点，严厉查处自媒体通过"标题党""洗稿"方式剽窃、篡改、删减主流媒体新闻作品等侵权行为，由此可见，基于自媒体的版权保护已经引起了主管部门的高度重视。

除了版权问题，自媒体存在的价值导向问题也尤为突出。标题党、散播谣言、内容格调低俗、内容违背社会主义核心价值观等问题屡见不鲜。有些自媒体为了吸引流量，枉顾社会道德，甚至已经建成了灰色产业链。

自媒体作为网络内容建设的重要阵地，不应成为法外之地，不应成为抄袭、谣言、低俗内容的摇篮。一方面，需要行业加强行业规范制度和管理手段的进一步优化完善，强化自媒体的主体责任，建立完善的行业准入、奖惩机制，加强对违法违规行为的打击力度，健全自媒体版权保护机制，加快建立行业统一的规范标准；另一方面，自媒体从业者也应自觉肩负起社会责任，弘扬社会主义价值观，注重价值导向引领和内容把关，坚守底线，不触红线，构建自媒体发展良性生态。

（毛文思　中国新闻出版研究院）

第六节 2018—2019 中国印刷业发展报告

2018年是改革开放40周年。在复杂严峻的内外部经济环境下，我国经济坚持稳中求进的总基调，以供给侧结构性改革为主线，统筹推进稳增长、促改革、调结构、惠民生、防风险各项工作，经济增速保持在合理区间、经济结构不断优化、发展新动能快速成长。根据国家统计局发布的数据，我国实现国内生产总值90.03万亿元，按可比价格计算比上年增长6.6%。

在经济增长总体平稳的同时，伴随着去库存、去杆杠的深入，金融市场的波动，以及中美贸易摩擦的爆发，我国经济在2018年也面临着巨大的下行压力，以汽车、手机、家电、白酒等为代表的多个行业出现产销量或增速下滑。很多企业，尤其是民营企业面临较大的经营压力。

印刷业主要为新闻出版和各行各业提供印刷生产和包装配套服务，是国民经济的"晴雨表"。各个行业景气度的变化，都会对印刷业的发展产生不同程度的影响。2018年，在国民经济稳中有进的大背景下，印刷业整体表现平稳，出现了行业投资回暖、企业加速整合、智能化建设深入推进、发展新动能不断显现等众多亮点。

与此同时，资本市场突降"寒冬"、下游行业的意外减速、纸张价格的大幅波动、环保压力的有增无减，以及中美贸易摩擦等，都增加了2018年印刷业发展的不确定性，在产业趋向整合的同时，印刷企业分化的趋势也日渐明显，部分企业由于应变不力，被淘汰出局。

一、2018年印刷业发展的特点与亮点

规模以上企业是我国印刷业的主力军。据国家统计局统计，2018年印刷和记录媒

介复制业（简称"印刷业"）规模以上工业企业实现营业收入6 471.1亿元，按可比口径比2017年增长5.2%；利润总额425.6亿元，比2017年增长6.1%。利润总额比营业收入增速快，说明印刷业规模以上企业的利润率有所提升。

规模以上企业主要经济指标的向好，一方面表明印刷业的基本面保持稳定，另一方面也受益于产业整合的加速。2018年，在各种积极因素的推动下，我国印刷业面对各种风险与挑战迎难而上，呈现出一系列新的特点与亮点。

（一）产业整合加速，国内印刷企业迈进"百亿"时代

整合加速，产业集中度不断提升是近年来我国印刷业的一个重要特征。据国家新闻出版署统计，2017年我国印刷企业数量为99 054家，比2016年减少2.33%，是近年来首次降到10万家以下。与此同时，年产值5 000万元及以上的规模以上重点印刷企业数量达到3 723家，比2016年增长21.07%。与2016年相比，规模以上重点印刷企业的资产总额、工业总产值、工业增加值、利润总额在全行业的占比，均有明显提升。这说明，印刷业的市场资源在加速向头部企业聚拢，产业集中度不断提升。

进入2018年，以行业上市公司为代表的大型印刷企业继续主动出击，利用企业并购、产业链整合、内生式增长等方式，在做大自身体量的同时，有效促进了产业整合。这其中，最具代表性的企业是厦门合兴包装印刷股份有限公司。通过收购美国国际纸业在国内及东南亚地区的十余家工厂，以及以供应链为基础的资源整合，2018年合兴包装的营收一举突破"百亿"大关，达到121.66亿元，从而成为国内第一家"百亿"量级的印刷企业。

在合兴包装加速"冲关"的同时，深圳裕同包装科技股份有限公司、奥瑞金包装股份有限公司等也通过业务拓展和市场并购实现了规模扩张。2018年，两家公司分别实现营收85.78亿元、81.75亿元，同比增速达到23.47%、11.35%，均显著高于规模以上企业的平均水平。由于奥瑞金已经确定将收购美国波尔公司在国内的4家工厂，以及近年来裕同科技的积极扩张，可以预期在2019年两家公司的营收均有望突破"百亿"大关。

"百亿"量级企业的出现，是我国印刷业整合加速的一个重要标志。

（二）行业投资回暖，胶印机进口达到近4年最好水平

投资大幅回暖，是2018年我国印刷业的一个重要特点。以印刷企业的常用设备胶印机为例，2018年我国胶印机进口量、进口金额分别为1 525台、7.32亿美元，双双达到近4年的最好水平，同比增速高达42.66%、35.06%。

与以前相比，印刷业本轮投资回暖有两个显著特点：一是印刷企业在引进胶印机时，越来越倾向于六色及以上的多机组、长版印刷机。相对于原本占据行业主流的四色机、五色机，这些多机组印刷机不仅机组更多、速度更快，而且通常集UV上光、冷烫等功能于一体，自动化、智能化水平更高，生产效率大大提升；二是在印刷机之外，印刷企业越来越重视印后，包括质量检测、仓储物流环节的设备改造，通过引进自动裁切线、高速连线装订设备、在线质量检测设备、自动化仓储物流系统等，减少印后环节的人工需求，降低劳动强度，提高生产效率。

印刷业本轮投资意愿回暖，是在市场竞争日趋激烈、劳动力等各项成本不断上涨的背景下出现的，体现了印刷企业对降本增效、转型升级的主动追求。从行业实际看，本轮投资回暖主要受益于以下几个因素：一是2016年、2017年的集中上市潮，提升了部分大型印刷企业的技术改造和投资能力；二是合版印刷、印刷电商等新型企业的快速发展与扩张，带动了对印刷设备的投资需求；三是大型包装印刷企业产品升级，及向化妆品包装、酒包装、小批量包装等细分市场的拓展，对印刷设备提出了新的要求；四是印刷市场分化趋势逐渐显现，部分企业为获取竞争优势，占据市场制高点，不断加大设备投入；五是不断上涨的人工成本及日趋严峻的招工难，推动印刷企业"机器换人"。

（三）智能化成为行业转型升级的重要抓手

《印刷业"十三五"时期发展规划》为行业制定了"绿色化、数字化、智能化、融合化"的发展方向。2018年，国家新闻出版署举办首届中国印刷业创新大会，全面聚焦智能化，通过主题报告、专家演讲、技术交流、白皮书及标准体系发布等，宣传智能化理念、总结智能化建设成果，明确智能化建设的目标和路径，推动智能化成为

行业转型升级的重要抓手。

大会在行业内得到热烈反响，广大印刷企业及智能化解决方案供应商积极行动起来，投身智能化实践，涌现出以鹤山雅图仕印刷有限公司、上海翔港包装科技股份有限公司、山东鲁信天一印务有限公司、山东世纪开元电子商务集团有限公司、江苏利特尔绿色包装股份有限公司等一批在智能化建设方面各有特色的印刷企业，以及北京悟略科技有限公司、天津荣联汇智智能科技有限公司等专注印刷业智能化解决方案的供应商。

目前，印刷企业的智能化建设率先从印后环节起步，主要通过自动化设备的引进、智能化仓储物流系统建设等，解决印后环节劳动力密集、手工劳动强度大及生产效率不高等问题，在印前和印刷环节，部分企业进行了智能化建设的探索和实践。此外，还有一部分印刷企业借助自有或第三方电商平台，进行业务拓展，尝试打造"印刷+互联网"的新型商业模式。

在政府部门、行业协会、科研机构和广大行业企业的共同努力下，印刷业的智能化建设不断深入，有效推进了行业企业的转型升级。2018年被业内称为"我国印刷业全面推进智能化发展元年"。

（四）印刷电商在调整中前行，凸显新型商业模式顽强生命力

印刷电商的出现和发展，是近年来印刷业大胆进行商业模式创新，推动行业转型发展的重要标志。自2013年以来，以阳光印网、世纪开元等为代表的印刷电商企业批量涌现，它们出身不同、定位各异，但都在各自认定的发展路径上不断探索与进化，部分企业逐渐脱颖而出获得主流投资机构的认可和投资。

2017年，在资本市场整体趋冷的大背景下，印刷电商发展趋缓、融资难度加大，少数企业由于商业模式遭遇瓶颈、市场增长不及预期，出现严重亏损，进而导致股东信心动摇，后续发展难以为继。

进入2018年后，印刷电商复苏迹象明显。一方面，部分电商企业通过总结、反思，开始摒弃原本完全的轻资产运作模式和纯线上的流量思维，通过自有产能建设及线下业务资源整合，逐步形成了"流量（线上平台+线下门店）+生产（自有产能+第三方合作工厂）+高效物流配送体系"的新型运作模式，重新焕发出生机与活力。

另一方面，新兴企业继续涌现，推动印刷电商市场不断向前发展。比如，以服务印刷经纪人为特色的彩盒电商小彩印、通过整合印刷中间商服务快印门店的逍遥印等，在2018年均发展良好，市场影响力和交易规模不断扩大。

与此同时，国内印刷电商的代表性企业山东世纪开元电子商务集团有限公司，在2018年以10亿元的估值完成B轮融资，极大激励了印刷电商企业的发展信心。

（五）小批量包装成为印刷市场新的增长点

2018年，原本被大中型印刷企业忽视的小批量包装市场突然升温，成为印刷市场新的增长点。5月，广东虎彩印艺股份有限公司旗下的小批量包装定制平台"虎翼智印"宣布上线；11月，海德堡公司宣布与深圳贤俊龙彩印有限公司宣布成立合资公司，共同建设国内第一个"网络彩盒（Web to Box）"数字化包装印刷平台，旨在连接包装设计师、印刷企业和彩盒买家，为印刷企业拓展小批量包装市场提供标准化的印前流程和数字打样服务。

与此同时，深圳裕同包装科技股份有限公司旗下的小批量包装定制平台"云创盒酷"自2017年底开始发力，2017年9月上线的小批量包装电商平台小彩印发展良好，这些都使小批量包装成为2018年印刷业的亮点与焦点之一。

小批量包装市场的升温，一方面体现了在包装印刷品小批量、个性化趋势日渐明显的情况下，大中型包装印刷企业市场重心的主动下沉；另一方面是因为互联网、印前软件的发展及数字化、智能化印刷设备的成熟，使小批量订单的高效汇聚和低成本生产成为可能。

目前，小批量包装市场正处于快速发展的蓄能期，以虎彩、裕同、贤俊龙为代表的大型传统印刷企业奉行的基本上是"网络平台+自有产能"的运作模式；以小彩印为代表的电商平台奉行的则是轻资产运作模式，通过网络平台汇聚订单流量，然后通过合作印刷企业完成生产和交付。两种模式的共同推进，有利于进一步激发小批量包装市场的增长潜能，优化包装印刷市场的业务结构。

二、印刷业发展面临的困难与挑战

2018年,我国印刷业发展在总体平稳、不乏亮点的同时,也面临着很多现实的困难与挑战。其中,既有资本市场趋冷、下游需求放缓等外部环境和宏观经济问题,也有纸价大幅波动、环保压力有增无减等行业固有挑战,还有中美贸易摩擦突然爆发等"黑天鹅"因素。这些问题相互交织,叠加印刷业自身的减速调整,增加了印刷企业转型发展的困难与挑战。

(一)资本市场突遇"寒冬",印刷企业资本化进程遇阻

进入2018年以后,我国资本市场突遇"寒冬"。一方面,始于2016年的企业上市潮,被骤然收紧IPO审核所打断,全年只有111家企业通过IPO审核,通过率仅有55.78%,为2010年以来最低。另一方面,创业投资市场"钱荒"现象愈演愈烈,各大机构纷纷收紧投资,包括摩拜、ofo在内的众多明星互联网项目遭遇融资难,部分企业不得不裁员求生。

资本市场的变化,打断了印刷企业刚刚开始加速的资本化进程,加剧了行业融资难、融资贵等问题。在上市方面,2018年全年只有四川金时科技股份有限公司一家印刷企业通过IPO审核,与前两年的上市高潮形成了鲜明对比。与此同时,广东天元实业集团股份有限公司、龙利得智能科技股份有限公司两家印刷企业的IPO申请过会被否,中荣印刷集团股份有限公司等7家印刷产业链企业的IPO申请终止审查。

在IPO遇阻的同时,部分在新三板挂牌的印刷企业由于融资困难、成本压力大等各种原因,主动选择摘牌离场。2018年,从新三板摘牌离场的印刷企业在10到20家,这使在新三板挂牌的印刷企业数量大幅减少。

在创业融资方面,随着投资机构心态的变化,印刷电商类项目同样遭遇了融资难。2018年,除了世纪开元完成B轮亿元融资,其他印刷电商项目均没有得到大额资金的投入。

此外，由于股市大幅下跌，再融资难度加大，2018年印刷业上市公司的定向增发、投资并购行为明显减少。

（二）下游行业减速调整，印刷企业发展压力加大

印刷业是典型的加工型服务业，印刷业景气度的高低直接受到下游需求行业波动的影响。2018年，受各种因素影响，多个与印刷业紧密相关的下游行业出现产销量或增速下滑，对印刷市场需求产生了直接影响。

对精品彩盒、说明书等印刷品有大量需求的手机制造业，出现产量下滑。据工信部统计，2018年我国手机产量为17.98亿台，同比下降4.1%。

对酒盒、标签等印刷品有刚性需求的白酒行业，2018年产销量均出现大幅下滑：全年完成白酒产量87.12亿升，销量86.98亿升，与2017年的119.81亿升、119.66亿升有较大差距。

作为瓦楞纸箱企业重要的下游行业，2018年家电行业25个常见品类累计实现营收8327亿元，同比增长1.5%，与2017年11.8%的增速相比大幅下滑。

与此同时，2018年国内汽车销量出现近28年来首次下跌，同比下滑2.8%。汽车行业的起伏不会对印刷业直接产生大的影响，但由此传达出的社会消费心理和消费环境的变化仍需引起行业的重视。

手机、白酒、家电及其他下游行业的减速调整，看似只会影响印刷业的部分细分市场，实际上却可能通过传导影响更多的印刷企业。比如，深圳裕同包装科技股份有限公司原本以手机等消费电子产品包装见长，近年来随着下游行业需求增长的放缓，开始布局酒包装、化妆品包装、烟草包装等细分市场。与此同时，深圳劲嘉集团股份有限公司、汕头东风印刷股份有限公司等烟包印刷企业出于业绩增长的需要，也开始涉足消费电子包装、酒包装市场，这样就形成了竞争压力传导，原本各自发展的印刷企业有了相互碰撞的可能。

（三）纸张价格大幅波动，增加了印刷企业经营的不确定性

纸价是近年来影响印刷企业发展的重要因素。自2016年年底快速启动后，我国包

装用纸和文化用纸价格在 2017 年大幅上扬，创出近年来的高点。进入 2018 年以后，受国内外经济环境变化，原材料价格波动及需求变化影响，包装用纸和文化用纸价格波动加剧，整体上呈现为先扬后抑的走势。

2018 年上半年，纸价整体呈现为上行走势，以瓦楞纸为代表的包装用纸在 5 月份创出年内高点后，开始盘整，进入下半年则经历了一轮快速下跌，年终收盘价比年内高点跌幅超过 25%。以双胶纸、铜版纸为代表的文化用纸价格在上半年触及 7 500 元/吨左右的高点后，快速下滑，一度跌到 6 000 元/吨以下。

纸张是印刷企业最重要的原材料之一，在印刷企业生产成本中的比重通常在 50% 左右。纸张价格在短期内的大幅波动，无论是上涨，还是下跌，都会增加印刷企业经营的不确定性。在纸价上涨时，由于价格传导机制不畅，印刷企业通常会面临很大的成本压力，盈利空间受到挤压。2018 年下半年，在纸价快速下跌的形势下，部分印刷企业由于判断失误，囤积了过量纸张，同样蒙受了很大的经济损失。

同时，纸价在 2016 年底和 2017 年的快速上涨，导致部分终端行业放弃纸质包装，选用塑料包装等替代产品或开发减量包装解决方案，这为 2018 年纸张市场的低迷埋下了伏笔，也直接影响了包装印刷企业的订单和长远发展。

（四）环保压力有增无减，安监、消防监管持续加码

2018 年，国家在环保治理方面继续保持高压态势。印刷企业作为挥发性有机物治理的重点行业，在环保方面继续面临巨大压力。一方面，在重污染期间，印刷企业需要按照要求进行停限产，难以保持正常的生产经营节奏。另一方面，由于治理不达标或违规排放，印刷企业被处以高额罚款或其他行政处罚的案例层出不穷。

2018 年年初，广东佛山一印刷企业由于环保违规被处以罚款 100 多万元；6 月，河北奇特包装有限责任公司因违规设置监测设备参数，被处以罚款 20 万元，相关责任人被处以行政拘留；11 月，北京美通印刷有限公司由于超标排放，且整改后仍未达标，被按日计罚处以罚款 200 万元。

在环保压力有增无减的同时，各地安监、消防部门纷纷加大对印刷企业的检查、督查力度。5 月，深圳市龙华新区观澜街道安监部门对辖区内一工业园区内的印刷企业开展专项整治，有 4 家印刷企业由于存在安全隐患被查封，9 家印刷企业由于各种问题被立案处罚，引起行业广泛关注。

此外，部分北京疏解外迁，落户天津、河北的印刷企业表示，由于租用厂房消防验收不达标，迟迟无法正常开展生产经营或被处以行政处罚。

印刷企业在环保、消防和安全生产方面暴露出的问题，是行业长期粗放式发展造成的历史欠账。这些问题能否及时、妥善得到解决，不仅直接影响少数企业的经营得失，还事关整个行业的长远可持续发展，必须引起足够的重视。

（五）中美贸易摩擦悬而未决，对印刷业发展造成一定冲击

2018年3月，美国根据国内法律启动针对中国贸易的301调查，认定中国在技术转让、知识产权和创新相关的行动、政策和实践是"不合理或歧视性的，对美国商务形成负担或限制"，并以此为由对中国产品加征关税。此后，中美贸易摩擦不断升级，双方相互对来自对方的部分进口商品加征关税。2018年底，经双方元首会晤磋商，中美双方同意相互暂停加征新的关税，开展为期90天的贸易谈判。

从2018年来看，印刷业只有纸袋、笔记本等少数产品被美国列入加征关税清单，中美贸易摩擦对印刷业的直接影响并不大。但由于印刷业是加工服务型行业，部分产品作为包装物随其他商品出口，很多印刷企业间接受到影响和冲击。

加上部分外向型印刷企业原本就面临人工、土地成本上涨，盈利空间不断压缩的问题，悬而未决的中美贸易摩擦对它们形成了很大的心理和经营压力。以鹤山雅图仕印刷有限公司、宁波创源文化发展股份有限公司、鸿兴印刷集团有限公司为代表的部分企业，在加大开发美国之外替代市场的同时，纷纷走出国门，在越南投资设厂，以规避贸易摩擦可能带来的冲击。

进入2019年后，中美贸易摩擦进一步升级。在未来一段时间内，悬而未决的中美贸易摩擦仍将影响包括印刷企业在内各类企业的发展。

三、推动印刷业平稳健康发展的建议

当前，我国印刷业正处于转型升级、产业结构调整的关键期。错综复杂的国内外

经济形势、充满变数的中美贸易摩擦、不断上涨的各项经营成本、持续加压的环保安全消防监管等各种因素，增加了印刷企业发展的不确定性和经营决策的难度。

针对印刷企业发展面临的现实问题，建议行业主管部门、各级协会、科研机构、大专院所等深化行业研究、强化行业指导、优化行业服务，帮助印刷企业克服困难、应对挑战。广大印刷企业要勇于创新，不断优化内部管理、推进技术改造、加大市场开发力度，提升企业应对复杂市场环境，实现可持续发展的能力。

（一）针对印刷业面临的新挑战、新问题，加强专题研究、专项指导，帮助印刷企业厘清发展思路和转型方向

当前，国内外经济环境复杂多变，贸易保护主义抬头、多变贸易体系受到冲击。加之，我国经济正处于消费升级与供给侧改革的关键期，人民群众日益多样化的消费需求对各行各业的发展提出了新的要求和挑战，经济发展的各种新情况、新问题层出不穷，单凭印刷企业自身的能力和视野很难做出科学的判断。

建议由行业主管部门或各级协会、科研机构、大专院所组织专业力量，针对中美贸易摩擦对印刷业的影响、消费升级与印刷业下游行业走势等问题开展专题深入研究，形成有价值的研究报告，为印刷企业提供专业指导，帮助企业理清发展思路和转型方向，妥善应对挑战。

（二）加强政策引导，推进行业整合，扶持部分印刷企业率先做大做强

近年来，印刷业减速调整迹象明显，部分细分市场率先由增量发展进入存量整合阶段，印刷企业经营压力加大，业绩分化趋势日渐明显，市场淘汰整合速度加快。在这个过程中，部分实力较强的印刷企业顺势而上，充分发挥自身的技术、管理、人才和资本优势，吸纳市场存量资源，成为印刷市场的整合者。另一部分企业则由于应对失当，在日趋激烈的市场竞争中丧失了发展的主动性，成为行业整合中的退出者。这是市场经济条件下，印刷业发展的必经阶段。

建议有关部门因势利导，顺应行业发展趋势，出台适当政策措施，支持部分优势企业做大做强，推进行业资源整合。同时，引导部分竞争力相对较弱的企业平稳退出，

避免低端过剩产能在行业中的长期沉淀，优化产业发展环境。

（三）协调制定印刷企业环保治理标准体系，推动行业绿色发展

经过近年来的宣传引导和督查执法，印刷企业大多已经具备了清晰的环保意识，充分认识到了环保治理、绿色发展的重要性。但在实践过程中，各地印刷企业普遍反映存在环保治理标准不清、方向不明、路径不一的问题，有些企业出现按要求配置治理设施仍无法达标的情况。同时，在部分地区，无论是否进行环保治理达标排放，在重污染天气均需要进行停限产，挫伤了印刷企业进行环保治理的积极性。

建议印刷业主管部门协调环保部门制定行业统一、明确的环保治理标准体系和切实可行的技术路径，为印刷企业开展环保治理、做到达标排放提供指导。同时，协调环保部门根据印刷企业的环保治理情况制定差异化的停限产政策，对达标排放的企业给予适当倾斜。

（四）抓紧制定印刷业智能化发展路线图，推进印刷企业智能化建设

智能化是破解当前印刷业用工难题，帮助印刷企业提升生产效率、扩大盈利空间的有效手段。经过首届中国印刷业创新大会的推动，智能化发展理念在行业中渐成共识、落地生根。但由于智能化建设是全新的探索和实践，很多印刷企业反映在实施过程中遭遇建设目标模糊、技术路径不清等一系列问题。

建议有关部门以《中国印刷业智能化发展报告（2018）》为基础，组织专业力量研究制定印刷业智能化发展路线图，细化印刷企业开展智能化建设的短期与长期目标，提出印刷企业开展智能化建设的建议路径，剖析智能化建设的成功案例，为印刷企业推进智能化建设提供借鉴与指导。

（刘积英　《中国印刷》杂志社；刘成芳　中国新闻出版研究院）

第七节 2018—2019 中国出版物发行业发展报告

2018年是出版发行业全面贯彻落实党的十九大精神的开局之年，也是出版物发行业"十三五"发展规划承上启下的关键之年。这一年正值我国改革开放40年，各出版物发行单位紧紧围绕纪念改革开放40年这一主题，开展了各种丰富多彩的活动，促进了销售。同时，将党的十九大系列出版物发行作为重要任务，通过各种渠道，将十九大系列出版物及时送到读者手中。这一年，文化产业各项利好政策陆续出台落地，财政扶持力度逐渐加大。"高质量发展""融合发展""区块链""大数据"等成为热词，备受行业关注。全民阅读继续深入发展，各种读书活动异彩纷呈。

一、2018年出版物发行业的基本情况[①]

（一）销售额继续增长，总体规模进一步扩大

2018年全国出版物发行单位出版物销售总额3 743.79亿元，同比增长1.08%；营业收入7 934.95亿元，同比减少0.53%；利润总额282.83亿元，同比减少36.15%；资产总额10 597.03亿元，同比增长6.86%。从数据来看，发行企业除因受运营成本增加的影响，营业收入、利润总额有所下降外，其他经济指标均有所增长，总体规模进一步扩大。

从排名看，2018年，出版物销售额排名前10位的省份与2017年相比略有变化。

[①] 参见中宣部印刷发行局、中国书刊发行业协会. 2019年度全国出版物发行业发展报告.

分别为：北京、江苏、山东、湖北、广东、湖南、江西、安徽、河南、陕西。西部省份陕西位列前10名行列，浙江跌出前10名行列。排名前10位的省份出版物销售额占全国的67.36%。

从增速看，2018年，出版物销售额增速排名前10位的分别是内蒙古、福建、青海、江苏、陕西、山西、四川、海南、河北、天津。其中，内蒙古以同比增长45.41%位列第一名。与2017年相比，福建、陕西、四川、海南、河北位列销售额增速前10名，宁夏、广东、湖南、重庆、吉林跌出销售额增速前10名。内蒙古、青海连续三年进入增速前10名，江苏、山西、天津连续两年进入增速前10名。

从区域看，2018年，东、中、西部地区出版物销售额呈现出中、西部增长，东部减少的特点。其中，东部地区9省（市）出版物销售额1 947.97亿元，占全国的52.03%，同比减少了0.87%；中部地区10省出版物销售额1 160.92亿元，占全国的31.01%，同比增长了0.31%；西部地区12省（区、市）出版物销售额634.90亿元，占全国的16.96%，同比增长了0.66%。

（二）发行单位、发行网点和从业人员继续平稳增长

截至2018年底，全国共有出版物发行单位120 739家，同比增长3.50%；出版物发行网点235 419个，同比增长4.54%；从业人员123.7万人，同比增长7.01%。发行单位、发行网点和从业人员数量持续平稳增长。

从城乡结构看，2018年，全国共有县及县以上发行网点173 031个，同比减少2.77%，占全国发行网点总数的73.50%；乡镇及乡镇以下发行网点62 388个，同比增长32.08%，占全国发行网点总数的26.50%。从数据来看，乡镇及以下发行网点数量同比增长迅猛，这得益于党和政府扶持政策的持续引导和支持，政策所发挥的作用明显。城乡网点差距虽有缩小，但由于乡镇及以下网点基数小，城乡差距仍然较大，网点数量比约为3∶1。

从区域分布看，2018年，东部9省（市）出版物发行网点115 268个，同比增长1.46%，占全国的48.96%；中部10省出版物发行网点74 874个，同比增长6.86%，占全国的31.81%；西部12省（区、市）出版物发行网点45 277个，同比增长9.06%，占全国的19.23%。从数据看，东、中、西部地区出版物发行网点数量均有增

长，中、西部地区增长明显高于东部地区，增速较快。

（三）国有发行单位销售仍占主导地位，主阵地作用突出

从销售额看，国有出版物发行单位销售额仍占据市场主导地位。2018年，全国共有国有出版物发行单位10 080家，占全国发行单位总数的8.35%，出版物销售额2 186.94亿元，同比增长10.67%，占全国出版物销售总额的58.42%。

2018年，全国新华书店系统实现出版物销售1 301.95亿元，占全国出版物销售总额的34.78%；共有出版物发行网点13 936个，占全国的5.92%，其中，县及县以上网点9 028个，占全国的3.83%，乡镇及以下网点4 908个，占全国的2.08%。

2018年新华书店系统，出版物销售额排名前10位的依次是江苏凤凰、山东新华、河南新华、湖南新华、安徽新华、江西新华、新华文轩、河北新华、云南新华、福建新华；资产总额排名前10位的依次是江苏凤凰、新华文轩、安徽新华、山东新华、江西新华、河北新华、浙江新华、河南新华、湖南新华、山西新华；利润总额排名前10位的依次是安徽新华、山东新华、新华文轩、江苏凤凰、江西新华、湖南新华、浙江新华、河北新华、河南新华、湖北新华；发行网点数量排名前10位的依次是山东新华、江苏凤凰、湖南新华、河南新华、浙江新华、广东新华、安徽新华、陕西新华、河北新华、山西新华。数据显示，江苏凤凰以118.24亿元、133.96亿元分别位居出版物销售额和资产总额第一位；安徽新华以11.29亿元位居利润总额第一位；山东新华以4 285个发行网点位居网点第一位。

（四）民营及其他发行单位、外资发行企业销售同比下滑，邮政系统网点和销售同比增长

2018年，全国共有民营及其他发行单位109 798家，实现出版物销售额1 486.19亿元，同比减少9.01%，占全国出版物销售总额的39.70%。2018年民营发行企业出版物销售额排名前10位的依次是江西东旭投资集团有限公司、湖北三新文化传媒有限公司、山东世纪金榜科教文化股份有限公司、新经典发行有限公司、北京磨铁图书有限公司、新经典文化股份有限公司、福建葫芦文化产业发展有限公司、北京新东方大愚文化传播有限公司、山东天成书业有限公司、武汉亿童文教股份有限公司。

2018年，全国共有外资发行企业959家，同比增加17.38%，出版物销售额81.68亿元，同比减少13.29%，占全国出版物销售总额的2.18%。外企发行单位主要集中在广东（159家）、上海（157家）、江苏（136家）、陕西（62家）、北京（54家）、福建（50家）、辽宁（48家）、四川（47家）、浙江（41家）、湖北（38家）10个省市，合计792家，占全国外资发行企业总数的82.59%。

2018年，全国邮政系统共有出版物发行单位4 159家，同比增长64.71%；出版物发行网点53 895个，同比增长13.48%；出版物销售额131.54亿元，同比增长0.63%，占全国出版物销售总额的3.51%。其中，中国邮政集团江苏省分公司以19.78亿元位居出版物销售额第一，湖南分公司以8 026个网点位居网点数量第一。

（五）发行流通体系持续完善，线上销售持续增长，实体书店数量小幅上升

截至2018年底，全国共有出版物批发单位12 850家，占全国的10.64%，设发行网点117 604个，占全国的49.96%；从业人员680 312人，占全国的54.98%；实现出版物销售2 942.15亿元，占全国的78.56%；营业收入6 075.19亿元，占全国的76.56%；资产总额8 420.42亿元，占全国的79.46%。

全国共有出版物零售单位107 889个，占全国的89.36%；所属发行网点117 815个，占全国的50.04%；从业人员556 961人，占全国的45.02%；实现出版物销售额801.64亿元，占全国的21.41%；营业收入1 859.76亿元，占全国的23.44%；资产总额2 176.60亿元，占全国的20.54%。

网上书店。2018年，全国网上书店实现出版物销售额596.65亿元，同比增长17.75%，占全国出版物销售总额的15.94%，比2017年提高了2.24个百分点。排名前5位的网上书店分别为江苏圆周电子商务有限公司（京东）、北京当当网信息技术有限公司、四川文轩在线电子商务有限公司、博库网络传媒集团有限公司、江苏凤凰新华书店集团有限公司，出版物网络销售额共211.26亿元，占网上书店销售总额的35.41%，产业集中度进一步提高。2018年，除黑龙江、广西、海南、贵州、西藏、青海、新疆外，已有24个省（区、市）的新华书店开展了网上出版物发行业务，排名前5位的新华书店网上书店依次为四川文轩、浙江博库、江苏凤凰、浙江

新华、北发集团。其中四川文轩、浙江博库连续四年位列全国网上书店出版物销售前5名。

实体书店。2018年，全国1千平方米以上的实体书店共有934家，同比增长2.75%。其中，5千平方米以上的大型书城134个，实现出版物销售额75.65亿元。在1千平方米以上的书店中，以新华书店为主的国有或国有控股书店有757家，占81.05%。从地域来看，江苏、山东、陕西、广东、浙江、安徽等人口大省大书城数量排在前列。北京国际图书城以8万平方米营业面积位居大书城营业面积第一。

二、2018年出版物发行业的特点

（一）图书发行业见证了中国改革开放40年

2018年是中国改革开放40年。40年来，我国图书发行业深入推进体制机制创新，大力推动事业产业发展，实现了由计划经济体制下行业管理向市场经济体制下行业治理的深刻转变。特别是党的十八大以来，国家高度重视实体书店的生存和发展，自2013年以来出台了一系列支持实体书店发展的政策文件和财税措施。在国家政策的支持下，在全民阅读活动的推动下，实体书店开始走上了融合发展和转型升级之路。一大批环境优美、功能齐全、特色突出、业态多元、体验丰富的新型书城和独立书店展现在读者面前，在世界书店业低迷徘徊不前的态势中，画出了一道靓丽的东方风景线。

回顾40年中国图书发行业改革的历史，可以说是从单一计划经济逐步转向市场经济的过程；是从封闭转向开放的过程；是从单纯的事业型转向事业和产业共同发展的过程；是从单一结构转向多媒、多元结构的过程；是从分散经营转向集约和规模化经营的过程；是从传统销售服务转向以大数据为基础、全面提供知识服务构建现代新型流通企业的过程。中国出版业，特别是中国的实体书店业，从小到大，从弱到强，从追赶到超越的历史，可以说是一部改革发展和创新发展的历史。没有改革，就不可有出版发行业今天的繁荣发展。

出版发行业的改革是一场深入持久的改革,是全行业干部员工广泛参与其中的改革,行业改革发展的成果是党中央国务院一系列正确决策和政策支持的结果,是新闻出版主管部门历届领导和有关单位积极支持和大力推进的结果,更是行业全体干部员工不畏艰难、勇于面对各种挑战、努力奋斗的结果。发行战线广大干部和员工解放思想,大胆实践,勇于创新,积极推进出版发行体制改革和机制创新,不断解放出版和发行的生产力,产业和事业都获得了长足的发展,取得了显著的成绩,为不断满足人民群众日益增长的文化需求,为增强国家的软实力,为实现国家"五位一体"的战略发展作出了积极的贡献。

(二)新华书店子品牌稳步发展,民营品牌书店进入加速发展期

2013年12月,财政部、国家税务总局印发《关于延续宣传文化增值税和营业税优惠政策的通知》,规定自2013年1月1日起至2017年12月31日,免征图书批发、零售环节增值税。2016年6月,中宣部等11部委联合印发《关于支持实体书店发展的指导意见》。2018年6月,财政部、国家税务总局印发《关于延续宣传文化增值税优惠政策的通知》,规定自2018年1月1日起至2020年12月31日,免征图书批发、零售环节增值税。另外,地方政府也相继出台支持实体书店发展的优惠政策和资金支持政策。这些优惠政策的出台,为实体书店快速发展奠定了基础,使实体书店步入新的发展期。

1. 新华书店子品牌建设

近年来,各地新华书店纷纷启动子品牌建设,经过几年的发展运营,不少新华书店子品牌已成为"网红"店。2018年,新华书店子品牌进入了稳步发展期。

河南省新华书店"尚书房"社区书店文化品牌自2015年创建至今,已在河南省多地建成198家,是河南省新华书店的转型升级之作。河北省新华书店创建的"新华·小桔灯"绘本馆正式启动于2014年9月,主要通过门店自建、幼儿园合建、社会合作三种模式创建,2018年数量已经发展到154家,通过绘本精准地切入儿童阅读的领域,年举办活动万余场;河北新华另一子品牌"啡页书咖"是其旗下的商业综合体,营业面积300—500平方米,定位是打造城市文化交流空间,已经建立7家店;新华文

轩"轩客会"自 2012 年 1 月开设第一家书店以来，已在四川省拥有 12 家门店，覆盖成都、绵阳等地区，仅 2018 年 9 月—11 月，在短短三个月时间里，就开设了成都仁恒快闪店、绵阳凯德店、成都银泰店、成都恒大广场店共四家书店。广东新华"四阅书店"是广东新华为实施多品牌战略，打造年轻化、时尚化、有情怀的中高端门店而推出的书店品牌，汇集书业、文化、创意、休闲、培训、餐饮、文化市集等多种业态。首家"四阅书店"于 2015 年 8 月 29 日在留关开业，截至 2018 年广东新华已经打造了 14 家"四阅书店"，都位于珠三角及地级市主流商圈。

从商业发展角度来说，新华书店建设子品牌至关重要，将有利于进行跨省发展，打破区域壁垒；有利于进入购物中心等商业区，与年轻人沟通，参与大商业竞争。

2. 民营品牌书店建设

2018 年，民营品牌书店进入加速发展期，西西弗、钟书阁、言几又、樊登书店等都在加速网点布局。截至 2018 年 12 月 31 日，西西弗已在全国 29 个省、市、区的 60 多个城市拥有 194 家图书零售店，2018 年新店数量达 83 家。樊登书店除了以社区型书店为主外，又启动了"千城万店"计划。从 2016 年 11 月 7 日第一家书店算起，樊登书店 2018 年已在全国拥有书店 200 余家，遍及全国 94 个城市和地区。截至 2018 年 11 月，言几又已在北京、上海、广州、深圳、成都等 13 座城市拥有 53 家连锁自营实体店，总营业面积超过 6.8 万平方米，会员达百万人，年度全国到店人流达 3 000 万人次。2018 年 12 月，言几又获得新一轮 B + 轮融资，由洪泰大文娱产业基金领头、头头是道基金跟投，截至 2018 年底，言几又融资金额已逾 2.4 亿元。这为其进一步拓展规模奠定了资金基础。

（三）文创产品成为实体书店又一新的重要的增长点

由于产品单一、销售模式固化以及受到互联网的冲击，实体书店曾经经历了一段低谷期。为了使读者重新走进书店，很多实体书店纷纷主动求变，在向综合性文化空间转型的同时，也注重打造带有自身独特气质的文化氛围。文创产品作为文化的一个重要载体，是书店整体文化氛围中必不可少的组成部分。2018 年，实体书店纷纷在文创产品上寻求突破。

1. 新华发行集团成为文创品牌开发与建设的先行者

近几年，各地新华发行集团不但开始注重文创产品的销售，还开始注重策划选品、设计包装、品牌建设等，从单纯销售向与文创品牌供应商合作研发、联营、加盟等方式转变。如湖北省新华书店集团不仅自主研发文创产品，还与上游供应商文创团队开展定制合作，探索按需定制模式，挖掘地域特色产品，形成"一县一品"的特色体系。甘肃新华书店飞天股份文化传播有限公司创建甘肃新华自有文创品牌，在重视人才储备，逐步培养自己的文创产品设计团队的同时进行部分产品合作开发，积累了国内外优秀的厂家资源，与其建立良好的合作关系。宁波新华书店集团自有文创品牌经营坚持将品质放在第一位，坚持原创，开发符合书店气质的文创产品，注入书店自主研发的创意特色，不断丰富产品线，加入年轻化元素，做出充满活力的产品。云南新华书店集团充分利用自有书店资源、渠道，大力拓展非书多元业务，并利用教材征订、流动送书进校园以及开学季为孩子自己动手包书等活动契机积极抢占市场。浙江龙泉市新华书店于2016年初启动了龙泉青瓷推广服务平台建设项目，探索利用本土文化资源，打造传统图书经营与青瓷产品推广为一体的大文化经营模式，其青瓷文创产品涵盖文房用品、生活用品、旅游商品、艺术收藏品等。江苏新华发行集团创立了"凤凰梧桐、凤凰艺苑、凤凰百肆"三大自主文创品牌，采取"渠道直营、经营加盟"的连锁经营模式，取得了较好的销售业绩。

2. 民营品牌书店文创产品销售成为重要的利润增长点

根据百道新出版研究院调查统计，蔚蓝书店、猫的天空之城概念书店、慧源书城、简汇空间和先锋书店的文创文具产品销售占比为30%—50%，扶光书店的文创文具产品销售占比超过了50%。其中，先锋书店不仅仅是零售的场所，而且未来要寻找到从根本上为读者创造美好体验和新价值的模式。先锋书店已经开发了"独立先锋"系列文化创意产品共5 000多种。在每一家先锋的连锁门店里均开设了独立先锋创意馆，里面手绘地图、手绘明信片、纸质笔记本、南京特色文创等产品琳琅满目，创意十足。当前先锋书店的创意产品的销售额已经占到书店总销售额的30%，利润则达到书店利润总额的40%以上。

同时要看到，书店有书店的文化场域，但市场上大多数的文化产品并非为书店量身定制，经营效果如何，只能靠书店自己去慢慢摸索。在这其中，书店往往还要受到经销商的价格、供货量及经营理念等不可控因素的影响，经营风险大大增加。不少书店面临发展的转型期，在进行店面转型升级的同时，也开始向创立自有文创用品开发方向发力。如言几又的文创用品主要有精装日历、主题定制手袋，其中"四季·礼赠"日历和狗年纪念袋在2018年的销售较好。

不同于图书已有的销售规模体系，文创用品的销售渠道不仅需要深度挖掘，还需要长期进行市场培育。2012年，晓风书屋在与浙江籍画家丰子恺家人达成合作意向后，着力研发丰子恺作品系列，并取名"子恺艺术"，2014年文创产品子恺艺术开始投放晓风书屋旗下各门店及合作文创商店。目前，子恺艺术已经制作了红木笔筒、镇尺、书签等产品，市场反馈良好。物外书店在2015年成立初期，就已将经营范围确定为图书、文创、餐厅，书店会根据活动或节假日节点进行文化品的研发，包括笔记本、无纺布袋、礼包、福袋等，凝聚了一大批稳定客群和忠实读者。

对文化衍生品而言，创意和品质是影响销量的重要因素，搭配合理的宣传，销量的持续走高是必然，但打造自有文化衍生品对不少民营书店来说是一种挑战。相较于销售图书，文化衍生品经营在产品周期、周转、展卖方式及营销手段上都有区别，因此在经营和营销的过程中，更加需要具有创新性。

（四）融合发展成为企业关注热点

"书店+科技"是互联网时代实体书店发展的必然趋势。面对新零售给图书发行业带来的深层变革，实体书店需要顺势应变，积极探索与新媒体的融合发展之路。2018年，书店业态多元、多媒，供应链协同共享，智能化管理与服务加速书店转型升级，传统书店正在华丽转身。

以新媒体、新技术赋能实体书店。几年前，一些实体书店开始尝试利用微信公众号开展图书营销活动，由此拉开了新媒体营销的序幕。由于新媒体营销有着目标定位准确、有的放矢、互动性强、到达率高等特点，这一营销方式逐步为大家所接受，成为图书营销中的一个重要的手段。目前上至各省发行集团，下至各个国有和民营书店，或多或少都在使用微信及APP进行图书营销。实践证明，这一营销方式给书店带来了一定的效益，持续提升了门店的体验感和对读者的吸引力，是书店转型升级的一个重要的举措。"单向街书店"微信公众号采用语录的形式，简洁文艺，引发读者共鸣，成为账号"烙印"。重庆市民可通过书店阅淘网平台——阅淘微信公众号、阅淘PC端网站、阅淘网APP借阅图书。新技术成为赋能实体书店的有力方式。上海传媒开发完成了营销功能丰富的电子会员服务系统、智能化支付系统，进一步完善信息推送、数据分析、移动支付等功能，以技术手段为书店导流。西西弗书店在2018年下半年全面上线电子会员服务系统，更加方便读者。同时仍旧保留实体会员卡，实体卡更加直观，以主题设计作为运作点，具有收藏价值。

重新布局，升级卖场硬件。从最初的自助售书机，到新华文轩推出的内容更为丰富的"文轩云图24小时智能书店"等，再到以浙江新华、北发集团为代表推出的"智能导购机器人"，实现了门店"自助购书+机器人"的新型销售模式，进而以山东新华、江苏新华为代表推出的集导视和自助购书为一体的智能终端设备以及以深圳龙岗书城为代表的"新科技+书业融合"大型卖场……实体书店不断进行着技术引进与革新，形成新的聚合发展态势。

新技术应用加快。大数据、区块链等新技术驱动书店业加快转型升级的步伐，以适应知识传播的新模式，具体表现在线上线下渐趋融合。截至2018年年初，当当网已在全国开业160家新零售实体书店，京东商城开发的线下实体书店数量也已达百个，具备相当的竞争优势。它们可以利用几十年来积累的大数据，对书店的经营方向、网点布局、产品选择、服务模式等进行精准决策，为高质量可持续发展打好基础。在网上平台的打造上，实体书店也有新动作。2018年4月23日，新华书店网上商城正式上线，该商城以打造出版物全产业链线上线下融合发展的文化产品电子商务平台、全民阅读推广平台和行业大数据平台为目标，通过互联网链接全国新华书店12 000家实体门店、全国出版机构和各地大中型图书馆，整合全国新华书店优势渠道资源，以实体书店作为网上商城发展的基础，以网上商城延伸实体书店的发展空间，推动线上线下融合互通。7月，山东新华书店潍坊高新店进行了全新升级改造，让书店不只是阅读、休闲、体验空间，更是思想汇聚、文化交流的城市书房，用户在书店看中哪本书，无需去收银台排队，只需拿手机扫码自动结账即可。

技术的最终目的是提供优质和高效的服务，为读者带来更好的购书体验，因此，书店需要本着"技术引领"为前提，让书店变得更智能、更便捷、更高效。

三、推进出版物发行业发展的建议

（一）售卖方式转变，书店需从关注产品转向关注人

2018年图书批发零售免征增值税政策再次得到延续，为书店业赢得了难得的发展期；全国二十余个省、区、市出台支持实体书店发展的实施意见和具体措施，为书店发展提供了强有力的政策保障；与此同时，购物中心、商业地产、公共设施、街区、社区、景区、学校，都在积极吸引优质实体书店入驻……面对较为有利的外部环境，实体书店要保持清醒认识、保持发展定力，踏踏实实从自身做起，锤炼内功、夯实基础，探索出一条适合自身特点的发展之路。

实体书店已不再是一个单纯销售文化产品的场所，它已经成为科学知识传播和文化教育的场所。2018年，实体书店的质量有了进一步提升，一批又一批"最美书店"惊艳亮相，这些书店场景更具有设计感，内涵丰富，特色鲜明，风格各异，古典与时尚之美交相辉映，成为新的城市文化地标；校园书店、社区书店和乡村书店异军突起，亮点纷呈，这些书店定位准确，服务周到，别致温馨。

一家好的书店，不仅要有美感和格调，更要有坚守文化传统的情怀，要有温度、有灵魂，有人气、接地气，能够给读者、城市甚至时代留下美好的记忆。因此需要用多种技术手段，打开封装在书本里的知识，进行全方位、多层次和立体化的传播。同时，互联网、物联网的出现和媒体技术的进步使得出版内容的纸电同步，发行方式的线上线下同步已成为不可逆转的发展趋势。满足读者的需求就是书店追求的方向，哪家书店在这方面做得好，谁就会取得竞争优势。也就是说，书店的售卖方式从卖文化产品开始转向知识服务。书店的注意力要开始从关注产品转向关注人。

（二）新技术不断发展，催促书店展开积极行动

大数据的运用，特别是用户数据的拥有量将成为出版发行企业的核心竞争力。新技术在书店中的应用，将加快实体书店转型的步伐。

无论承认与否，2018年，一些实体书店已经迈入了智慧书店时代的大门。2018年3月，北京首家24小时无人智慧书店运营。这家智慧书店由北京发行集团旗下北发网打造，集自助结算系统、全智能商品识别、远程客服协助、动作识别防盗系统、人脸识别等创新技术于一体，可以实现读者刷脸进店、机器人结算。4月，全国首家天猫无人书店在志达书店开业，主打"无人书店""未来书店"等概念，实现了刷脸进店、自助选书、无感支付与即拿即走的体验过程。10月，浙江省杭州市首家智慧书店开门营业。该店引入智能付款、书架、人脸识别等多项技术，消费者在店内购物，即可实现"扫码进店、自助选书、刷脸支付"，同时上线图书智能推荐和重力感应唤醒功能，提供人机互动的阅读新体验。12月，文化类自媒体头部公众号十点读书开设了定位基于顾客价值，通过新技术应用，提供全阅读场景与多维文化生活提案的智慧零售书店——十点书店。从线上到线下，再从线下到线上，闭合循环的经营模式，正是十点书店的与众不同之处……此外，很多省级新华书店大型书城也都加入了智慧书城的行列。这些书店在经营中应用了新的技术手段，让读者有了更为先进、便利的购书体验，同时也更加拉开了与传统书店之间的距离。传统书店如果不能迎头赶上，最终会被市场逐渐边缘化。

实体书店在进行店面升级和技术应用的同时，也不能忽视对用户数据的积累。如果没有用户数据，实现新零售的业态发展将会遇到很大困难，甚至会成为一句空话。

（三）信息标准化建设和应用刻不容缓

标准化建设滞后，是当前出版发行业的一个主要问题。企业各自研发、自成体系，但并未上升到行业领域，没有形成全国统一的标准，制约了信息流、物流和资源要素在行业间的有效传递，而且一定程度上造成了信息孤岛和市场孤岛，行业效率不高。促进行业标准化建设和应用，是推动发行业从传统走向现代、从封闭走向开放、从粗放走向集约的必要手段和途径。

为更好地落实CNONIX国家标准应用推广的"试点—示范—推广"的三步走战略，实现全行业推广实施的战略目标，全国出版物发行标准化技术委员会在22家出版发行单位进行了首批试点工作，并向原国家新闻出版广电总局申请进一步开展推进CNONIX国家标准应用示范工作，2018年，经过征集、遴选，第二批29家试点单位名单发布，至此 CNONIX 示范单位增加至 51 家。总体来看，试点工作进展顺利，各项功能符合预期。

CNONIX 系统的推广和应用，不是可做可不做，而是必须要做的工作。不仅是在书店中推广和应用，该系统还应在大型电商、馆配商、批发商等渠道逐步开展应用，扩大行业覆盖面。这是一项基础性、系统性、长期性的工程，发行企业能够从长远着眼，积极参与，早应用、早磨合、早见效、早获益，在行业标准化信息化建设中占得先机、拔得头筹。

（四）品牌的培育和持有将成为战略性资源

2018 年，品牌书店继续彰显出强大的生命力和影响力。新华书店的子品牌建设和民营书店的优秀品牌在优势领域竞相发展，各领风骚。品牌既是企业的生产力，也是文化价值的核心内容。品牌的培育和持有将成为书店企业的战略性资源。

在全国和各地的支持实体书店发展政策中，发展特色书店、支持跨界融合是主基调。"书店＋咖啡餐饮""书店＋文创空间""书店＋特色主题""书店＋文旅"……书店业不断涌现出新的业态，以满足当代消费者的精神需求。这也为实体书店培育新品牌提供了机会。

要把书店的品牌做好，可以从以下几个方向入手：一是从颜值到价值，实体书店应把注意力从对书店颜值的过度关注，转向对书店价值的关注，尽早实现价值上的创新，在大商业领域的零售业态中，以书店独有的产品和服务确立新型书店的市场位置，并建立自己的差异化的品牌形象，从同质化的市场中脱颖而出。二是从重构到连结，实体书店需要的是重新审视与消费者的精神连接，让消费者找到"我的书店"，也让书店找到"我的顾客"。三是从吸引到黏性，实体书店需要把对顾客的注意力从吸引转向黏性，注重品牌黏性的构建，让书店成为让顾客乐于进行真实消费的场所。四是从体验到关系，实体书店要为顾客体验加入原创的、不依赖硬件条件的沟通和互动内容，着眼于和顾客建立长期的关系，把新型书店从"场景体验"变为"消费场"。五是从流行到客群，实体书店需要识别并维护与自己品牌所提供的价值、精神内核以及调性相匹配并具有消费潜力、消费能力的顾客群体，增加对他们的黏性，建立与他们的关系。六是从扩张到沉淀，实体书店要继续发展，必须依据社会的需求，明确自身的定位和经营策略。

实体书店的根本在图书,核心竞争力是图书所营造的氛围。图书营造的氛围是吸引读者的根本所在,也是实体书店的价值所系。因此,实体书店在打造"最美书店"的同时,更加不能忽视打造图书核心竞争力。

(五) 融合发展转型升级步伐需进一步加快

互联网技术的快速发展改变了出版发行模式,线上销售占比不断扩大,实体书店生存压力增大,尤其是个别电商平台低价倾销冲击了正常的市场生态。书店业要立足于互联网技术,把培育出版新业态作为重点,促进新技术、新媒体与传统出版的深度融合。

实体书店本身就是知识服务的场所和平台,具有开展知识服务的基础优势。因此,实体书店推进融合发展就是要充分发挥传统业务的优势,积极与新技术、新渠道、新平台、新产品融合,实施创新驱动战略,实现传统书店的价值重塑,努力打造一个以阅读为核心,以知识传播、文化交流和引导新的生活方式为基础的,新的业务链和经营模式。一些书店还没有真正抓住融合发展的实质,存在认识不足,投入不足,人才准备不足,技术支撑不足的状况。实体书店必须要在这一轮转型升级中,加快提升发行企业的内生动力,实现新旧动能转换。

加快推进融合发展是党中央做出的重大战略决策。书店业要深入学习贯彻习近平总书记加快建设"数字中国"和"网络强国"的指示精神,依托大数据、云计算、物联网、人工智能等新技术,将数字技术应用到实体书店的具体服务经营之中,推进线下实体书店体验与互联网营销的无缝对接,为读者找好书,为好书找读者,让读者的文化消费更加方便,让优秀出版物和先进文化的传播更加快捷准确,让推进全民阅读更加有效,为数字中国的建设贡献力量。

另外,实体书店在经营模式的创新、大数据的运用、供应链之间的协同、多元业态的平衡发展、品牌的树立与宣传等方面,还有很多短板,需要继续在实践中不断探索,积累经验。

参考文献

[1] 董伊薇. 在全国书刊发行行业协会2018年年会暨中发协六届四次常务理事会扩大会议上的讲话.

[2] 艾立民."中国改革开放四十年图书发行业致敬盛典"上的致辞.

[3] 艾立民. 在2019中发协实体书店融合发展培训班上的讲话.

[4] 艾立民. 在2019新闻出版发行单位全媒体营销实操交流会上的致辞.

[5] 百道新出版研究院. 2018—2019中国实体书店产业报告.

[6] 商报君. 发行集团做文创,做得咋样[N]. 中国出版传媒商报,2019-04-11.

[7] 艾立民. 发展源于改革 繁荣源于创新[N]. 国际出版周报,2018-12-10(119).

(成永利　中国书刊发行行业协会)

第三章

专题报告

第一节 2018年出版上市企业发展报告

截至2018年12月底，沪深两市共有出版上市公司21家。2018年，对于出版上市企业来说是艰难发展的一年，业绩增速放缓，主业增长乏力，净利润总额首次出现负增长。如何在挺拔主业的同时，开拓新的增长方式，成为摆在出版上市企业面前的重要问题。

一、2018年出版上市企业发展总体情况

2018年，沪深两市没有新增出版类上市公司。这里纳入本报告统计范围的21家出版上市公司分别是（排名不分前后）：长江传媒、新华传媒、出版传媒、时代出版、中文传媒、中文在线、凤凰传媒、中南传媒、皖新传媒、大地传媒、天舟文化、城市传媒、读者传媒、新华文轩、南方传媒、中国科传、新经典、中国出版、掌阅科技、世纪天鸿、山东出版。2018年21家出版上市企业在经营业绩上，实现营业总收入1 110.82亿元，较2017年增长2.43%；实现归属于上市公司股东净利润总额95.80亿元，同比下降19.27%，首次出现负增长，而且下降幅度较大。资产总额为1 850.67亿元，较2017年增长29.7%。

从总体上看，2018年，中国股市经历了震荡下跌，对出版上市企业而言，外部经济环境压力较大，行业内部成本上升、书号紧缩、政策调整等诸多不利因素，给出版上市公司的发展带来严峻挑战。

(一) 总体增速放缓

1. 收入增长情况

2018年出版上市公司的营业收入增长情况如表1所示。

表1 2018年出版上市公司的营业收入情况

单位：万元

证券代码	公司简称	2018年	2017年	增长率
601928.SH	凤凰传媒	1 178 870.32	1 105 048.31	6.68%
600373.SH	中文传媒	1 151 267.40	1 330 604.76	-13.48%
600757.SH	长江传媒	1 036 268.05	1 123 186.34	-7.74%
601801.SH	皖新传媒	983 195.55	870 951.18	12.89%
601098.SH	中南传媒	957 557.62	1 036 009.93	-7.57%
601019.SH	山东出版	935 081.68	890 092.07	5.05%
600719.SZ	中原传媒	900 112.01	817 446.87	10.11%
601811.SH	新华文轩	818 658.30	734 588.30	11.44%
600551.SH	时代出版	643 665.11	660 650.87	-2.57%
601900.SH	南方传媒	559 741.94	525 104.69	6.60%
601949.SH	中国出版	533 141.00	469 655.64	13.52%
601999.SH	出版传媒	233 800.76	193 088.96	21.08%
601858.SH	中国科传	222 479.70	201 057.07	10.65%
600229.SH	城市传媒	217 016.82	196 948.50	10.19%
603533.SH	掌阅科技	190 315.07	166 699.05	14.17%
600825.SH	新华传媒	139 124.03	142 716.19	-2.52%
300148.SZ	天舟文化	112 580.47	93 602.37	20.28%
603096.SH	新经典	92 605.04	94 397.10	-1.90%
300364.SZ	中文在线	88 548.99	71 677.96	23.54%
603999.SH	读者传媒	76 070.87	83 065.50	-8.42%
300654.SZ	世纪天鸿	38 143.67	38 098.23	0.12%
	合计	11 108 244.41	10 844 689.89	2.43%

从表1可以看出，如果从2018年的营业收入看，可以分为五个梯队：

第一梯队是凤凰传媒、中文传媒、长江传媒三家出版上市企业，它们的营业收入都超百亿。其中，凤凰传媒时隔多年后再次以117.8亿元的营业收入位居第一，同比增长6.68%。中文传媒和长江传媒分别以115.1亿元和103.6亿元的营业收入紧跟其后。但中文传媒和长江传媒的营业收入，相较于2017年都有不同程度的下跌，分别下降了13.48%和7.74%。

位于第二梯队的是皖新传媒、中南传媒、山东出版、中原传媒、新华文轩，营业收入在80亿元到99亿元之间。其中皖新传媒接近进入百亿元俱乐部行列，而中南传媒则是因2018年营业收入下降了7.57%，被挤出百亿元俱乐部之外。

位于第三梯队的是时代出版、南方传媒、中国出版，营业收入在五六十亿元左右。

相较于以上三个梯队，第四梯队营业金额则与上述企业有很大距离，出版传媒、中国科传、城市传媒、掌阅科技、新华传媒、天舟文化等企业的营业收入介于10亿元至23亿元左右。

而第五梯队的新经典、中文在线、读者传媒、世纪天鸿等上市企业的营业收入则不足10亿元，而且民营上市公司居多。

总体来看，21家出版上市企业中有7家的营业收入较2017年出现负增长，其中既有国有出版企业，也有民营出版企业。

2. 获得政府补贴情况

表2是2018年出版上市公司的计入当期收益的政府补助情况：

表2　2018年出版上市公司的计入当期收益的政府补助情况

单位：万元

证券代码	公司简称	2018年	2017年	增长率
601949.SH	中国出版	14 711.96	15 725.22	-6.44%
601928.SH	凤凰传媒	9 630.05	21 540.73	-55.29%
601098.SH	中南传媒	9 516.61	11 170.56	-14.81%
601019.SH	山东出版	9 042.12	9 328.95	-3.07%
601900.SH	南方传媒	8 670.88	9 571.70	-9.41%

续表

证券代码	公司简称	2018年	2017年	增长率
600373.SH	中文传媒	8 110.79	4 268.39	90.02%
600551.SH	时代出版	5 549.09	5 333.23	4.05%
601999.SH	出版传媒	5 396.21	5 321.65	1.40%
600757.SH	长江传媒	4 925.01	4 877.58	0.97%
600229.SH	城市传媒	3 965.00	2 699.45	46.88%
601801.SH	皖新传媒	2 214.74	5 005.06	-55.75%
000719.SZ	中原传媒	3 614.40	4 131.12	-12.51%
603096.SH	新经典	3 055.29	2 535.66	20.49%
601811.SH	新华文轩	2 508.21	2 118.44	18.40%
601858.SH	中国科传	1 475.60	1 621.29	-8.99%
603533.SH	掌阅科技	1 239.93	1 397.13	-11.25%
300364.SZ	中文在线	1 040.68	3 016.72	-65.50%
300148.SZ	天舟文化	939.93	853.08	10.18%
603999.SH	读者传媒	708.84	1 259.82	-43.73%
300654.SZ	世纪天鸿	384.25	179.94	113.54%
600825.SH	新华传媒	91.00	112.00	-18.75%
	总计	96 790.60	112 067.72	-13.63%

从表2可以看出,在政府补贴方面,2018年计入当期损益的政府补助(但与公司正常经营业务密切相关,符合国家政策规定、按照一定标准定额或定量持续享受的政府补助除外)排名第一的是中国出版,获得1.47亿元,是仅有的一家获得计入当期损益政府补助超过1亿元的出版上市企业。计入当期损益的政府补助在5 000万元到9 000万元之间的是,凤凰传媒、中南传媒、山东出版、南方传媒、中文传媒、时代出版、出版传媒。计入当期损益的政府补助在1 000万元以上5 000万元以下的是长江传媒、城市传媒、皖新传媒、中原传媒、新经典、新华文轩、中国科传、掌阅科技、中文在线。计入当期损益的政府补助在1 000万元以下的是天舟文化、读者传媒、世纪天鸿和新华传媒。在21家出版上市企业中有10家企业2018年获得计入当期损益的政府补助高于2017年,其中世纪天鸿较2017年涨幅最大,达到113.54%,而过半数出版上市企业获得的计入当期损益的政府补助较2017年下跌,其中中文在线的跌幅最大,

下降 65.50%。总体来看，2018 年 21 家出版上市企业获得的政府补贴总额低于 2017 年，同比下滑 13.63%。

3. 利润增长情况

表 3 是 2018 年出版上市公司的盈利情况：

表 3　2018 年出版上市公司盈利情况

单位：万元

证券代码	公司简称	2018 年	2017 年	增长率
600373.SH	中文传媒	161 910.93	145 174.15	11.53%
601019.SH	山东出版	148 493.83	136 482.88	8.80%
601928.SH	凤凰传媒	132 489.57	116 592.29	13.63%
601098.SH	中南传媒	123 788.07	151 318.80	−18.19%
601801.SH	皖新传媒	108 686.40	111 667.71	−2.67%
601811.SH	新华文轩	93 218.48	92 384.45	0.90%
000719.SZ	中原传媒	73 422.88	69 322.21	5.92%
600757.SH	长江传媒	73 269.13	61 336.58	19.45%
601900.SH	南方传媒	65 529.38	61 142.36	7.18%
601949.SH	中国出版	60 149.06	53 065.22	13.35%
601858.SH	中国科传	42 451.91	37 117.79	14.37%
600229.SH	城市传媒	34 800.52	32 936.38	5.66%
600551.SH	时代出版	32 959.29	30 019.23	9.79%
603096.SH	新经典	24 081.42	23 232.29	3.65%
601999.SH	出版传媒	17 732.86	16 108.07	10.09%
603533.SH	掌阅科技	13 931.56	12 370.88	12.62%
603999.SH	读者传媒	4 247.25	7 741.75	−45.14%
300654.SZ	世纪天鸿	3 180.69	3 136.48	1.41%
600825.SH	新华传媒	3 165.58	4 500.99	−29.67%
300148.SZ	天舟文化	−108 567.21	13 401.67	−910.10%
300364.SZ	中文在线	−150 846.13	7 752.71	−2 045.72%
	合计	958 095.48	1 186 804.89	−19.27%

从整体来看，21家上市出版公司中15家公司实现净利润增长，6家公司净利润下滑，其中净利润增长幅度最大的是长江传媒，较2017年增长19.45%，净利润下滑幅度最大的是中文在线，同比下滑2 045.72%。中文在线由2017年净利润增长幅度最大的出版上市公司，变为2018年净利润下跌幅度最大的出版上市公司，波动最大。有13家公司的毛利率低于2017年，多数上市出版公司盈利能力下滑。

归属上市公司股东净利润方面，中文传媒以16.19亿元的净利润位居第一，其旗下游戏公司智明星通贡献了近一半的净利润。紧随其后的是山东出版、凤凰传媒、中南传媒、皖新传媒，这四家出版上市公司的净利润都在10亿元以上。净利润排名前五的公司名单，与2017年保持一致，排名顺序略有变动。实现归属上市股东净利润在6亿元以上10亿元以下的有新华文轩9.32亿元、中原传媒7.34亿元、长江传媒7.32亿元、南方传媒6.55亿元、中国出版6.01亿元。净利润在1亿元以上5亿元以下的有6家公司，分别是中国科传4.25亿元、城市传媒3.48亿元、时代出版3.29亿元、新经典2.41亿元、出版传媒1.77亿元、掌阅科技1.39亿元。归属上市股东净利润低于1亿元并实现盈利的有3家公司，分别是读者传媒0.42亿元、世纪天鸿0.32亿元、新华传媒0.32亿元。值得注意的是，有2家公司出现大幅度亏损，天舟文化亏损了10.86亿元、中文在线亏损了15.08亿元。天舟文化和中文在线的亏损主要是由于受2018年游戏行业政策及行业大环境增速下滑等原因影响。

毛利率排在前三名的分别是新经典、城市传媒和中南传媒。其中新经典以46.27%的毛利率位居榜首，这主要得益于毛利率高达67.17%的数字图书业务和毛利率58.17%的图书零售业务，大大拉升了新经典的毛利率。天舟文化与2017年一样，毛利率降幅仍是最大的，这主要是因为移动网络游戏业务的毛利率继2017年下滑之后，2018年继续下滑，移动网络游戏业务毛利率同比减少26.21%。此外，中文在线毛利率降幅也较大，同比2017年下滑25.43%。

部分企业出现营业收入排名高，但净利润排名低的情况。长江传媒虽然营业收入排名第三，但其净利润却排名第八。这与其主营业务中物资贸易业务有关，物资贸易业务为其带来61.68亿元的营业收入，但其毛利率仅为1.17%。主营业务分产品来看，长江传媒的"大宗贸易"和"纸浆等物资贸易"分别为其带来17.17亿元和42.63亿元的营业收入，但这两项业务的毛利率较低，分别仅为0.54%和1.27%。同样情况的还有凤凰传媒，虽然其营业收入排名第一，但其净利润排名第三，因为其主营业务中的印务业务给其带来1.41亿元的营业收入，但其毛利率为7.37%，还有出版业务中的"文化用品及其他"板块，毛利率为-8.57%，出现了亏损的情况。

4. 传统业务增长情况

分行业来看，出版业务、发行业务、物资业务、印务业务仍然是大多数出版上市企业营业收入的主要贡献力量。但大部分出版上市公司的出版业务、发行业务、物资业务、印务业务等传统业务的增长速度放缓，毛利率同比2017年有所下降。分产品来看，教材教辅和一般图书依旧是大部分出版上市企业的主要收入支柱，但同样也出现了增长速度放缓，毛利率同比2017年有所下降的情况。总体来看，传统业务增长乏力。

中南传媒归属上市公司股东净利润达12.38亿元，排名第四，但其净利润相比2017年下滑了8.19%，这与其传统业务中的出版和物资业务毛利率下滑有关。中南传媒的营业收入95.76亿元，同比下降7.57%，这受到了传统业务中出版发行业务营业收入下滑的影响，中南传媒根据市场类教辅规范运营政策的要求，减少应试类教辅发行业务力度，市场类教辅全年的销售规模缩减。读者传媒的归属上市公司股东的净利润同比2017年下降了45.14%，因为其传统业务中的教辅教材、期刊、一般图书的毛利率都有不同程度的下跌。新华传媒的营业收入同比减少2.52%，净利润同比减少29.67%，其传统业务中，图书业务变动不大，下降幅度最大的是音像制品业务，营业收入同比下滑64.15%，此外文教用品的营业收入下降12.27%，报刊及广告收入下滑14.58%。但也有出版上市企业的传统业务保持增长，但增长的幅度不大。如城市传媒的出版和发行业务的营业收入和毛利率都较2017年有所增长，但其毛利率增长不超过1%，营业收入增长不超过10%。

5. 主营业务增长情况

出版上市公司都能够坚持挺拔主业。在主营业务收入方面，21家出版上市企业中，有19家主营业务收入占到95%以上。其中掌阅科技、中文在线、天舟文化、中原传媒这四家公司的主营业务占到了100%。掌阅科技和中文在线是两家以数字出版为主营业务的出版上市公司。天舟文化的主营业务中移动网络游戏占61.24%，图书出版发行占38.76%。中原传媒的主营业务为传统出版业务。

新华传媒的主营业务收入占总营业收入的91.79%，主营业务收入较2017年减少2 714.79万元，降幅为2.08%，其中主营业务中音像制品的营业收入降幅最大，较2017年减少64.15%，文教用品、报刊及广告收入也出现了12%以上的下滑。主营业务收入占比最少的是读者传媒，其主营业务收入仅占总营业收入的69.27%，主营业务收入较2017年减少1 925.04万元，降幅为3.52%，其主营业务中教材教辅、期刊、广告的营业收入均比2017年有所减少。

有的出版上市企业因为主营业务拉动了业绩的上涨。出版传媒归属于上市公司股东的净利润同比增长10.09%，营业收入同比增长21.08%，这得益于其主营业务中出版业务、发行业务、印刷业务的营业收入的增长，其中出版业务营业收入涨幅达25.26%，发行业务毛利率同比增长7.15个百分点。中国科传营业收入同比2017年上涨10.65%，净利润同比上涨14.37%。其主营业务中的图书业务、期刊业务、出版物进口业务等，营业收入和毛利率同比2017年都实现不同程度的增长，其中图书业务和出版物进口业务的营业收入都同比2017年增加10%以上，主营业务的营业收入和净利润的增加大大拉动了其总体业绩的上涨。

6. 国有、民营经营情况

从整体来看，国有出版上市公司和民营出版上市公司在市场上的表现各有优劣。国有出版上市公司的营业收入、净利润、总资产要高于民营出版上市公司。但从营业收入、总资产的增长率来看，部分民营出版上市公司要高于国有出版上市公司。从净利润的增长率排名来看，进入前12名的仅有1家民营出版上市公司，可见国有出版上市公司的净利润增速要优于民营出版上市公司。

21家出版上市企业中，16家国有出版上市企业2018年营业总收入为1 058.6亿元，同比2017年增长2.0%；净利润117.63亿元，同比上涨4.0%；总资产1 744.47亿元，增长6.0%。总体来看，国有出版上市企业虽然保持了营业收入、净利润、总资产的增长，但增长的速度明显放缓，主业增长乏力。

5家民营出版上市企业2018年营业总收入为52.22亿元，同比增长12.0%；净利润为－21.82亿元，下降464.34%；总资产为106.20亿元，同比下降8%。民营出版上市企业中，因为天舟文化和中文在线两家公司的归属于上市公司股东的净利润都出现亏损，且亏损数额在10亿元以上，此外这两家公司的总资产同比2017年都有缩水，因而导致整体民营出版上市企业的净利润总额和总资产下跌。

在2018年严峻的的经济环境下，经历了中国股市的震荡下跌后，无论是国有的出版上市企业还是民营的出版上市企业，发展都遇到了一定阻碍。但在不利的内外部环境下，资本实力相对雄厚，产业链相对完备的国有出版上市企业的抗风险能力相对优于民营出版上市企业。在2017年业绩表现优异，被资本市场热烈追捧的两家以数字出版为主业的民营出版上市企业中文在线和天舟文化，因为外部政策的调整，在2018年出现了较大的困难，遇到了较大风险。

（二）数字出版增长情况

从总体上看，21家出版上市企业中有16家主营业务中涉及数字出版业务，如表4所示。其中，数字出版业务营业收入排在前五名的分别是中文传媒、掌阅科技、南方传媒、皖新传媒、中文在线。掌阅科技和中文在线是以数字出版为主营业务，并且主营业务占100%的出版上市企业。主营业务中数字业务营业收入排名第一的中文传媒，主要得益于其新型业态的发展。

表4　2018年出版上市企业主营业务中数字出版业务情况

单位：亿元

公司简称	分行业	营业收入	毛利率	营业收入增长率	占总营收比例
中文传媒	音像及数码产品	3.34	16.57%	-6.09%	2.90%
	新业态	31.11	60.18%	-23.21%	27.02%
	合计	34.45	/	/	29.92%
掌阅科技	数字阅读	16.56	27.21%	5.61%	87.02%
	硬件产品	0.88	22.58%	63.91%	4.62%
	版权产品	1.36	53.28%	53.28%	7.14%
	其他	0.22	78.59%	164.62%	1.15%
	合计	19.03	29.46%	14.17%	100%
南方传媒	音像制品	0.03	38.47%	-29.59%	0.04%
	数字教材	16.93	12.54%	-2.63%	23.97%
	合计	16.96	/	/	24.01%

续表

公司简称	分行业	营业收入	毛利率	营业收入增长率	占总营收比例
中文在线	文化行业	7.97	37.12%	30.30%	90.05%
	教育行业	0.86	/	/	9.76%
	其他	0.17	/	/	0.19%
	合计	8.85	/	23.54%	100%
新华文轩	教育信息化及装备业务	7.56	12.31%	23.74%	9.23%
天舟文化	移动网络游戏	6.89	43.11%	37.20%	61.24%
凤凰传媒	数据服务	2.24	60.46%	7.81%	1.90%
	游戏行业	0.73	40.81%	-6.17%	0.62%
	软件行业	1.40	36.72%	-30.43%	1.18%
	音像制品	1.01	34.74%	3.04%	0.86%
	总计	5.38	/	/	4.56%
中南传媒	数字出版	2.86	20.49%	-24.91%	2.99%
长江传媒	音像制品	0.60	25.85%	-2.83%	0.58%
时代出版	数字产品	0.52	16.99%	52.49%	0.81%
中原传媒	音像制品	0.34	/	/	0.38%
新经典	数字图书	0.22	67.17%	137.95%	2.38%
读者传媒	电子产品	0.08	24.52%	255.63%	1.05%
世纪天鸿	教育信息化	0.07	/	/	1.84%
新华传媒	音像制品	0.06	27.60%	-64.15%	0.43%

备注:"/"为出版上市企业年报中未披露数据。
中文传媒新业态指游戏、互联网、影视、艺术品、新媒体等业务。

从毛利率来看,掌阅科技主营业务中的"其他"业务毛利率最高,达到78.59%。其"其他"业务主要是利用"掌阅"APP拥有的用户流量所提供的互联网推广服务和其他增值服务。掌阅科技"其他"收入增长主要是拓展与行业客户及品牌客户的合作,互联网推广服务收入增长所致。此外,新经典的数字图书和凤凰传媒的数据服务的毛利率也较高,分别达到67.17%和60.46%。

从增长率来看,读者传媒的"电子产品"营业收入增长率最高,达到255.63%,主要是由于读者传媒着力培育的新业态初见成效,电教装备集成服务及电子刊业务增长较快。此外,掌阅科技的"其他"业务和新经典的"数字图书"业务营业收入增长率也较高,分别达到164.62%和137.95%。

从数字出版业务营收占总营收的比例来看，除了数字出版业务占总营收100%的掌阅科技和中文在线以外，占比较高的还有，天舟文化占比61.24%，中文传媒占比29.92%，南方传媒占比24.01%。

从国家对数字出版的政策来看，对数字出版业务的保障进一步增强。国家新闻出版广电总局在深化数字化转型升级方面，在2018年面向业内发布了《数字化转型升级动态评估报告》，用来确定重点示范单位和项目，并对出版单位数字化转型升级工作进展和效果进行评估。在人才培养方面，全面实施"数字出版千人培养计划"，完成试点班企业实训、国外研究两个阶段的任务。研究制定《数字出版千人培养计划课程体系》，建立集政产学研于一体的师资队伍，征集遴选互联网实训企业。在推广普及数字阅读方面，继续开展"书香中国E阅读"活动，组织相关企业开展数字阅读公益活动。

（三）"走出去"与国际合作情况

2018年，出版上市企业聚焦国际发展，积极推动出版"走出去"，国际影响力不断提升。在图书版权输出方面，中国出版输出1 058项，保持全国领先。此外，凤凰传媒输出319项，中南传媒实现版权输出及合作出版281项，南方传媒输出251项，中国科传输出164项。在进入海外馆藏方面，凤凰传媒900余种图书被海外图书馆收藏，中南传媒近400种图书进入世界图书馆系统，城市传媒向世界图书馆系统输送255个品种。

出版上市企业的"走出去"与"一带一路"倡议紧密结合。城市传媒推动"一带一路"国家《论语》译介工程，完成了汉语与蒙古语、阿拉伯语、捷克语、葡萄牙语、西班牙语五种语言对照版的《论语》翻译出版工作，与中国孔子基金会、全国孔子学院共同实施海外推广，推动中华民族优秀传统文化在"一带一路"沿线国家传播。凤凰传媒向非华语地区输出的319项版权中，向"一带一路"国家输出数占57%。南方传媒的版权输出也呈现出向"一带一路"沿线国家倾斜的势头，输出的251项版权中"一带一路"沿线国占比70%。时代出版与"一带一路"沿线国家20多家出版机构建立合作关系。中文传媒文化出口业务覆盖"一带一路"沿线等60多个国家和地区。

在输出的内容方面，出版上市企业立足自身优势，输出的图书内容不尽相同，各具特色。城市传媒输出的是包括《论语》在内的弘扬中国社会主义核心价值观、中国优秀传统文化的出版物。南方传媒除了输出《中国梦·广东故事》丛书、《粤港澳大湾区：规划和全球定位》等中国主题图书外，还输出《中国广州——海上丝绸之路发祥地》《岭南文化》《寻味顺德丛书》等体现岭南文化特色的图书。天舟文化出版了《以习近平同志为核心的党中央治国理政新理念新思想新战略》《屠呦呦传》《装在口袋里的爸爸》系列图书等五十余种外文图书。中国出版向海外推广名家名作，将曹文轩系列作品、《于丹〈论语〉心得》、董卿《朗读者》以及常怡《故宫里的大怪兽》等当代名家名作，合计 31 种版权输出到 22 个国家和地区。

（四）履行企业社会责任情况

1. 履行文化使命

习近平总书记在十九大报告中指出，要"坚定文化自信，推动社会主义文化繁荣兴盛"，并进一步提出了牢牢掌握意识形态工作领导权、培育和践行社会主义核心价值观、加强思想道德建设、繁荣发展社会主义文艺、推动文化事业和文化产业发展等具体目标和任务。出版上市企业积极贯彻中央要求，自觉把社会效益放在首位，坚持正确的舆论引导，注重提升文化影响力。

中文在线打造了"书香中国""文化中国"等产品，持续加强文化积淀、深化文化创意，努力生产可听、可视、可读、可体验的优秀文化产品，滋养人的心灵，引导人的思想，在发挥正确思想与价值观导向中担起独特和重要的责任。

城市传媒继续坚持版权核心战略，突出思想内涵和价值导向，强化内容建设，版权品质和文化影响力显著提升，从源头上保障出版物的社会效益。城市传媒策划出版了《三中全会与改革开放》等一批唱响主旋律、传播正能量的主题图书。多种图书获得国家出版基金资助，入选"十三五"国家重点出版物规划。

凤凰传媒 2018 年发行重点政治理论读物 441 万册，码洋 1.24 亿元。2 种出版物入选中宣部主题出版重点出版物，107 种项目入选国家"十三五"重点规划项目，超过"十二五"总数。21 个项目入选国家出版基金，较 2017 年增加 75%，入选数量创历年之最。4 个项目获国家出版基金主题出版项目资助。

2. 举办公益活动

出版上市企业通过开展丰富多彩的公益活动，自觉承担社会责任，在社会上形成良好的口碑，树立良好的企业形象，扩大企业的品牌影响力。

山东出版2018年开展了各类公益和惠民营销活动，主办了"齐鲁书香节暨2018山东书展"，突出振兴乡村文化，向广大读者免费发放惠民书券100万元，书展期间还开展了"文化大篷车"送书下乡活动，用实际行动助推乡村文化振兴。

凤凰传媒将扶贫济困等公益捐赠活动常态化。向东地区农家书屋、公共图书馆、学校图书馆、部队图书室等捐赠图书码洋77.29万元。多年来坚持推进"春蕾图书馆"项目，2018年携手江苏省儿童少年福利基金会完成三所"江苏凤凰出版传媒集团春蕾图书馆"捐建，捐赠图书码洋共计25.1万元。

长江传媒自觉成为推进全民阅读的义务履行者，加强文化产品和文化服务的供给。举办"慧悦读"新华故事会600多场，开展"阅界大讲坛"讲座签售活动100多场，"名师来了"栏目受到10万网友关注，营造了浓厚的全民阅读氛围，推动了书香荆楚建设，促进全省居民阅读总指数持续提升。

3. 落实精准扶贫

出版上市企业深入贯彻落实国家扶贫方略，积极响应中央精准扶贫工作要求，向帮扶的贫困村投入人力、物力、财力，帮助贫困户脱贫，取得良好的社会效益。

中南传媒2018年整合扶贫资金370万元，帮扶贫困户168户676人，实现44户169名脱贫户脱贫，使帮扶的全村综合贫困发生率低至0.61%。启动民生工程项目24个，投入资金175.1万元。投入扶贫产业资金约154万元，培育村级产业项目12个。

中文传媒深入贯彻国家扶贫政策导向，在持续加大定点扶贫村支持力度的同时，深化推进捐款捐物、志愿者帮扶多样化精准扶工作，累计提供精准扶资金333.45万元，物资折款214.84万元。

南方传媒实施基础建设帮扶，改善村民出行、休闲环境，提升村容村貌。实施智力扶贫，发挥自身产业优势，组织开展图书捐赠活动。开展技能培训帮扶。组织劳动人员参加技能培训，通过专业培训促进该家庭富余劳动力外出就业，提高农业种养技术和效益。落实金融扶贫政策，积极推动贫困户申请扶贫小额贷款，助力贫困户增收。

二、2018年出版上市企业发展亮点及存在问题

（一）发展的亮点

2018年，对于大部分出版上市企业而言是艰难发展的一年，不少出版上市企业营业收入和归属于上市公司股东的净利润出现下滑。但其中也有不少业绩表现良好，在取得经济效益同时，兼顾社会效益，自觉承担社会责任的出版上市企业。此处选取三家业绩表现良好的出版上市企业，分析它们发展的亮点，获取它们的经验。

1. 出版传媒——图书精品化、产业纵深化、渠道多元化

在21家出版上市企业总营业收入同比2017年仅增长2.43%的情况下，出版传媒的营业收入同比增长21.08%，净利润同比增长10.09%，取得良好业绩，其经验值得借鉴。

首先，实施"精品出版工程"，挺拔大出版主业。2018年，出版传媒获得省部级以上重点奖项共计96项，同比增长16%；17个项目入选国家出版基金，入选数量居全国地方出版集团前三甲；14个项目入选"十三五"国家重点出版规划；10个项目入选对外推广计划、丝路书香推广工程，创历年最好佳绩。

其次，上下游协同发展，增强产业链整体实力。出版传媒出版主业的做大做强，带动了印刷装订、物资供应等产业链的全面发展。出版传媒的物资公司充分利用集约优势，大力开发市场，纸张销售及新品种销售大幅增加。

第三，打造线上线下立体渠道，构建纵横联动的大发行体系。出版传媒持续完善发行网络布局，打造连锁书店、特色书店，依托校园文化资源的校园特色书店取得了良好的经济效益。出版传媒还强化中盘配送，物联网和机器人智能配货体系全面应用，配送效率大幅提高。加强线上营销，拓展数字营销渠道，线上销售同比增长40%。

此外，出版传媒还整合拓展教育资源，打造大教育产业；把握优质大IP资源，加快培育泛娱乐产业；推动数字化转型，推进文化科技产业融合发展。

总体来看，出版传媒的出版业务及一般图书营业收入同比上涨，主要是因为出版

传媒狠抓图书质量,加强市场营销,拓宽发行渠道。发行业务及教材教辅营业收入的同比增加,主要是因为出版传媒大力拓展教材发行渠道,延伸教材发行产业链条。印刷物资销售业务营业收入同比增加,主要得益于其物资公司坚持多元化经营,开拓纸浆、增白剂等物资经营,同时加大纸张市场开发,使得纸张销量增加。

2. 长江传媒——抓质量、调结构、促转型、创效益

2018年,21家出版上市企业的净利润总额同比2017年下滑19.27%,而长江传媒却实现净利润同比增长19.45%,成为净利润增幅最大的出版上市企业。2018年,长江传媒实现营业收入103.63亿元,实现归属于上市公司股东的净利润7.33亿元,同比增加1.2亿元,增长19.45%,创长江传媒历史最好水平。

在抓质量方面,2018年长江传媒累计获得国家级荣誉达70余项,省级荣誉180余项,其中,《中国教育改革大系》获第四届"中国出版政府奖",《沙漏》获鲁迅文学奖、《从今往后》获鲁迅文学奖提名奖、《疼痛吧,指头》获施耐庵文学奖。12种选题入选国家出版基金资助项目,12个项目入选"十三五"国家重点图书、音像、电子出版物出版规划增补项目,入选项目数均创长江传媒历史新高。

在调结构方面,长江传媒的结构调整步伐明显加快,主动压缩大宗贸易业务规模26亿元,出版发行等主业收入较2017年增长25%,四家出版单位营业收入突破1亿元,新华书店集团营业收入和净利润创历史新高。

在促转型方面,一是加快实体书店升级,推行"图书+咖啡+文创生活+文化沙龙+生活元素"经营业态,努力为读者群众提供有品质、有颜值、有温度的文化消费空间;二是推进多元业态创新,推动新华书店集团大力拓展教育装备及信息化业务,构建新华文创"集成化"运营模式。稳步推进智慧书城项目,电商业务实现销售1.22亿元,同比增长351.12%;三是办好全民阅读活动,组织华中图书交易会暨荆楚书香节、武汉刊博会等大型活动,持续开展"慧悦读""阅界大讲坛""朗读者大赛""名家签售"等全民阅读活动。

3. 中国科传——加速转型升级、出版数字化、企业国际化

2018年,中国科传实现营业收入22.25亿元,同比增长10.65%;实现归属于上市公司股东的净利润4.25亿元,同比增长14.37%。其营业收入稳健增长,主要是销售收入增加所致,其中图书业务收入同比增长10.33%,期刊业务收入同比增长1.01%,

出版物进出口业务营业收入为10.62亿元，同比增长10.62%。

中国科传在专业学科知识库、数字教育云服务、医疗健康大数据三大业务方向上继续加快创新，加速推进向知识服务转型升级。在专业学科知识库方面，打造的"科学文库"已汇聚60余年来高质量科技专著，囊括4万余种电子书。同时，建成的"科学智库""中国生物志数据库"等多个新产品。在数字教育云服务方面，结合互联网技术及增强现实等技术完成了"中科云教育平台""爱一课移动端互动教学平台""状元共享课堂"等多个数字平台。在医疗健康大数据方面，打造多媒体医学知识服务的云平台"中科医库"，聚集优质临床资源8 000多例。此外，中国科传还建设了"电子商务平台""在线优先出版平台""智能化按需印刷平台"等多个数字出版平台。

中国科传还积极推动出版"走出去"，提升国际影响力，全年实现图书版权输出164种，期刊19种，7种图书获得"中国图书对外推广计划"资助，3种图书获得"中华学术外译项目"资助，18种图书获得"图书版权输出奖励计划"奖励，7种图书获得"北京市提升出版业国家传播力奖励扶持专项资金"资助，中国科传被授予"2017—2018年度国家文化出口重点企业"称号。

（二）存在的问题

1. 对政策依赖性较强，政策调整面临风险

长期以来，国家对文化产业给予了重要的政策支持，出版上市企业享受国家统一制定的财政税收优惠政策。部分出版上市企业主营业务中发行环节受到税收政策的影响较为明显，尤其是全国文化体制改革试点单位，在享受一般文化企业财税优惠政策的基础上，进一步享受国家对文化体制改革试点单位的财税优惠政策，税收优惠占公司利润总额的比例较高。若目前享受的税收优惠政策到期后不能延续，则会对出版上市企业的经营状况和营利水平形成不利影响。

除了财政税收方面的政策外，数字出版方面的政策调整，也会使部分出版上市企业面临风险。2018年，中文在线和天舟文化两家以数字出版为主业的出版上市公司，就因为国家对游戏行业的政策调整，使得两家公司业绩受到重创。近年来，随着数字出版行业的不断发展，国家对数字出版行业的监管政策也在不断地调整完善之中。若出版上市企业的经营模式、业务范围无法适应调整后的监管体制和政策要求，将有碍业务经营的稳定性，给出版上市企业的持续稳定经营带来一定的不利影响。此外，我国中小学的教育和考试制度的调整，国家教育行政主管部门针对教辅行业颁发新的监管政策，也将对传统业务中教辅图书业务造成影响。

2. 新兴技术冲击不断，媒介融合步伐迟缓

近年来，大数据、云计算、物联网、人工智能等新兴技术的飞速发展，5G时代的来临，都对出版行业造成较大冲击。传统出版产业不仅面临着供给侧结构性改革、环保要求加强、原材料价格波动等多方面压力，还面临着技术变革带来的巨大机遇与挑战。面对挑战，出版上市企业既要保持传统出版业务原有的产业优势，又要适应行业的未来发展趋势。但出版上市企业在新技术研发投入上的力度仍然不足，自主创新能力有限，不能将新兴技术迅速吸纳应用于出版产业的生产运营中，在市场竞争中也越来越多地受到新媒体和新技术的冲击。出版上市企业在探索运用新兴技术，推动出版与科技融合的过程中，还可能面临着收益慢或收益不及预期的困境。

相比报业集团、传媒集团，出版企业媒介融合步伐显得迟缓。出版上市企业的媒介融合更多体现为在新媒体产业的布局，或者某项新技术在某个业务领域的应用，更多停留在相"加"阶段，并未真正实现机构的壁垒打通、生产流程再造、协同运作、信息共享、资源整合，还没有达到相"融"阶段。

3. 需求下降成本反升，传统业务拉低业绩

受移动互联网新媒体的冲击，大众阅读习惯改变的影响，教材教辅、期刊、一般图书三大传统业务版块的营业收入增长缓慢，甚至出现下滑。加上纸张成本的上涨，这三大传统业务板块的毛利率均有所下降。读者传媒2018年的业绩表现不佳，其营业收入实现7.61亿元，同比下滑8.42%，归属上市公司股东净利润实现0.42亿元，同比下滑45.14%。读者传媒的利润下降的主要原因是期刊、教材教辅的销售收入减少、加之纸张成本的上涨致使其主营产品的毛利下降，同时计提的资产减值损失较同期有所增加，另外它还加大了营销体系建设及市场推广投入，销售费用同比有所增加。而其新业态的表现截然相反，读者传媒着力培育的新业态初见成效：电教装备集成服务及电子刊业务增长较快，电子产品销售的营业收入同比增长250.14%，毛利率同比增加46.57%。

4. 人才激励机制不足，导致人才频繁流失

人才是推动企业发展的核心力量，也是企业长远发展的重要保障。一支经验丰富的高素质专业团队，能为企业的产品研发、技术创新、渠道拓展和平台运营提供坚实的保障。然而，随着出版行业竞争的不断加剧，行业内各公司对人才的争夺更加激烈。部分出版上市企业因内部人力资源管理机制不够完善，人才激励机制不足，人才管理的人性化程度不够，导致人才的频繁流失，这影响了人才团队建设，难以确保人才团队的稳定性，对出版上市企业的业绩造成了不利影响。对于公司员工的培养方面，仍存在着培养速度跟不上行业发展速度和技术发展水平的问题。

三、关于出版上市企业发展的建议

（一）预估政策调整风险，提前制定应对措施

出版上市企业应改变对国家现有优惠政策的过度依赖。面对政策调整的风险，出版上市企业应该保持对国家相关行业及税收政策调整的高度关注，进一步强化政策研究能力，提升经营的灵活性和应对能力。提前预测国家目前行业内相关政策调整方向，提前预估政策调整后公司面临的风险，并制定相应的应对措施，不至于在政策调整后完全陷入手足无措的被动局面，导致公司业绩的大幅下滑。出版上市企业还应根据政策动向，密切保持与业务主管部门的联系，按时办理、审核各类经营资质，及时根据政策导向调整产品结构，开拓新的产品系列和业务模式，围绕相关产业积极布局，实施同心多元化经营策略，有效规避政策风险。

（二）提升自主创新能力，加快媒介融合步伐

面对新技术对出版行业的不断冲击，出版上市企业应加大新技术研发投入，增加技术研发员工比例，加速大数据、云计算、物联网、人工智能等新兴技术在出版行业的吸收、引进和应用，全面推动实施数字化转型战略，加快文化与科技的融合发展。重视在数字出版、智慧教育、数据中心等领域的布局，提升自主研发创新水平，降低

新技术对出版产业带来的冲击，抓住技术升级带来的发展机遇。注重产品与资源的数字化、富媒体化、互联网化，不断建成和上线各种新兴产品。除技术上的创新以外，还积极要推动业务模式和商业模式的创新。

出版上市企业要落实习近平总书记 2019 年 1 月 25 日到人民日报社新媒体大厦调研的讲话精神。出版上市企业推动媒体融合发展，要坚持一体化发展方向，通过流程优化、平台再造，实现各种媒介资源、生产要素有效整合，实现信息内容、技术应用、平台终端、管理手段共融互通，尽快从相"加"阶段迈向相"融"阶段，从"你是你、我是我"变成"你中有我、我中有你"，进而变成"你就是我、我就是你"。出版上市企业还要坚持移动优先策略，借助移动传播，牢牢占据舆论引导、思想引领、文化传承、服务人民的传播制高点。此外，出版上市企业要尽快将自身建设成为全媒体，为用户提供全程、全息、全员、全效的媒体信息服务。

（三）调整营业收入结构，推动产业多元化发展

以数字化阅读为基础的数字出版增长迅速，对传统出版形成一定压力。出版上市企业应尽快适应数字化的普及与应用带来的人们阅读习惯和方式的转变。在一般图书、期刊、教辅教材等传统业务的需求量下降、纸张等原材料价格上涨等不利局势下，出版上市企业可以通过调整营业收入结构，推动产业多元化发展来避免业绩的下滑。尤其是近年来发展势头迅猛的新型业态，在一定程度上可以弥补传统业务下滑带来的亏损。但出版上市企业在探索布局的同时，要充分评估风险，避免产业扩张带来业绩亏损。2018 年，新华传媒的房产板块，受上海楼市重大政策调整影响，就面临前所未有的困难，其主营业务中的"其他"业务（含房产板块）营业收入就减少 2 501.94 万元，同比下滑 36.39%。

（四）加大人才激励力度，加强人才团队建设

企业的发展离不开人才，出版上市企业要谋发展，就要加强人才团队建设，避免人才的流失。通过校园招聘和引进高端人才相结合的方式推动人力资源建设，设立人才储备库，完善人才引进和培育机制、长效考核激励机制和绩效管理体制，建立人性

化的管理体制和市场化的薪酬体制，适时推出股权激励机制，使骨干员工与公司利益一致，共享企业发展所取得的成果。加强员工培训，持续提高员工业务素质和工作技能，使员工的知识技能更新速度跟上行业发展速度。此外，出版上市企业还可以创新机制，考虑引入团队持股、项目跟投、专项基金投资等多种形式的新媒体创业机制。

（程　丽　广西桂林理工大学公共管理与传媒学院；

周蔚华　中国人民大学新闻学院）

第二节　2018年畅销书市场观察

一、2018年畅销书市场数据观察

2018年，图书零售市场呈现复苏式增长。据北京开卷信息技术有限公司发布的数据显示，2018年中国图书零售市场码洋达894亿元，规模较2017年进一步上升（如图1所示）。2018年整个图书零售市场同比上升11.3%，继续保持两位数的增长。

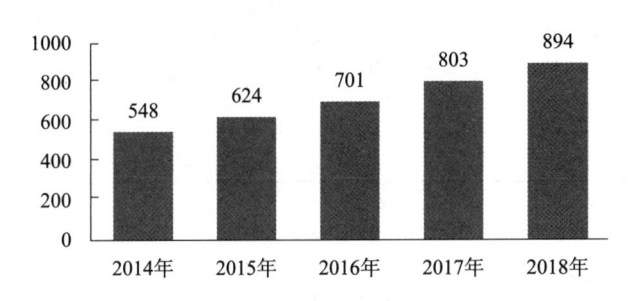

图1　近五年中国图书零售市场总码洋（单位：亿元）

近年来，畅销书产业的"二八定律"效应愈加明显，2018年更是远超往年。作为出版社和民营图书公司最主要的利润来源和图书零售市场发展的中坚力量，畅销书产业呈现稳定增长趋势，头部畅销书码洋对整体图书码洋的贡献越来越大。据开卷相关监测数据显示，2016年头部畅销书1%的品种占销售码洋的比例为48.38%，2017年头部畅销书1%的品种占销售码洋的比例为51.7%，2018年销量达20万册以上的图书逾400种，远超往年，仅2018年1—6月，头部畅销书1%的品种占销售码洋的比例达到了52%。而2014年这一数字为43.73%。也就是说，4年间头部畅销书的码洋贡献比例提升了近8个百分点。我国图书零售市场呈现出"头部更强，长尾更长"的格局。

以下是2018年开卷虚构类、非虚构类、少儿类畅销书排行榜TOP10（如表1至表3所示）的主要数据。

表1　2018年开卷虚构类畅销书TOP10

排名	书名	作者	出版社	定价（元）	新书时间
1	活着	余华	作家出版社	28	2010.06
2	新经典文库．东野圭吾作品（39）．解忧杂货店	[日]东野圭吾	南海出版公司	39.5	2014.04
3	三体	刘慈欣	重庆出版社	23	2008.01
4	三体Ⅱ——黑暗森林	刘慈欣	重庆出版社	32	2008.05
5	三体Ⅲ——死神永生	刘慈欣	重庆出版社	38	2010.11
6	平凡的世界（全三册）	路遥	北京十月文艺出版社	108	2017.06
7	追风筝的人	[美]卡勒德·胡赛尼	上海人民出版社	29	2006.04
8	摆渡人	[英]克莱儿·麦克福尔	百花洲文艺出版社有限责任公司	36	2015.05
9	百年孤独（50周年纪念版）	[哥伦比亚]加西亚·马尔克斯	南海出版公司	55	2017.08
10	围城	钱钟书	人民文学出版社有限公司	39	2012.07

表2　2018年开卷非虚构类畅销书TOP10

排名	书名	作者	出版社	定价（元）	新书时间
1	梁家河	《梁家河》编写组	陕西人民出版社有限责任公司	36	2018.04
2	习近平的七年知青岁月（平装）	中央党校采访实录编辑室	中共中央党校出版社	76	2017.08
3	浮生六记	沈复	天津人民出版社有限公司	32	2015.09
4	红星照耀中国	[美]埃德加·斯诺	人民文学出版社有限公司	43	2016.06
5	你坏	大冰	湖南文艺出版社有限责任公司	39.6	2018.05

续表

排名	书名	作者	出版社	定价（元）	新书时间
6	原则	[美]瑞·达利欧	中信出版集团股份有限公司	98	2017.12
7	天才在左 疯子在右（完整版）	高铭	北京联合出版有限责任公司	39.8	2015.11
8	目送（插图新版）	龙应台	广西师范大学出版社集团有限公司	43	2014.01
9	半小时漫画中国史（全新修订版）	二混子	江苏凤凰文艺出版社	39.9	2017.03
10	我们仨	杨绛	生活．读书．新知三联书店有限公司	23	2012.09

表3 2018年开卷少儿类畅销书TOP10

排名	书名	作者	出版社	定价（元）	新书时间
1	夏洛的网	[美] E.B. 怀特	上海译文出版社	26	2014.08
2	曹文轩纯美小说系列．草房子	曹文轩	江苏凤凰少年儿童出版社	22	1998.07
3	aoe名著注音版．小猪唏哩呼噜（上）	孙幼军，裘兆明	春风文艺出版社有限责任公司	15	2008.05
4	动物小说大王沈石溪．品藏书系．狼王梦	沈石溪	浙江少年儿童出版社有限公司	18	2009.09
5	aoe名著注音版．小猪唏哩呼噜（下）	孙幼军	春风文艺出版社有限责任公司	15	2008.06
6	巴学园系列．窗边的小豆豆	[日]黑柳彻子	南海出版公司	25	2010.12
7	小王子	[法]安托万·德·圣埃克苏佩里	天津人民出版社	32	2013.01
8	笑猫日记——又见小可怜	杨红樱	明天出版社有限公司	20	2018.01
9	启发精选国际大师名作绘本．我爸爸	[英]安东尼·布朗	河北教育出版社有限责任公司	35.8	2007.05
10	罗尔德·达尔作品典藏．了不起的狐狸爸爸	[英]罗尔德·达尔，[英]昆廷·布莱克	明天出版社有限公司	15	2009.03

二、2018年畅销书市场主要特点

（一）长销书主导畅销书市场

2018年开卷虚构类、非虚构类、少儿类畅销书排行榜TOP10数据显示，上榜30本书中有7本是10年前出版的图书，占比近1/4，且主要集中在虚构类、少儿类图书。这些书自出版之日起，便以其独特的内容品质迅速登上畅销排行榜，成为近些年我国图书市场的长销书和公认的经典作品。比如《三体》于2006年5月开始在《科幻世界》上连载，当即就引发了读者的狂热追捧，2008年由重庆出版社首次出版，2010年刘慈欣推出《三体》三部曲的最后一部《三体3：死神永生》，在极短的时间内就售出10万本。2015年8月23日刘慈欣因获得第73届"雨果奖"而受到读者的广泛关注，使得科幻小说在中国图书市场中的地位又上升了一个台阶。在此之后《三体》进入畅销榜，此后便少有下榜，自出版至今的10年时间里，累计登上月度榜单次数超过40次，三部曲销量超过700万册。

《追风筝的人》《百年孤独》等更是自出版以来就倍受中国市场青睐的常春树式经典作品。《追风筝的人》这部关于人性的背叛与救赎的小说，自面世以来就从未在名人书单、学校必读书目、各大畅销书榜单上缺席。自2006年首次出版至今累计销量近400万册，超过《哈利·波特》的单册平均销售量。最早的中文版《百年孤独》在1984年由上海译文出版社出版，首印数量达48 500册，2011年新经典文化有限公司获得正式授权，首印数量高达50万册，出版后新经典举办了各种图书沙龙，并在豆瓣举办"《百年孤独》意象展有奖征图"活动，还建立加西亚·马尔克斯官方网站等。虽然《百年孤独》已在中国行销多年，但这种递进式的营销策划使正式授权版《百年孤独》出版仅6个月就创下100万册的销售纪录。

2018年少儿类图示市场依靠经典长销作品引领市场特点更加明显。2018年开卷少儿类畅销书排行榜TOP10榜单显示，上榜10部图书中仅有一部图书是2018年新书，其余皆是往年出版的经典"老书",比如著名儿童文学作家曹文轩的《草房子》面世已有20年,发行量逾百万册,无论如今VR/AR等新技术、新手段应用于童书多么广泛,其魅力仍不随时代而减弱,可见"内容为王"依然是畅销书产业的不二法宝。中国当代著名的动物小说作家沈石溪的《狼王梦》的销量甚至超过《草房子》,累计近300万册,这本书虽然引发了作家应如何表达真实性动物世界的讨论,但作品借助动物世界传达对于人类命运的关怀和对美好人性的歌颂,进而传递作家书写生物界(不仅是人类)强大的永恒精神信念的努力为其赢得了市场认可。E. B. 怀特的《夏洛的网》和黑柳彻子的《窗边的小豆豆》更是因为其经典的主题内容成为世界范围内畅销多年的经典之作。

是什么让这些经典作品行销多年,持续走红于竞争激烈的畅销书市场呢?从整体层面分析,畅销书的诞生与作品内容本身的普世价值、作者的影响力、传播时机、出版机构的营销策略以及时代文化潮流都息息相关,可以说是上述因素合力的结果。但畅销书发展历史也显示了一条简单至极的规律:让一本书能够穿越历史时空长久流传下来的首要因素或者唯一因素是主题内容的经典性。

(二)新品乏善可陈,内容创新不足

数据显示,2018年整体图书零售市场动销194万种,新书品种数达20.3万种,新书品种继续小幅收缩。新书对整体市场的贡献在不断下降,无论是新书码洋贡献还是新书册数贡献,在整体市场中所占的份额越来越小。从数据来看,新书码洋贡献率从2008年开始降到30%以下,之后一直呈现下降态势,随后在2015年下降到20%以下,2018年下降至17%。2018年开卷虚构类、非虚构类、少儿类畅销书TOP10上市时间统计如图2所示。

从具体畅销书排行榜榜单情况来看,2018年开卷虚构类畅销书TOP10全部是2018年前出版的"老书",没有一本是本年度新书。虽然2017年出版的图书有2本在榜,分别为北京十月文艺出版社的《平凡的世界(全三册)》和南海出版公司的《百年孤独(50周年纪念版)》,但这两本书也是"老书新出",严格意义上也不能算为新书。虽然2017年同期出现了《人民的名义》《未来简史:从智人到智神》等引爆图书零售市场的畅销书,但这两本书热度未能持续到2018年。2018年开卷非虚构类畅销书

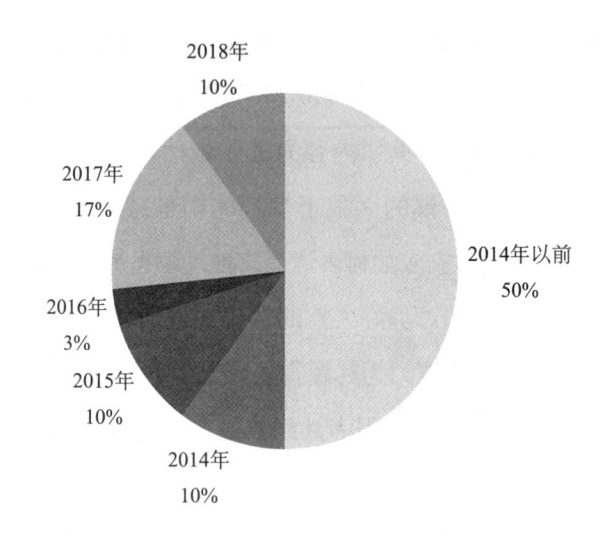

```
          2018年
           10%
    2017年
     17%
                        2014年以前
   2016年                  50%
    3%
    2015年
     10%
     2014年
      10%
```

图2 2018年开卷虚构类、非虚构类、少儿类畅销书TOP10上市时间分布

TOP10上榜图书中有2本是2018年新书，分别为主题出版物《梁家河》和大冰新作《你坏》。《梁家河》位列非虚构类畅销书排行榜第一名，作为学习习近平新时代中国特色社会主义思想的参考读物，这部纪实文学作品2018年4月上市后仅9个月销量就超过100万册，延续了2017年主题出版的市场热度。《你坏》是畅销书作家大冰继《阿弥陀佛么么哒》《好吗好的》《我不》之后的又一新作，该书承袭了大冰一贯的作品风格，以娓娓道来的故事吸引了众多读者，展示了畅销书类型写作的魅力，因此也获得了不俗的市场表现。2018年开卷少儿类畅销书TOP10榜单更是难觅新书的影子，唯一上榜的1本新书是少儿类现象级畅销书作家杨红樱的《笑猫日记——又见小可怜》，但这本书只是杨红樱长销作品《笑猫日记》的系列产品，给人感觉更像一本"老书"。《笑猫日记》系列这一现象级畅销书，自2006年首次出版至2018年，已出版24本，全套累计销量超过6 000万册。2018年度的《笑猫日记——又见小可怜》与杨红樱的往年作品一起，使杨红樱成为2018年度少儿类畅销书市场最具影响力的作家。

与往年对比，2018年新书减少和创新能力不足特点更加明显。2017年开卷虚构类、非虚构类、少儿类畅销书排行榜TOP10显示，本年度出版的新书有7本上榜，出现了《人民的名义》《习近平的七年知青岁月（平装）》《我不》《未来简史：从智人到智神》等爆款图书。而2018年这三大榜单中新书只有3本上榜，2016年12月前出版的图书达22本，其中有12本是2010年12月前出版的老书，这一现象在2018年开卷虚构类和少儿类畅销书排行榜中尤为明显。近年来,我国畅销书市场愈发缺乏新的畅销热点,一时畅销但不能多年长销的畅销书出版状况日益突出。之所以造成上述状况,除了国家出版政策变化、出版社和民营图书公司自身选题创新不足、库存压力大、出版增长策略调整等原因外,具体出版从业者对畅销书生产传播规律的认识与研究不足也是重要因素。

(三) 原创与引进版并举,引进需理性

近年来,我国畅销书市场逐渐显现出原创图书发力更强的趋势,尤其是虚构类和非虚构类畅销书(如图3、图4所示)更加明显,出现了"半小时漫画"系列等热门优秀原创图书。《半小时漫画中国史》用漫画形式演绎上下三千年中国史,以诙谐幽默的方式传播历史知识,开创了用漫画讲史的新潮流。对于学生读者来说,用漫画讲历史,有趣易懂,看完就能理顺中国史脉络。随后又出版了《半小时漫画中国史(2)》和《半小时漫画中国史(3)》,《半小时漫画世界史》系列也掀起了一波又一波的销售热潮。上市至今不到两年的时间,"半小时漫画"系列就取得了近200万册的销量。

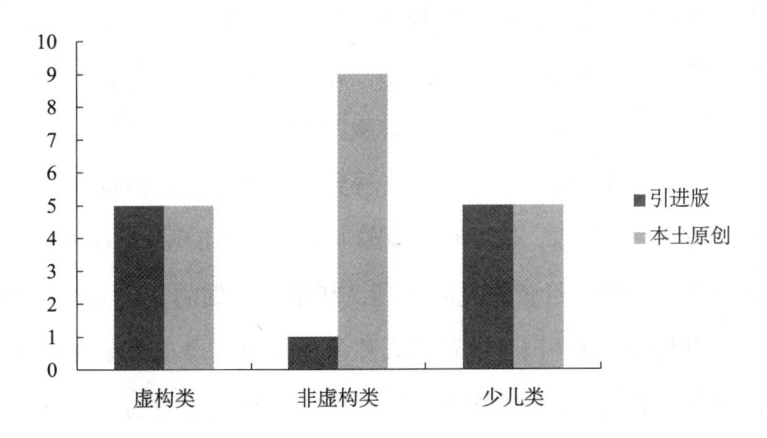

图3 2017年开卷虚构类、非虚构类、少儿类TOP10原创与引进版图书数量

值得注意的是,自21世纪以来,随着出版全球化和国际化,引进版童书成为我国少儿图书出版市场炙手可热的畅销品种,本土原创少儿类图书长期以来难以取得销量和种类上的突破。分析原因,一方面是由于国外出版长期形成的优良的少儿图书原创能力和出版能力,使得许多国外优秀儿童出版物具备内容新颖、选题独特、版式活泼等特点;另一方面出于教育国际化考虑,一些家长倾向于购买引进版童书,希望通过

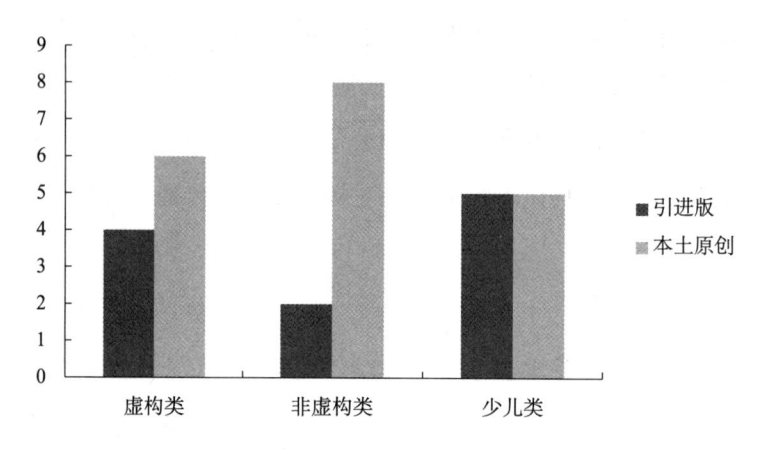

图 4　2018 年开卷虚构类、非虚构类、少儿类 TOP10 原创与引进版图书数量

让孩子阅读引进版童书拓展孩子的国际化视野。对于我国童书出版市场而言，引进版童书丰富了我国童书市场种类，满足了消费者需求，一些出版机构通过国外童书的引进出版活动，加强了学习，提高了我国出版从业者对于童书出版的整体认识水平和操作能力。但另一方面，近年来我国童书市场过度依赖进口导致原创出版动力不足，恶性版权竞争导致版权引进费用高标，扎堆和跟风引进导致引进童书质量参差不齐等问题突显。从近年来我国少儿类畅销书出版情况来看，尽管我国少儿类畅销书生产领域出现了杨红樱这样的原创能力极强的畅销书作家——她的作品已经获得极大的市场认可度，但综观我国少儿类畅销书市场，引进版图书依然占据半壁江山，原创童书市场空间较为狭小，高质量产品创作后劲乏力，导致出版社之间恶性竞争，引进版图书的版权交易价格高昂。长远来看，这不利于我国少儿类图书市场的健康发展。

中国是有着五千年历史积淀的文明古国，其中可挖掘的文化内容资源比比皆是。拥有 300 万粉丝的大号"混子曰"的创始人陈磊创作的《半小时漫画中国史》便是一种值得借鉴的创新。本土原创少儿图书可以以中国传统文化为创作支点，强化原创童书的创新性。出版"走出去"是我国文化走出去战略的重要组成部分，本土原创畅销书是文化输出的一个重要途径，只有做到充分挖掘中华民族传统文化的精髓，才能推动中国本土原创图书的持续发展。

（四）策划机构与出版机构联手打造畅销书品牌

按照著名经济学家巴莱多的品牌法则：20% 的强势品牌会占有 80% 的市场份额。

就图书出版业而言，同类别的图书或者教材在图书市场上比比皆是，但不同出版社的销量却相差甚远，比如文学类，读者会优先选择人民文学出版社、作家出版社等知名文学出版品牌机构出版的图书，思想文化类则会倾向于选择三联书店和广西师大出版社，辞书类会选择商务印书馆，古籍类会选择中华书局等，这都是受出版机构品牌效应的影响。

较之一般图书生产，畅销书产业具有高风险、高投入和高回报的产业特点，品牌影响力是畅销书产业的核心竞争因素。2018年畅销书市场情况表明，除了作者本人的类型写作品牌效应外，策划机构和出版机构联手打造畅销书品牌的趋势比较明显。2018年开卷虚构类畅销书TOP10榜单显示，新经典文化股份有限公司策划的图书《解忧杂货店》《平凡的世界》《百年孤独》位列榜单，占据了3个席位，而在虚构、非虚构和少儿类畅销书三大榜单中，新经典文化股份有限公司策划、南海出版公司署名出版的畅销书就有4部。近年来大为畅销的东野圭吾作品皆由其策划出版，新经典文化股份公司联合南海出版公司在畅销书出版市场逐渐确立了品牌影响力。新经典文化股份公司通过签约经典外国文学作品彰显出版品牌，不仅在2018年度出版的《解忧杂货店》《百年孤独》位列前10，2017年度的《白夜行》《嫌疑人X的献身》也登上了开卷年度虚构类畅销书TOP10。在2018年开卷少儿类畅销书TOP10中，《窗边的小豆豆》也是新经典文化股份有限公司策划的作品，这本书是近20年来少儿图书销售史上销量最大的单本书，自2003年南海出版公司出版以来，其销量不断上升，截至2017年，已经突破1 000万册。

综观2018年的畅销书排行榜，榜单上经典长销书居多，而畅销新书数量稀少，上面提到的《追风筝的人》《百年孤独》《窗边的小豆豆》等，无一不是面世后就仿佛永远扎根在畅销书排行榜上的常青树。在竞争激烈的图书市场，经典长销书的地位维护要遭遇诸多挑战，一边要警惕盗版，适时改版，一边要不失时机地进行营销以使其长期保留在读者的视线之内。在数字媒介无比发达、海量信息过剩的当下，想让一本书一代代传下去，出版一本比一个人的生命还长的书绝非易事。因此，在当今媒介环境下，选择出一本好书只是出版者打造畅销书的基本步骤，如何通过系列出版活动打造出属于自己的出版品牌才是关键，而形成畅销书的出版品牌又是个长期系统工程，唯持之以恒坚持不懈者才可得。

（五）畅销书作家名片效应明显

畅销书写作是类型化写作。畅销书作家是类型化最为明显的作家。一位畅销书作家，其一部作品中的主题类型和写作风格得到市场的认可，作家就不会也不应该轻易改变，而是倾向于将之固定下来，在以后作品中反复操练直至炉火纯青。一位畅销书作家的写作特点需要多部作品的依托和确认，最终成为一名类型化写作明显的畅销书作家。畅销书作家是出版社和市场联手培养的结果。近年来，东野圭吾、大冰、杨红樱等作家的名字从未在畅销书排行榜上消失，每位作家每年都有新的优秀作品面世，而这些新作品都没有脱离他们最基本的写作类型和写作主题，因此对读者的吸引力持续不减。

2018年畅销书排行榜榜单显示，东野圭吾延续近年来的超级市场影响力，依然是2018年虚构类图书销量最高的作家。在2018年度虚构类畅销书榜单TOP100中，有12种都是他的作品。在中国大陆市场，东野圭吾已经是现象级畅销书作家，其作品数量多、动销时间长、销量大，仅《解忧杂货店》一本年销量近百万册，2017年上榜的《嫌疑人X的献身》和《白夜行》的2018年销量分别达到了80万册和45万册。《嫌疑人X的献身》是新经典文化股份有限公司引进，南海出版公司出版的第一部东野圭吾作品，这本书故事新奇而又相对较薄，更容易被读者阅读，读者通过对这本"好看的推理小说"的阅读开始喜欢东野圭吾的系列作品，随着《解忧杂货店》等后续作品的持续出版，东野圭吾作为畅销书作家的名片效应开始凸显，其系列作品每一本都在图书市场畅销无阻。

2018年非虚构类年度作者桂冠被大冰摘得，他也是中国作家榜"年度畅销作家"金奖得主。大冰人生经历丰富，有过民谣歌手、背包客、酒吧老板、鼓手和主持人等诸多经历。2014年，大冰的第一部作品《乖，摸摸头》出版，在随后的每一年中他均有一部作品问世，《阿弥陀佛么么哒》《好吗好的》《我不》《你坏》这些作品一出版就获得良好的市场反应，基本是上市当月或次月便迅速进入畅销书排行榜前30名。2018年5月出版的《你坏》上市8个月销售就突破60万册，2017年8月出版的《我不》4个月销量达80万册。大冰笔下的故事来自身边的普通人，来自心中的往事，在喧哗浮躁的信息环境中，大冰作品渲染出的温暖情感和淳朴日常比较吸引人。

杨红樱是2018年少儿类图书销量最高的作家，也是我国少儿类原创畅销书作家的杰出代表。从2000年开始，杨红樱即有作品进入到开卷月度少儿畅销书榜单中。杨红樱19岁开始发表儿童文学作品，现已出版童话、儿童小说、散文八十余种。其"杨红樱童话"系列、"杨红樱成长小说"系列、"淘气包马小跳"系列、"笑猫日记"系列早已成为家喻户晓的畅销品牌图书，其作品总销量超过1亿册。作品被译成英、法、德、韩、泰、越等多种语言在全球出版发行。2018年上榜的"笑猫日记"系列是近年来比较受小读者喜爱的作品，前几年依靠了一定的"数量"策略，即初期保持紧密的出版节奏，不让读者等待太久。到了2015年，该系列已经形成较为成熟的规模和读者群体，出版机构开始放缓出版节奏，每年只推出一本新书，但每年推出的新书都登上了畅销书排行榜。

由于畅销书产业的获利模式有特殊性，培养畅销书作家和签约知名作者是出版机构最常见的打造畅销书作家名片的方式。在网络文学盛况空前的出版生态环境中，寻觅优秀作家的渠道变得较为多样便捷，而畅销书作家影响力的张扬也不仅仅依靠和等待传统出版机构的"慧眼识珠"，而更多依赖自身的写作才华和市场适应度。网络传播的迅捷性和广泛性能使得更多具有畅销书写作潜力的作者依靠网络小说形成"天下谁人不识君"的爆红场景，但真正的畅销书作家名片效应的维持只能依靠持续努力和日积月累。

（六）民营图书公司助力畅销书市场

近年来，民营书业逐渐撑起出版业半壁江山。在大众出版领域，有以文艺出版为主的新经典、博集天卷和磨铁，以少儿出版为主的海豚传媒、启发文化和远流经典，以财经出版为主的湛庐、蓝狮子，以学术出版为主的汉唐阳光、后浪和三辉等。这些民营图书企业策划了许多广受市场好评的图书。

在畅销书产业中，民营图书公司在虚构类畅销书市场参与度最高（如图5所示）。在2018年开卷虚构类畅销书TOP10中，有5部作品来自于民营图书公司，包括新经典文化股份有限公司的《解忧杂货店》《平凡的世界》《百年孤独》，北京白马时光文化发展有限公司的《摆渡人》和北京世纪文景文化传播公司的《追风筝的人》。2018年开卷非虚构类畅销书TOP10中，近一半图书的策划来自民营图书公司，包括杭州果麦文化传媒有限公司的《浮生六记》、中南博集天卷文化传媒有限公司的《你坏》、北京磨铁图书有限公司的《天才在左 疯子在右》，以及上海读客图书有限公司的《半小时漫画中国史》。在 2018 年开卷少儿类畅销书 TOP10 中，新经典文化股份有限公司的《窗边的小豆豆》、杭州果麦文化传媒有限公司的《小王子》和北京启发世纪图书有限责任公司的《我爸爸》位列榜单。民营图书公司体制灵活，创新能力强，在内容创意、品牌培育和市场营销等方面有很多值得国有出版单位学习借鉴之处，民营出版力量的加入能够更好地建立起出版业优胜劣汰的市场竞争机制，提高经济运行效率，促进畅销书业繁荣发展。

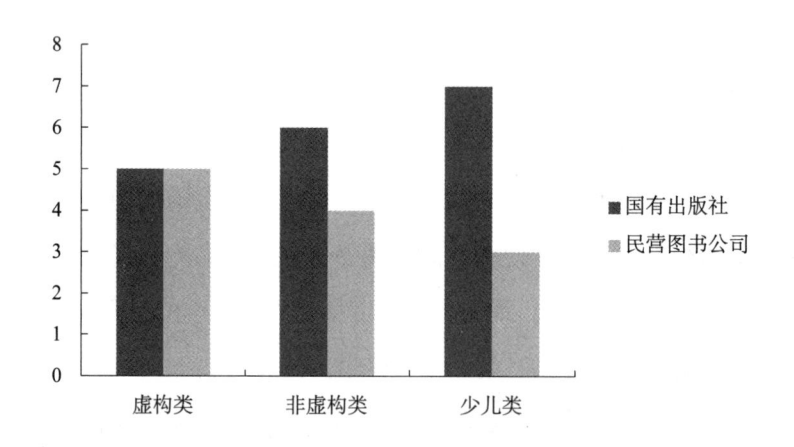

图 5 2018 年开卷虚构类、非虚构类、少儿类 TOP10 民营图书公司参与度

（七）主题出版政策影响力持续彰显

2018 年开卷非虚构类畅销书 TOP10 中出现了《梁家河》《习近平的七年知青岁月》《红星照耀中国》三部主题出版物，而 2017 年只有《习近平的七年知青岁月》上榜，主题出版成为一道亮丽的风景线。《梁家河》2018 年 5 月出版至年底，销量突破 100 万册，《习近平的七年知青岁月》自 2017 年 8 月出版至 2018 年底累计销量近 200 万册，《红星照耀中国》距中文版诞生已 80 年，2016 年由人民文学出版社推出的新版至今销量超过 100 万册。

2003 年，原国家新闻出版总署提出主题出版有其必然性和深刻性，主题出版以政策性语言的方式首次出现。2003 年至今，主题出版不断强化和拓展，现阶段，国家新闻出版广电总局发布的年度重点主题出版项目，明确把社会主义核心价值观、习近平系列重要讲话精神、中国梦等列入，中宣部和国家新闻出版广电总局联合启动2017年主题出版工作，并确定一批迎接党的十九大主题出版重点选题。主题出版已经形成当下出版领域的热点和重要的出版文化现象，并产生了一系列市场反应良好的畅销书。借助于政策优势，一些出版机构开始致力于主题出版类型探索和内容创新，未来几年还会保持2018年热度并形成比较大的市场热点。

综观2018年虚构类、非虚构类和少儿类畅销书排行榜TOP10，本年度延续了近年持续增长的畅销书销售趋势，也呈现出一些往年不曾具备的新特点。畅销书产业受到社会的政治环境、经济发展、文化潮流和科技运用等因素影响，并以非常直观和感性的方式反映着人们的精神文化消费趋向和社会文化追求。畅销书产业是一面镜子，反映着我们是谁，我们想要什么，以及我们的希望、追求和梦魇。在此意义上，畅销书产业不仅贡献的是经济价值或者经济效益，更是特定时代人类精神追求向度的一种指征。由于受众群广大，畅销书的内容质量变得更加重要，当然，也只有文化品质高、内容质量高的畅销书才能历经时间洗礼，如莹莹宝石般留存下来，在历史长河中辉光闪烁，给人温暖与慰藉、信心与力量。所以，打造畅销书，看似是追求轰轰烈烈的经济效益，其实是在寻求文化穿越的力量与媒介。由此出发，再来回顾2018年度我国畅销书产业的特点和问题，我们就会觉得这样的说法与做法更有力量：比如潜心做经典，鼓励本土原创与深入中国传统文化的内容创新，规范畅销书市场竞争秩序，版权领域的法制健全和公平竞争机制确定，畅销书品牌打造的大格局观。从畅销书的生产传播机制看，畅销书是市场主动选择的结果，因此畅销书不一定是品质优良的好书，但品质优良的好书更容易成为畅销书中的常青树，2018年以及近年来的畅销书排行榜榜单已经明确地表明了这一点。

参考文献

[1] 杨伟. 中国图书零售市场"现象级畅销书"回顾与反思 [J]. 出版与印刷，2017（06）：43-46.

[2] 杨虎. 从大众文化的视角看畅销书出版活动中的创新与跟风 [J]. 出版广角，2018（01）：6-9.

［3］李殷，史宝辉. 我国非虚构类引进版畅销书出版状况分析——以开卷每周畅销书排行榜数据（2013—2015年度）为例［J］. 新闻研究导刊，2016（12）：32-34.

［4］聂文，张志强. 近三年引进虚构类畅销书的出版状况——以开卷年销数据（2013—2015年）为例［J］. 出版广角，2016（06）：20-24.

［5］王学彦. 现象级畅销书传播策略浅论［J］. 出版参考，2018（05）：31-33.

（张文红　孙　乐　北京印刷学院）

第三节 2018年少儿图书市场现状分析及趋势预测

迎来第19个市场高速增长之年,中国的少儿图书出版也同时来到质量变革、效率变革和动力变革的关键节点。如果说,上一个少儿图书出版的"黄金十年"是由出版界的全行业要素投入而拉动的增长,那么,从2018年以来,少儿图书出版展现的原创带动、控速提质、业态提升,推动少儿图书出版实现效率变革,少儿图书出版以市场为中心过渡到以价值为中心,实现由高速增长阶段向高质量发展阶段的过渡初现端倪。

一、2018年少儿图书市场的基本情况

(一) 少儿主题图书出版量质齐升

2018年,少儿主题图书名家云集,量质齐升,形式丰富可感,兼具理论深度、文化厚度和情感温度,如中国少年儿童新闻出版总社的"伟大也要有人懂"系列(包括学者韩毓海著《伟大也要有人懂:一起来读马克思》《伟大也要有人懂:一起来读毛泽东》,学者陈晋编著的《伟大也要有人懂:小目标大目标中国共产党一路走来》三册),接力出版社的《共产党宣言(青少版)》(2018年是《共产党宣言》出版170周年)等。主题出版物在内容上更深刻把握和传达时代精神的同时,在表现方式上也需呈现出更具有差异性、多元化、多层次的出版形态。尤其是少儿主题出版,更需创新传播方式,让主题出版入耳入心。如浙江少年儿童出版社推出的《领风者》系列,由中宣部理论局(马克思主义理论研究和建设工程办公室)和内蒙古自治区党委宣传部策划,中国社会科学院提供学术支持,国内多家漫画公司联合打造,以漫画形式全景展示

马克思的生平，对马克思主义理论进行了深入浅出的阐释。《领风者》将打造成为全媒体系列产品，推出动画片、主题歌、舞台剧、表情包、动漫周边等全产业链产品，构筑马克思主义传播链。

（二）原创儿童文学持续繁荣

2018年，原创儿童文学持续繁荣，题材丰富，风格多元，作家队伍不断壮大，艺术追求更为自觉，呈现出百花齐放、百舸争流的新气象，盲目"系列化"的现象基本得到了遏制，作家纷纷拿出代表性的精品力作。现实主义题材儿童文学和革命历史题材儿童文学新作迭出，为两大亮点，如作家黄蓓佳在江苏凤凰少年儿童出版社推出的《野蜂飞舞》，作家常新港在天天出版社推出的《尼克代表我》，青年作家荆凡在浙江少年儿童出版社推出的《颜料坊的孩子》等。

（三）低幼读物品牌化、专业化、IP化趋势明显

2018年，低幼读物因为注入了科技含量，启蒙益智特征凸显，更依托品牌形象，进行成体系的产品研发，往往囊括读本、绘本、游戏书、DVD及其他辅助教具，并大量采用音频、AR技术，开始了融合出版的努力，升级低幼图书阅读的传统概念。如安徽少年儿童出版社的《小猪佩奇》动画故事书系列，不仅加入中英双语的故事音频，更持续推出《小猪佩奇主题绘本》系列、《小猪佩奇双语认知启蒙泡泡书》《小猪佩奇双语故事纸板书》等衍生产品。

（四）图画书市场日益成熟

图画书市场的成熟，将是中国少儿出版延续黄金期的重要推动力。从本年度少儿图书来看，经历了十余年的"图画书热"，通过大量译介和引进国外图画书，以完成对图画书的"爱"与"知"后，原创图画书选题开始喷涌，精品出现。譬如，接力出版社推出的《鄂温克的驯鹿》，明天出版社的《游园》，湖南少儿出版社的《企鹅冰书》等。

（五）原创少儿科普进一步发展

2018年，原创少儿科普开始了构建面向不同年龄段读者群的产品开发，形式亲切可感，地理和文博类图书为亮点，并大量采用音频、AR技术。如海燕出版社推出《刘兴诗爷爷讲地球》系列，湖南少年儿童出版社推出的"大视野科普馆"，含《活捉黑洞：中国慧眼探索极端宇宙》《寻找暗物质：打开认识宇宙的另一扇门》《贪玩的中国人——写给孩子的中国科学发展史》等，由中科院学者担纲，深入浅出地展现了科学前沿；中少总社的科普图书继续延续"亲历"和"探险"的特色，其"秘境大探险"系列包括《生死非洲雨林》《夺命亚马孙》《探秘西伯利亚》等。

总而言之，从2018年开始，少儿图书选题融合化趋势出现，如图画书与少儿科普的跨界，少儿人文读物与少儿主题读物的跨界，少儿科普与儿童文学的跨界等。少儿泛教育读物、低幼读物、少儿科普读物中，二维码技术、语音技术、AR技术已经普遍采用，纸质读物产品形态升级，进而成为音频产品、在线知识课程产品。在一个"互联网+"的知识经济新时代，在亲子阅读、教育培训这条高刚需和高转化率的赛道上，期待少儿出版融合发展更上层楼。

二、2018年少儿图书市场的主要特点

（一）少儿图书市场进入高度品牌化发展阶段

根据开卷数据，2016年，中国少儿图书零售市场出现罕见的28.84%同比增长；2017年，中国少儿图书零售市场的线上线下同比增长率依旧达到惊人的21.18%；2018年，因为盘子总量的原因，少儿图书市场增速放缓，但仍然高于全国零售图书市场整体增速，同比增速为13.74%。中国图书零售市场最大细分板块的位置进一步稳固，少儿图书码洋比重已达25.19%，码洋规模达223亿—225亿元，占整体零售图书市场的1/4强。

连续十余年两位数以上的持续增长，动销图书品种数接近30万种，年出少儿新书

为三四万种,全国580多家出版社中,约560家参与出版少儿图书。早在十年前,中国少儿图书的出版品种数就已经超越美国,成为世界少儿出版的第一大国。同时,从整个图书市场结构的变化来看,少儿图书出版已经完成了从加工到制造的转变。回想19年前,各少儿社普遍的当家品种,是引进版、教辅图书、公共版权图书,真正原创的图书寥若晨星;而今,少儿图书市场动销品种当中,70%左右为原创。

从前几年少儿图书出版格局来看,虽然原创儿童文学全面丰收,但图画书和少儿科普领域,品牌图书仍以引进为主;但从去年以来,少儿领域各板块原创小步快跑,至2018年全面发力,原创发力支撑了少儿图书市场的再次冲高。

从开卷发布的2018年少儿畅销书榜单和畅销书作家排行榜中可以看出,少儿图书市场已经进入高度品牌化的发展阶段。少儿畅销书榜单第一名《夏洛的网》销售78万余册,第二名《动物小说大王沈石溪·品藏书系:狼王梦》和第三名《草房子》销量都达到73万余册。可以说,少儿图书出版经过多年的发展,积累了大批优势内容。

其中,专业少儿出版社依旧发挥了主干作用,绝大部分原创优质图书出自专业少儿社,但社会效益考核制度的调控,也使非专业少儿社不再仅为销售规模冲高而盲目进入少儿图书市场,开始了构筑特色产品线的努力,如科技社大批进入少儿科普领域,文学社专注进入儿童文学领域,外语强社进入少儿英语领域。值得注意的是,出版资源进一步向大社强社集中,部分小社、弱社创新能力严重不足,强者恒强、弱者恒弱的现象越来越凸显。小社应放弃盲目跟风、追逐市场规模的做法,构筑专业特色产品线为正途。

少儿出版迎来"黄金十年",除了上游的资源扩容与品牌内容凸显,更因为基于移动终端、社交媒体、场景销售和阅读服务带来的变革,进行渠道扩容与优化,重塑童书营销,拉动了少儿出版的效率提升。地面店和电商、自营电商和社群电商的融合,有效地促进了少儿图书销售。

同时,在一个"互联网+"的知识经济新时代,在亲子阅读、幼儿教育这条高刚需和高转化率的赛道上,少儿出版的新业态层出不穷,比如,儿童有声故事品牌、少年儿童在线知识付费课程。读者的阅读习惯和消费方式正在变化中,内容的运营和销售模式也正在生变,这既是挑战,更是机遇。

（二）少儿图书市场持续增长

根据开卷的数据，2018 年，中国图书零售市场码洋规模达 894 亿，继续保持增长，同比增长为 11.3%；当中线上销售的贡献当仁不让，网店继续保持较高速度增长，码洋规模达 573 亿元，但增速有所放缓，为 24.7%；实体店出现负增长，码洋规模达 321 亿元，同比下降 6.69%。当然，考虑到网店渠道平均折扣 6.2 折，则网店渠道 573 亿元的销售额中，实际销售额为 355 亿元，网店和实体店的销售差距并没有数据显现的那么大。

这几年，出版业界对纸价上涨，包括各个方面成本的上涨，感受是非常深刻的。由此，也经常有人质疑，书业的增长，到底是因为价格增长的带动，还是销量本身。开卷信息的检测数据显示，2012 年新书平均定价仅 52.4 元，而到 2017 年则上升至 75.6 元。2018 年新书定价继续上涨，2018 年上半年的新书定价水平上涨至 88.2 元。京东图书的监测数据显示，文学类图书定价下滑，其余品类出现不同程度上涨。2018 年，除了文学类，其他类别的新书定价都在增加。文学类定价下滑约 9.7%，而社科、文教、经管励志类图书在经历 2017 年的略微下滑后，2018 年的图书定价均出现不同程度的上涨。其中，少儿图书的平均新书定价尽管远不如社科、科技、外语等门类，但增长幅度最大。

在 2018 年，少儿图书市场实现了同比 11.3% 的增长，占中国零售图书市场的码洋比重已达 25.19%，比之 2017 年的 24.64%，中国零售图书市场最大细分板块的位置进一步巩固。在实体书店，少儿图书的销量排在第二，销售码洋占比为 17.45%；网络书店中，少儿是第一大门类，占比为 27.15%。

对比新世纪以来 19 年间整个少儿零售图书市场细分板块的比重变化，2012 年出现了明显的分水岭。此前，儿童文学占比不断上升；此后，儿童文学在少儿零售市场上的占比逐渐下降。相对而言，少儿卡通绘本漫画和少儿科普百科持续增长，尤其前者。当然，在少儿图书整个市场结构当中，儿童文学依然是第一大门类，达到 29% 左右。原来比较有效的儿童文学营销模式，如作家进校园讲座、各地的阅读书目推荐等，可能不太适合绘本、知识读物。近几年来，随着销售模式的多样化，如突出阅读体验的绘本馆的崛起，线上销售的发力，包括新型的线上团购、社群营销等，基于移动终端、社交媒体、场景销售和阅读服务带来的渠道扩容与优化，对带动其他类型少儿读物的销售，发挥了比较突出的作用。目前，卡通绘本漫画已经占到整个少儿市场的 24% 左右，少儿科普也达到了 18%。儿童文学、科普加绘本这三个门类，占据了整个少儿图书零售市场四分之三的销售码洋。剩下的四分之一是游戏益智、低幼启蒙、少儿英语、国学经典、少儿艺术等。

2017 年以来，少儿英语和低幼启蒙增长趋势比较明显，这两类图书尤其是低幼启蒙面临重要的升级换代。过去，低幼启蒙图书细分板块一直是低质低价产品的重要阵地，现在，更多高质量的体现功能性诉求的低幼启蒙图书在进入这个领域，树立品牌，建立自己的竞争优势。少儿英语板块则逐渐出现了各种少儿英语的低龄化绘本，是引导少儿英语份额不断提升的原因。

（三）经典长销作品引领市场

就畅销书而言，2018 年少儿图书市场依靠经典长销作品引领市场的特点更加明显。2018 年少儿图书市场畅销书榜的第一名《夏洛的网》销售 78 万余册，第二名《动物小说大王沈石溪·品藏书系：狼王梦》和第三名《草房子》销量都达到 73 万余册，显示了惊人的市场容量。2018 年开卷少儿类畅销书排行榜 TOP10 榜单显示，上榜 10 部图书仅有一部图书是 2018 年新书，其余皆是往年出版的经典"老书"，比如著名儿童文学作家曹文轩的《草房子》面世已有 20 年，发行量逾千万册，其魅力仍不随时代而减弱，可见"内容为王"依然是畅销书产业的不二法宝。中国当代著名动物小说作家沈石溪的《狼王梦》自 2009 年出版以来，屡屡登上畅销书排行榜，以唯美而略带浪漫的笔法，深入动物的内心世界，展现了生命残酷竞争、顽强生存和追求辉煌的精神内核，销量累计近 300 万册。著名儿童文学作家孙幼军的《小猪唏哩呼噜》1996 年问世，2008 年由春风文艺出版社重新出版，语言风格幽默风趣，而且在"儿童观念"上远远跨越其初版时期，畅销至今。E.B. 怀特的《夏洛的网》、圣埃克苏佩里的《小王子》、罗尔德·达尔的《了不起的狐狸爸爸》、黑柳彻子的《窗边的小豆豆》和安东尼·布朗的《我爸爸》，均是世界范围内畅销多年的儿童文学和图画书经典之作。

同时，在 2018 年开卷少儿类畅销书 TOP10 中，除了《笑猫日记——又见小可怜》为系列图书中的最新一册外，其他畅销书均为单册精品，与此前十多年由系列图书，如《淘气包马小跳》《冒险小虎队》《查理九世》《米小圈上学记》等"霸屏"少儿图书畅销榜大为不同。可见，大系列图书虽然得到了一代人的品牌认可，但是因为现在消费主体"80后"父母对于创新要求越来越高，获取知识的通道也更为多元化，所以要想拉动少儿市场的增长已经不能简单地靠大系列图书了。

需要注意的是，虽然入榜新书数量比较多，但"新书不新"现象明显，入榜的新书多是经典作品的新版本或者老系列的新作，真正的新的畅销书面孔还很少；而且入榜的多为经典作品，尤其是国外引进版经典作品占据了大多数席位，且常年表现稳定。以上两点均说明，国内原创精品仍需要不断发力。

在不同渠道，销售呈现出了不一样的特点。在实体店当中，儿童文学仍然占据了主导优势，儿童文学占实体店少儿图书销售码洋的44.43%，卡通漫画绘本占比是15.08%，少儿科普占比15.02%，但在网络书店当中，儿童文学占比是27.09%，仅比卡通绘本漫画的25.12%高出两个百分点。整体少儿零售图书市场销售中，儿童文学名列细分市场占比第一，卡通绘本漫画排第二。

（四）单品种效益和产出水平依然很高

2018年，少儿市场动销品种达到27万多种，创造了市场1/4的码洋，新书品种3万种，相当于每周有600多个新书品种。虽然品种规模大，但以销售规模衡量，单品种的效益和产出水平依然非常高。少儿图书有一个非常典型的特点，即单品效率一直高于市场平均水平。根据开卷提供的数据，在2017年，少儿单品效率达到1.8；2018年，少儿图书单品效率为1.77%，这意味着每投入1%的品种，就产生1.77%的码洋，投入产出比远远高于市场平均水平。虽然这么多的出版社不断进入少儿市场，少儿市场不断扩容又稀释，然而，少儿图书市场的很多品种相对来说仍然保持一定销量，是整个市场所有图书平均收入的1.8倍。如果再考虑到少儿图书的平均定价还是相对比较低的，所以少儿图书的销量还是较为可观的。当然，需要细分的是，儿童文学的出版效率已经小于1，码洋比重为29%，但品种比重在整个少儿图书市场当中已经达到30.11%；少儿卡通绘本漫画的出版效率大于1，但逐渐在接近1。少儿英语的出版效率相对而言比较高，以3.47%的品种占据了5.93%的码洋比重。

由此可见，靠出版资源、出版要素大量投入而实现的增长，由人海战术、品种规模驱动而非质量效益拉动提升的增长,已经到了顶点,粗放发展的负面效应已经集中体现。激烈竞争下,"强者恒强,弱者恒弱"的马太效应在近几年来的少儿图书市场中表现明显。2018 年,市场上积累动销的近 30 万种少儿图书品种来自于 557 家出版社,但码洋占有率大于 3% 的出版社只有 5 家,市场份额在 2% 到 3% 的是 6 家,市场份额在 1% 到 2% 的是 18 家,这 29 家出版社是目前整个少儿图书市场上主要的有影响力的竞争者。剩下还有 114 家出版社在某些领域上有特色,或者出版的某一些产品有比较好的销量,市场份额在 0.1% 到 1% 之间;还有 400 多家出版社就是参与了一下,市场份额小于 0.1%。

(五)专业少儿出版社继续领跑

2018 年,专业少儿出版社在全国图书市场份额之和是 12.36%,在少儿零售图书领域的市场份额之和为 40.47%,总体上保持了稳定,同时持续上升。然而,创意领域市场本就分散,大众出版市场更是竞争变数最大的图书领域,往往一两种畅销图书的产生,就能造就一家出版社市场排名的急剧变化,一些非专业社的市场排名上升还是很快的。比如,在少儿图书市场,中信出版公司在 2014 年的时候排名 105 位,到 2018 年排名 15 位;四川天地出版社从 2014 年的 164 位上升到 28 位,而且开始出现了自己的特色品牌。

值得注意的是,产品效率依然是市场地位的根本,而不是靠一味地扩大品种规模。少儿市场现在增长得非常迅速,所以投入市场的品种还能够取得不错的销量;然而,从今年出版情况来看,泥沙俱下的中国少儿出版市场,已经开始引发洗牌。用户肯定在不断调整和确定自己心仪的值得信赖的品牌。市场红利期过去,裸泳者自会显形。

三、少儿图书市场的未来发展趋势

新世纪以来,伴随着中国少儿出版的市场化征程,少儿出版人展现了强烈的变革意识与进取意识,无论是在机制变革,选题的创新与品类的开拓,还是在渠道的立体打通和经营手法的推陈出新，或是少儿出版的升级转型领域，"走出去"的思考和实践，均贡献了创新性的思考和出版实践，为中国出版带来惊喜。

近十年来，虽然少儿图书市场很是热闹，但少儿出版的经营和发展模式并没有发生本质变化。少儿出版既有的发展模式、选题结构、营销模式、发行模式，是否还可支撑起下一个黄金期？

让我们高兴的是，就在2018年，中国少儿出版展现了崭新的信息，一种不同于过去的品类面貌与经营范式正在浮现。

（一）从上游来看，出版资源进一步扩容

1. 市场主体更加活跃，少儿读物的阅读需求进一步释放

以上海译文出版社、博集天卷为代表的一些知名出版机构，纷纷高调宣布进军少儿出版，要将少儿出版作为核心板块打造。从供给方来看，市场主体更加活跃。

从需求方来看，少儿读物的阅读需求进一步被释放，其中很重要的一点是基础教育领域里的改革。中小学更加重视阅读，普遍开设了阅读课程；学校图书馆的建设，很多地方也有刚性要求。而学校对阅读的重视，也会影响到家庭。

随着少儿出版与基础教育的深度融合，少儿出版的专业化时代一定会到来。比如米夫林－哈考特，其分级分类阅读的书目已有五万多种，而且是对应到各个学科的。也就是说，少儿出版并不仅只满足大众市场的需求，它一定会与对少年儿童素养培养的目标结合起来，与不同学段目标读者的成长需要结合起来。

中国少年儿童新闻出版总社为中小学校园启动了口语能力发展计划和传统文化进校园的项目。少儿出版，下一步一定会面临供给侧结构性改革这一关键问题，即如何提升少儿出版的专业化水平，更好地实现供需对接。

2. 原创图画书，或者其他领域的细分市场期待品牌产品的出现

儿童文学之所以拥有这么大的市场，教育部门的改革、对核心素养的需求可能还只是一部分，显然，儿童文学已经形成了一套行之有效的出版联动协作模式，从评论、研讨、评奖、推优，到作家进校园，到阅读活动，到儿童文学与课堂的对接，各种社会资源都在与儿童文学发生联动，让它拥有了可持续发展的模式包括市场。

那么，少儿出版其他细分板块能否参考儿童文学这样一种社会资源聚集的方式呢？图画书即是一例。原来从中国传统的认知角度的图书评判眼光看，它的性价比特别低，但是通过这么多年来阅读推广人的推荐，画家、评论家的共同努力，已经形成了中国少儿出版的第二个增长极，成为很多少儿社的战略板块。科普读物是长销书的重要阵地，是少儿读物刚性需求的一种；新世纪以前，百科知识类读物即为少儿畅销书中的重点品种。然而，少儿科普的表现形式一定要革新，营销手法创新，且有品牌读物引领，以打开市场。

3. 从知识产权的生产和塑造来看，少儿出版的市场空间巨大

比如动漫和原创科普等细分板块，都需要整体的社会协作系统，而中国目前的美术设计、图片拍摄、文本架构，整个知识生产的界面优化与年龄搭配的水准，青少年认知心理学与少年儿童接受能力匹配度的研究，还是很弱的。由此，期待中国的创意群体，或说创意群落的蓬勃发展，关于社会协作系统、生产体系的不断升级，也是未来市场增量空间中非常重要的机遇。

4. 消费升级是这一轮少儿图书增长的重要动力

过去，大家看点文学，看点百科，买点挂图，纸质书的消费动力其实是比较弱的。但是随着中国城市化的进展，包括主流中产阶级的崛起，他们对某一类图书形态的消费意识和消费能力已经变得很强。绘本市场已经成熟，与绘本相对应的益智启蒙、游戏玩具类的高端纸质书、立体书等，也受到中产家庭的广泛欢迎。

中国少儿图书市场的不断攀升也是有一个基本盘面的，3.67亿少年儿童，一年200万到300万的新生儿，对应这样的市场份额是正常的。对比世界范围内，美国、英国的少儿图书对零售图书市场的占比，一个达到36%，一个是33%，所以，中国童书市场仍处上升期。

（二）从下游看，少儿零售图书市场中，网络销售超越实体店销售，尤其是社群电商的崛起，展现了营销的新曙光，打开了网状销售的空间

不得不承认，移动互联网时代的到来，世界从趋于中心化来到了一个去中心化的超级网状结构。过去，也许十家分销机构就控制了整个图书零售的局面，而基于社交媒体这种广泛的个人力量的崛起，在一定意义上重新定义了市场。少儿图书通过对接如此广

阔的网状销售体系，增加了与读者的接触面，增加了流通的管道，增量即来源于此。

在互联网社会，坚持把产品做好，把对公众和目标群体沟通界面的营销产品做好，打造营销和产品双驱动的模式，就可以和任何人合作，获得定义产品、用户和定义渠道的能力。

具体分析市场数据，少儿图书销售上升的主要原因源自网络销售的强劲动力。原来的传统发行，其接触面、互动效应、及时性、到达率，可能都有问题。事实上，中国少儿图书的市场需求仍然强劲。

需要指出的是，网络销售并不仅指电商，事实上，大多数新华发行集团已经战略性地进入了网络销售。此外，由于网络销售的低折扣销售已经成为常态，实体店销售的利润是高于网络销售的。

基于移动终端、社交媒体、场景销售带来的变革也在重塑童书营销，打开销售新的窗口。比如，社会化媒介与销售、营销的创新结合，是在全球范围内都看不见的，但却在中国发生了。比如大V店、社群电商，用户参与驱动和社会化销售，造就了童书的增量市场。

显然，工业社会是一个去部落化的过程，但移动互联网时代的到来，世界从趋于中心化来到了一个去中心化的超级网状结构。这个网状结构，对于生产者来说，是优势也是缺陷。想做超级产品，越来越难；但是，做了好东西，只要找到了适销对路的渠道，均可以达成销售。

目前，根据内容建设的调整，中国少年儿童新闻出版总社新的推广渠道在建立，采取机构定制、直销的方式，拓展消费渠道。接力出版社率先意识到社群经济的力量，并与出版行业对接，在销售部设置了微店营销专人和社群电商专员，与社群电商对接。当大多数出版社的网络销售还是停留在三大电商的阶段时，安徽少年儿童出版社已经建立了体系性的四层网络销售骨干网络。比如，当当、京东、亚马逊，是第一层；新华书店的网络体系，比如博库、文轩，是第二层；第三层，是天猫的民营书店的网络体系，这也是一个全国性的网络销售体系；第四，就是安少社自建的网络体系。在渠道的整合探索方面，安少社在北京成立了特种渠道销售中心，将机场、高铁与母婴、玩具渠道，立体打通，更与南京的孩子王达成战略合作，在遍布全国的母婴渠道孩子王中建设体验绘本馆。"小中信"的未来，则是逐步构建一个以内容生产、分享和服务为入口，运营以儿童知识服务电商、社群电商、线下亲子阅读空间、O2O + 儿童消费信托为一体的全新商业体系。

在跨界营销领域，浙江少年儿童出版社和肯德基合作了剑桥少儿英语项目，销售200多万册；2017年，湖南少儿社的一般图书销售增长了9 000多万码洋，其中少儿科普增长5 000多万；2018年，湖南少儿社一般图书销售增长了7 000多万码洋，少儿科普增长了3 000多万，增量主要来自于图书、形态的创新，大部分来自于跨界营销的成果，因为基本产品是原来固定的一些套系。跨界营销的合作对象主要是商场、有影响力的餐饮等，包括一些新平台。

确实，同是关注少年儿童的一些行业其实也沉淀了很多客户资源，如何与这些行业对接，把他们沉淀的客户资源联动起来，也是渠道扩容的路径之一。

互联网风起云涌的创业版图中，我们看到，亲子阅读、幼儿教育也成为风口之一，比如互联网儿童故事品牌凯叔讲故事。传统少儿出版依旧在前行，但内容产品的运营边界不断在拓展，少儿出版业态不断在重塑。

接力出版社已在童书的 IP 价值延伸方面，迈出了实实在在的一步，诸如原创绘本对接舞台音乐剧、《小饼干和围裙妈妈》系列在产业链上的尝试延展；时代少儿出版集团在打造以出版为核心的少儿文化产业集团的尝试上，在幼教新媒体出版、海外市场运营和文化交流、少儿教育培训等领域，有了具体落地的实践。

（三）近几年来，中国少儿出版版权输出、合作出版、海外并购联营等动作频频，正不断融入世界主流出版圈

随着中国国际影响力的不断增强，中国理念、中国价值观的国际影响力与日俱增，愿意了解中国、读懂中国的人士越来越多。国外了解当下中国的需求，给中国出版提供了一个过去没有的机会，形成了中国图书走出去的国际市场。从中国出版的内生动力来看，完成由单一经营国内市场到经营国际国内两个市场的转变，是中国由出版大国向出版强国迈进的必然要求。纵观世界出版强国，无一不是版权输出大国，无一不以国外为重要市场。

就中国少儿出版而言，经历了"黄金十年"后，中国少儿出版已经完成了由"中国加工"向"中国制造"的转变，原创能力大大增强。其次，儿童图书最容易跨越不同文化背景，"走出去"的文化壁垒相对较少；再者，经过十多年的快速发展，对一些少儿出版机构而言，包括作品、作家资源的集聚，包括版贸人才队伍的培养，包括国际合作伙伴、合作渠道的建设等，都有了新的进展，已经具备了主动参与国际图书市场竞争的实力。当然，党和政府的大力支持、高度重视，翻译资金的支持，是少儿图书"走出去"的前提条件。显然，有利于中国少儿出版走出去的整体格局正在形成。

2014年起，受国家新闻出版广电总局委托，中国出版协会少儿读物工作委员会率中国展团开赴意大利博洛尼亚。中国少儿出版军团集体征战世界最大童书展，从2014年版权输出153项，到2018年版权输出800多项，中国少儿出版日益展示了自己对话世界的能力。2018年，中国成为博洛尼亚书展的主宾国，近百家中国出版单位精选的4 000多种优秀原创精品图书参展。中国原创插画展、中国原创少儿精品图书展和中国少儿出版百年回顾展等中方主办的系列活动亮相书展开幕日，吸引了众多中外读者和参展商。曹文轩、熊亮等50位中国著名儿童作家、插画家、评论家、阅读推广人和世界各国同行开展丰富多彩的对话和出版交流活动，开启了中国与世界少儿出版交流合作的新征程。2018年9月1日，为期3天的国际儿童读物联盟第36届世界大会在希腊首都雅典结束，中国儿童文学研究会常务副会长张明舟在会上当选该组织主席。这是中国人首次出任这一职务。显然，随着中国少儿出版不断清晰坚定的发声，随着中国少儿出版的市场规模与原创实力的不断展示，中国的少儿出版不断融入世界主流出版圈并逐步掌握规则。

把国际资源整合作为走出去的重要手段，可以采取中国优秀作家加国际著名画家，或者国际著名作家加中国著名画家共同创作的方式，让产品国际化，已经成为少儿出版的一种常态。比如，中国少年儿童新闻出版总社、海燕出版社等，都已经推出了国际安徒生奖获奖插画家和国内作家合作的图画书；江苏凤凰少年儿童出版社则启动了大型国际合作出版项目"美丽童年国际儿童小说书系"，该书系将在国际范围内，以不同时间背景、文化背景下，作家本人或者他（她）群体中一些有代表性的成长故事为题材，组织海外作者创作。

安徽少年儿童出版社围绕"一带一路"战略和"丝路书香工程"谋篇布局，在"世界图书之都"贝鲁特成立时代未来有限责任公司（合资），目前该公司已出版图书新品超过50种，并重点面向"一带一路"市场推广；2016年10月，接力出版社埃及分社成功完成了埃及境内的公司注册手续,并正式进入运营阶段,这是中国少儿出版界的首家海外分社;明天出版社于2017年6月与南澳大利亚海星湾出版社合资成立英国伦敦月光出版社;继收购澳大利亚新前沿出版社之后,浙江少年儿童出版社于2017年3月又在英国伦敦正式注册成立了"新前沿出版社欧洲公司"。目前,浙少社海外出版事业的"本土化"工作成效初显,初步实现了国内外图书跨国同步出版。未来,浙少社还将共同升级"国际同步出版"模式,三社共同发力国际市场,打造国际儿童出版产业链。

四、少儿图书出版存在的问题及对策建议

(一) 少儿图书出版存在的问题

出版全行业全要素的共同投入,形成了少儿出版发展的繁荣局面,但存在的问题也颇值得业界思考。

其一,增速放缓。2018年少儿图书零售市场同比增速是13.74%,2017年是21.18%,2016年是28.84%。首先要排除一种情况,是不是总供给大于总需求。数据显示,2018年,全球读者在图书上的支出创下历史新高,打破了2017年的纪录,2017年相较于2016年也是增长态势,近年来出版行业的收入也在不断增加。就销售总量而言,在全球大部分市场中,童书市场的表现略优于整体市场;就市场份额而言,童书在澳大利亚市场中份额最大,达到46%,在印度市场中份额最小,只有22%。相较于中国少儿图书目前25%的市场份额,显然还有很大上升空间。

所以,问题不在需求侧,而在供给侧。如前所述,2018年,系列图书"霸屏"少儿图书畅销榜的现象已经一去不复还,读者对少儿读物的创新含量提出了新要求。少儿图书虽然一直是拉动中国零售图书市场增长的主力军,但其新书码洋贡献率、新书册数贡献率在整体市场上的所占份额越来越小,2018年降到30%以下。其中,内容创新能力不足、产品结构不适应需求变化应为主要原因。

实体店和网络书店中,儿童文学份额占比约为29%,其次是卡通动漫绘本类的图

书，所有市场占比为24%左右，两类都是虚构类图书。这也说明，非虚构类图书供给不足。这几年，低幼启蒙、游戏益智、少儿英语图书销售额增长都在15%以上，这说明，这几个方面的阅读需求在持续增长，但相对而言，这几类图书产品都还不够丰富。同时，少儿英语、卡通绘本漫画、少儿科普百科这些少儿图书的细分门类当中，外国作家作品码洋比重相对较高，超过40%，有的甚至接近50%，原创还有很大空间。

其二，消费分层。孩子在成长过程当中的阅读需求是少儿出版存在的基础，也是少儿出版发展的动力。当前国家对意识形态工作和文化建设的新要求，教育教学领域里的改革，互联网等新技术广泛应用，都对少年儿童的阅读产生了重大深刻的影响。比如，当下强调文化自信，而优秀传统文化进校园，就成为整个学校教育的普遍需求。中国少年儿童新闻出版总社原社长李学谦提到，整个传统出版的需求分层，渠道也在分化，而少儿出版，目前还停留在以满足大众市场阅读需求为目标的大众读物产品群上。实际上，少儿出版不仅仅是大众出版，还包括教育出版和专业出版的功能。很多关心孩子成长的教师、家长，在知识服务方面的需求很迫切；另外，阅读正在重塑教育生态，阅读在教育当中的位置越来越重要。阅读怎么和教育特别是跟基础教育相融合，是少儿出版正在面临的问题。显然，随着阅读需求结构的不断变化，少儿出版的格局也会发生新的变化，会形成规模化的大众服务、知识服务、教育服务三大知识群。

其三，渠道单一。美国、日本、英国、德国等出版强国都形成了比较完备的少儿图书发行体系，校园渠道、零售渠道、读者俱乐部、政府采购等渠道各有侧重，相互补充，有效对接大众阅读需求、校园阅读服务需求、个性化阅读需求和公共文化服务需求。而我国的少儿图书发行渠道以大众零售渠道为主，零售渠道又过度依赖网络渠道，网络渠道已经占到了少儿图书零售市场的60%以上，一家独大，畸形的渠道体系不仅不能有效地覆盖读者需求，而且名目繁多、愈演愈烈的打折活动，严重扭曲供货商、经销商和读者的关系，恶化出版环境。

其四，融合发展不畅。随着互联网应用的日益普及，少年儿童阅读结构分化升级的趋势发展迅速，中心城市、发达地区相当一部分少年儿童在阅读纸质读物的同时，对数字产品的阅读需求增长迅猛，这为少儿出版发展提供了新的广阔空间，少儿出版单位应当发挥内容生产专业性、系统性、稳定性强的优势，以主动的姿态介入数字出版市场，成为数字产品和服务的供应商，而不是新媒体平台的资源提供商。

随着中国城市化的进展,童书作为一种创意功能、创意启发的价值,已经得到了亿万中国家庭的承认。与之相对应的,是童书内容阅读场景的丰富化和多元化。儿童的阅读,不仅仅是家中、案头,而应该是多维阅读场景下随时随地的、便捷的,对深度内容获取和陪伴的需求,比如,睡前、旅途中等。与之同时,少儿出版与少年儿童素养培养目标的结合,与不同学段目标读者成长需要的结合,更为少儿出版的内容拓展和创新发展提供了广阔天地。

当然,融合发展的关键和难点还在于,作品的版权其实是在作者手中,如何获得作者的全面授权,是出版单位开启文字作品的全版权运营的基础和前提。

其五,跟风出版,同质化出版。这些年,560家出版社竞逐少儿出版的同时,部分出版机构把少儿出版变得越来越没有门槛。2018年上报的少儿图书选题是6万多种,"千军万马竞逐少儿出版"的恶果已经显现,某位儿童文学作家今年的图书选题竟达200多种。大量低水平同质化产品涌入市场,给读者选择图书带来困难;出版社自身消耗大量产能,造成大量库存,也不利于出版社可持续发展。

(二) 推动少儿图书出版健康发展的对策建议

1. 有效管控渠道,重建出版市场生态

首先,自律是前提,自律还应扩大到少儿出版的整体同盟。有些少儿社最后以低于成本价跟电商平台结算,这种行为应该遭到摒弃。唯有加强行业自律,才能营造出版可持续发展的生态环境。

其次,国家大力推动的供给侧结构性改革,对于出版而言,是要减少无效低端供给,实现更高水平的供给。而有品质、成本高的好书,其生存空间在价格战当中压力巨大,这跟供给侧结构性改革的意愿是背道而驰的。针对渠道绑架上游的情况,需要行政部门、行业、企业一起形成合力,才能有所改变。市场经济是自由竞争,但是也需要遵守竞争的规则,同时还需要行政的宏观调控。如果不能够从立法角度进行限制的话,行政主管部门完全可以从发出声音的角度来进行约束。主管部门的态度旗帜鲜明地表达出来,能对健康市场生态的建立和维护起到一定的积极作用。

最后,出版人应该适应读者阅读需求分层次多样化的变化,主动调整和优化渠道

结构。比如说图画书的推广，除了电商营销平台以外，绘本馆也是很好的平台。下一步，少儿出版人应特别关注和逐步拓展校园渠道。同时，近几年来，各地都在举行阅读活动，都有政府支持的补贴和推动。显然，阅读市场已经呈现出多层次多样化的需求，出版人应努力开拓创新发展新的渠道，逐步减少对传统渠道的依赖程度。

2. 通过宏观调控，优化净化少儿图书市场

首先，应当像教材教辅一样，对少儿出版有一个基本的资质审核，降低重复出版、低品质出版，以及跟风出版，避免低折扣战，避免无序竞争。

其次，560家出版社争进少儿出版单位应发挥各自的专业特色。比如，原创精品科普书紧缺，专业科技社可发挥自己作者的优势，发挥编辑方面的优势，推出少儿科普图书，而不是像现在这样，大做特做儿童文学。

第三要推动少儿出版由中国制作向中国品牌转变。中国少儿出版要坚持把练好内功创新放在首位，回归到价值出版的中心点上来。

经历过"黄金十年"的童书出版业，仍在呈现巨大的想象空间。在一个众声喧哗的出版环境里，中国少儿出版需要做的，是持续寻找新动能，奉献经营创新和出版实践，从而持续引领少儿出版黄金时代。

（陈　香　中华读书报）

第四节 2018年VR/AR出版情况分析

2018年随着VR/AR技术提升，消费级、行业级产品应用进一步丰富，虚拟现实产业已由低谷期走向复苏期。对于新闻出版而言，VR/AR技术作为科技创新、业态融合的新动力，在内容生产和提升用户体验方面发挥了重要作用，衍生出诸多结合点，形成了广阔的应用。展望2019年，随着国家支持融媒体建设力度加大、步伐加快，大众对虚拟现实技术关注度和理解力逐步提高，新闻出版行业有望结合新技术、新趋势，打造出新的篇章。

一、2018年VR/AR技术在出版业的应用情况

（一）数字化融合发展成为VR/AR技术应用新机遇

根据中国信息通信研究院、华为技术有限公司、虚拟现实内容制作中心联合撰写发布的《中国虚拟现实应用状况白皮书（2018）》（简称《白皮书》）的界定，VR/AR的内涵是："借助近眼显示、感知交互、渲染处理、网络传输和内容制作等新一代信息通信技术，立足身临其境的沉浸体验，重点覆盖核心器件、泛智能终端、网路传输设备、云设备的新一代信息通信技术、产品和服务。"经过近几年的发展，我国VR/AR产业生态已初步建立，在内容应用方面开始由单一向多元、由分立向融合方向演变。其中，南昌虚拟现实产业基地、福建虚拟现实产业基地、天津虚拟现实产业基地、中关村虚拟现实产业园、山东省虚拟现实应用产业基地、南京六合虚拟现实产业基地、黑龙江动漫产业基地VR研发体验中心、广西首家虚拟现实人才培养实训基地等国家高新技术产业化基地的建立，为出版业态的创新带来了新机遇，为VR/AR技术与出版行业融合发展提供了新路径。

1. VR/AR 技术驱动出版业融合发展

在以技术为驱动融合发展的出版业中，终端设备的普及和数字化阅读的推广，使得 VR/AR 技术在新闻出版领域的应用呈现出稳定增长态势，国内大量出版企业依托优秀的内容基础尝试推出了与其定位相同的 VR/AR 图书及文化产品，并依靠其资源优势融合发展，构建数字内容资源库。通过提升读者体验，将选题计划结合新技术向个性化、定制化的融媒体开放型产品转变，为塑造全新的产业生态，建设出版内容输出平台打下了良好基础。同时，出版产业链的深度重构，以及大数据、人工智能和 VR/AR 技术的结合激发了读者市场应用需求，加速了以数据应用为核心的体系建设。

2. VR/AR 技术催生出版 IP 价值

习近平总书记在中共中央政治局第十二次集体学习时强调，"推动媒体融合发展、建设全媒体成为我们面临的一项紧迫课题"。在媒介融合发展、媒体转型升级的背景下，VR/AR 作为一种跨界技术，将不断与以 IP 为中心的多媒体衍生产品相结合，实现内容一次创造出版，多领域多载体开发利用，与出版融合产品相互渗透、相互促进，为版权形态立体化呈现更多可能。在数字出版销售模式不断变化的今天，打通 IP 与 VR/AR 技术的融合，是打破出版物物理特性的壁垒，实现从内容到产品价值创新并取得良好经济效益，多环节产业链布局的重要措施。

3. VR/AR 技术促进出版业线上和线下融合

在融合出版背景下，出版社在 VR/AR 类图书的制作方面，通过线上和线下技术结合，有效控制了渠道和价格，避免了恶性竞争和盗版现象。和以往不同，内容生产的革新改变了传播的范式，盗版在 VR/AR 类图书方面无的放矢，读者若想体验整本书的内容及游戏，必须跟线上的 APP 结合起来并下载附件，否则没有任何的意义。

未来，AR/VR 阅读内容将作为数字资源放在阅读平台上，出版单位将借助交互式出版方式以定制化服务为导向，使读者从单纯的购买图书向为数字资源和新的阅读方式付费转变。

（二）2018 年 VR/AR 技术在出版行业的应用现状

1. 在新闻报刊方面的应用

VR/AR 技术将传统内容虚拟转化，使读者感受到其沉浸、交互、想象的特征，增强了媒体报道的真实性和客观性，2018年两会期间，新华社利用"增强现实"技术，在其自身APP客户端发布了《AR看两会丨政府工作报告中的民生福利》，报道在视觉阅读上深加工，使读者体验到多元的阅读方式。2018年9月30日，《甘肃日报》联合腾讯AR团队，率先实现了报纸上观看视频，甘肃纸媒首条AR新闻诞生。同样，在2018年11月2日《太原晚报》在全省报纸中率先采用AR视频技术，推出了《时代新人》特刊，截至当天下午6时，累计扫描总次数达到43 948次。新华网、光明网、人民网、南方报业网等网络传播平台，从传统媒体应用向全媒体文化传播等领域拓展，以信息互动及时性、阅读内容丰富性、体验维度广等核心特征为融合出版奠定基础。据了解，欧美和日本等发达国家的主流媒体，也在尝试VR/AR技术与人工智能相结合的智慧媒体报道，VR/AR技术与新闻出版的结合甚至被部分媒体人称为"战略性的机会"。

2018年8月，北京印刷学院、中国少年儿童报刊工作者协会、梦想人科技、融智库联合举办了"首届全国优秀AR数字少儿报刊出版物制作大赛"。由四川教育报刊社主办的《少年百科知识报》《今日中学生》，湖南教育报刊集团主办的《幼儿画刊》，江苏省科学技术协会主办的《科学大众》，湖北长江报刊传媒（集团）有限公司出版的《马小跳·奇趣探险》等100多种刊物在AR阅读平台"4D书城APP"上发布，日均总阅读量超过150万。教育类期刊凭借新技术对内容多样性呈现，极大提升了少年儿童的学习兴趣，使得儿童阅读成为VR/AR技术在出版方面的主流应用方向。

2. 在图书出版方面的应用

VR/AR产品作为数字内容的一种形态，影响着众多出版企业对数字内容资产的探索。2018年8月，岳麓出版社将《红楼梦》《水浒全传》《三国演义》《西游记》等名著纳入首批数字出版计划，并利用其出版优势建设垂直领域的新媒体矩阵，已出版的十余种数字化图书累计发行超过100万册。全媒体形态的内容储备成为出版社的硬性资源，与新技术金融化运作正逐步实现轻量化转型。

2018年全国高等学校五年制本科临床医学专业第九轮规划教材（即第九版教材），由人民卫生出版社出版，该书增加AR功能，通过配套的APP扫描书本插图，在页面上形成三维的人体彩色模型，创建了中国特色医学教育教材建设模式。

2018年8月，网龙华渔教育和少年儿童出版社达成数字化合作，将VR/AR技术应用于《十万个为什么》第六版纸质图书当中，形成原创版权，并通过内容付费的模式获得收益。此次新技术的应用涵盖医学、数学、物理、化学、植物、动物等18个学科，让难以理解的知识点变得形象生动起来，培养了学生的思辨能力。VR/AR技术与图书教材相结合这一模式，不仅使得教学资源可视化、形象化，同时还提升了学习者的存在感和专注度，推动了我国高等教育的改革和发展。

3. 在文化传播方面的应用

文化产业被誉为朝阳产业，其内容与数据的紧密结合成了经济发展的重要资源，有着巨大潜力和发展前景。据前瞻产业研究院《中国文化产业发展前景预测与产业链投资机会分析报告》数据显示："未来数年，中国的文化产业要实现成为国家战略性支柱产业，文化产业的增长比例至少每年要达到15%以上。"由此可见，未来文化产业的增长空间及发展潜力巨大，高品质、影响大的文化产品，将成为提升国家综合实力和扩大中华文化影响力的重要方式之一。

目前，虚拟现实技术与书店、图书馆、红色教育基地、党建书屋等场地结合，使其向着空间化运营迈进，推动了数字化融合发展的社会传播环境的建立。2018年5月18日，青海省西宁VR/AR党建体验中心正式启用，该中心作为首个省级重点党建项目建设内容之一，不仅配备了传统的展览内容，还将虚拟现实技术和互动体验相结合，并通过电视、电显、投影等设备为党员和广大群众带来了新科技的视觉震撼感，深刻立体地展示了陈列对象所蕴含的背景和意义。

2018年9月，乌鲁木齐首个VR红色教育基地正式对外开放。该基地运用虚拟现实技术，以多元的体验式教育与社区原有的党史馆互补，使参观者身临其境地感受到历史变迁并与之实时互动，体验场景中每一名战士面对敌人的炮火时的奋勇杀敌，毫不畏惧精神，使辖区党员干部获得了生动的参观体验。

2018年福州市马尾区图书馆作为国家一级公共图书馆，针对低龄儿童新增AR/VR体验区。通过海底世界、VR/AR创作馆、VR/AR科普教育馆三大模块组成的体验区，用人工智能、增强现实和虚拟现实等数字化手段创新阅读，提升了孩子自我学习驱动力。"真实、神奇、快乐"已成为小体验者们最直观的感受，阅读也已不再局限于纸质书籍。

4. 在教育方面的应用

AR/VR 技术是一场信息化知识的新革命，正成为教育现代化的重要渠道，逐步实现了教学模式由平面到空间的改变，在 K12 教育、高等教育和职业培训中的应用广泛，其衍生出的基础教育、素质教育等线上线下结合模式，也广受资本市场关注。2018 年 5 月 5 日，腾讯公司与人民教育出版社在北京正式签署战略合作协议。通过 AR 教材、云服务、智慧校园等多种形式的合作，在信息技术和数字出版领域开展深入研究和推广。

2018 年 6 月，国家出版融合发展（时代出版）重点实验室"虚拟现实 VR 实验教学应用"示范基地在合肥建成，通过对虚拟实验内容资源进行开发研究，实现教学资源的数字出版，为出版社提供数字内容增值服务。2019 年世界读书日，四川外国语大学推出的"黑科技"图书馆活动，将智能机器人、油画数字屏、音乐数字屏、智能钢琴、朗读亭等新技术与认知结合，组成 VR 学习角。学生可利用 VR/AR 技术构建虚拟学习环境与课外内容相融合，形成自发学习的驱动力，并体验其交互式纵向学习。

VR/AR + 教育不仅为人们提供了全景式阅读，造就了跨时空的新媒体学习体验，也更加直观、形象地把信息知识转化成了数字流，为教育技术的探索和研发迈出了巨大的一步，使虚拟现实与原有的传统学科内容相兼容形成互补。

二、VR/AR 与出版业融合中存在的问题

在政策层面，国家和相关部门对以发展虚拟现实、人工智能为主的科技产业高度重视，不断推出利好政策，使国内许多初创公司迅速找到发展方向。在技术层面，技术厂商在定位、交互、PC 计算能力、无线传输等方面加速研发，智慧阅读正成为新的方式。在市场层面，独立头显设备在价格成本方面有所回落，终端应用消费门槛的降低使用户群体范围拓宽，行业活跃度提高。

对于新闻出版生态而言，国内外专家学者提出了相应理论研究，其大量建设方案仍在探索中。目前，内容监管、应用创新、专业化编辑培养、读者结合度不够以及安

装和使用不便等方面成了出版业融合发展道路中急需突破的问题。

(一) 内容监管力度有待加强

VR/AR 技术与出版进一步融合后，VR 图书、VR 漫画、VR 游戏和 VR 视频正成为辅助和拓展出版的新形态，其作品的创作方式、使用方式和传播方式都发生了深刻的变化。资源和结构的改变使得版权形态日趋复杂，监管范围逐步扩大，一方面出版社运营意识不够，相关权益得不到保障，一方面版权保护措施不足、维权成本高、取证难度大以及获取资讯多渠道化，使读者在体验新闻出版与 VR/AR 相结合的内容时，作者和出版单位获利甚微。

随着图书内容产业的迅速发展，其增值链中 AR/VR 模型标准性、规范性不足，输出软件与硬件交互缺乏一致性，用户数据外泄等问题也越来越多地被大家所关注，因此监管安全、严密程度和应对速度也更加重要。

(二) 缺乏应用创新和技术创新

出版产品的体验维度、交互设计将成为新技术思维脉络与实践方法，当前 VR/AR 技术在提升画面刷新率，解决内容卡顿等应用方面已有明显改善，但仍未开发出让读者便捷地更新硬件和软件里程碑式作品。图书内容好不好看、互动方式是否吸引人、分镜头的数字化是否细致等要素将成为影响品牌价值和用户黏度的衡量标准，延展性强的平台化项目有待深入，较基础的 AR/VR 产品已经很难取得发展，企业寄希望于用新技术体验增加销量的尝试不再可取。因此，新技术不再是一种手段，而成为融合发展的路径，重新构建应用创新中的新价值体系也愈加重要，VR/AR 新闻出版将进入应用创作时代。

(三) 复合型编辑储备不足

目前，我国出版产业建设正处于融合发展的关键期，实现内容生产模式的升级和创新，既是提高文化传播力的需要，也是探索出版企业自身发展的迫切需要。但新兴出版较高的软硬件门槛使得不善于专业技术的传统编辑心余力绌，人才供需短缺问题浮现。基于图像处理技术与人机交互系统等内容的开发,编辑人员策划思路和编辑方式都在发生改变。能够适应新技术、新媒体要求,又具有前沿技术的人文社科素养复合型人才将成为影响出版业发展的重要因素。

目前,传统编辑人员在内容策划方面还不能将新技术和新闻出版完全融合,仍需要不断学习、探索、尝试,在产品设计上挖掘读者对 VR/AR 图书的需求并培养营销意识。内容生产和编辑思维的转变,将进一步推行数字出版行业的转型升级,推动 VR/AR 技术与新闻出版产业横向延伸、纵向深入的可持续发展。

(四) 内容与读者结合度不够

高质量的内容一定会拉动销量,如何将好的内容与 AR/VR 技术对接成为出版企业转型升级中急需思考的问题。作为数字出版内容的一种形态,新技术的应用还较为薄弱,与读者结合度不够。首先,产品内容同质化严重,这类出版物虽然在初期能够避免市场风险,但其形态被读者接受后会出现大规模竞争。其次,出版企业拥有的内容资源相对独立,缺乏关联,没有形成 AR/VR 产业链。第三,内容与线下场景难匹配,缺乏与市场有效的结合,AR/VR 技术对优质图书内容的带动能力没有完全释出。

书店、商场中的体验点只能作为获取初级感受的选择,AR/VR 类产品复购率并不高,盈利模式十分单一。未来,丰富内容的生产和读者体验度紧密结合将成为虚拟现实技术在新闻出版发展的关键推动力量。

(五) 安装和使用步骤繁琐

VR/AR 类图书虽然可以打破阅读上的障碍,用沉浸式的体验为读者提供独特的阅读角度,但其安装和使用步骤上的繁琐,极大地阻碍了消费者再次购买的意愿。诸如,阅读之前先下载 APP 应用,同意开放诸多权限,填写验证码,将头戴设备或终端阅读设备对准实体书进行扫描等,并且数月之后若想获取新的出版内容,需更新 APP 应用,再次扫描二维码。

面对服务器前期开发和后期维护费用的持续投入等原因,部分出版企业可能关闭端口，使读者访问不到服务器，二维码链接失效。其繁琐的使用程序和企业自身存在的诸多问题，使得很少有书能够反复使用。

三、VR/AR 技术在出版行业中的发展前景

国家"十三五"规划提出，"推动出版发行、影视制作、工艺美术等传统产业转型升级"，加快发展网络视听、移动多媒体、数字出版、动漫游戏等新兴产业，进一步加强新闻出版转型升级，推动传统出版和新兴出版融合发展。VR/AR 阅读作为纸质图书的延伸，应与 5G 技术、人工智能、大数据等新技术携手，探索核心内容资源在出版行业的新应用。

（一）VR/AR 开启可视化阅读方式

新闻出版产业与大数据、虚拟现实、云计算、移动互联等新技术的融合，为全民阅读方式带来了革命性的变化，并形成 VR 新闻、VR 教育、VR 游戏、VR 旅游、VR 医疗等丰富业态。VR/AR 技术通过对出版内容的数据转化，开启了信息可视化的阅读方式，在使用方面，轻量化、大视角、移动化、开放化、普及化将成为其发展方向，VR/AR 头显不再会妨碍人们正常浏览，设计更加时尚和便携贴近普通眼镜，交互能力方面也将更加优化。最终还需要引导读者打破传统图书消费习惯，培养新的消费理念和应用经验。

（二）5G 和人工智能为 VR/AR 发展提供重要支撑

以 5G 和人工智能为支撑的大连接，加速了出版业数字化转型进程，为 VR/AR 市场的拓展提供了全新的应用场景，图像识别计算、实时跟踪和动态渲染使内容与设备之间的联系更为紧密。运营商、出版商通过终端设备的不断革新，运用传输速度更加快捷的 5G 技术为 VR/AR 内容采集提供大容量通道，将全景视频以及动态内容推向个人用户，实现瞬间检索、呈现、分享，扩大新闻出版

行业信息量。

一方面，人工智能与VR/AR技术在算法、算力和数据之间的良性循环，使阅读终端和云端连接，降低VR/AR视觉延迟，另一方面，5G实现了低延迟的无线高速通道化体验，达成头显轻量化需求，使读者阅读的内容和读者本身同时在线并形成镜像世界，数字世界和传统图书密切结合，现实与虚拟体验同步，全时全息。

《中国VR/AR市场季度跟踪报告》国际数据公司（IDC）最新发布的预测认为："未来5G技术以及云计算的发展将推动VR无线化应用场景更加深入，设备体系进一步完善，内容生态将得到有效补充。"5G作为基础设施性、平台性技术，将通过比较成熟的新媒体矩阵建设，催生出出版业丰富的VR/AR消费级应用。

（三）教育领域和职业培训将成为VR/AR技术投入重点

VR/AR技术作为教育的突破口，重新定义了学习空间。在《2018年教育信息化和网络安全工作要点》文件中，教育部再次明确将虚拟现实技术列入教育信息化的年度重点工作任务。原国家新闻出版广电总局全面实施"数字出版千人培养计划"，支持出版单位与高校、研究机构和创新型企业联合开展出版融合发展的人才培养。

以VA/AR技术为代表的创新型科普教育正融入常态化的教学场景，大步走进校园，可视化、形象化的教学方式为孩子们创造了生动有趣的多维度课堂，带来了沉浸式体验和自然亲切的氛围，使学生们对教学内容有了进一步参与和探索的机会，提升了科技素质。通过新技术构建虚拟学习环境，推动教学创新发展，VA/AR教学模式已从K12向高等教育和职业培训教学拓展开来。技术的进步与文化消费水平的提高，有效打开出版社和教育机构的发展空间，教师对课堂上专业知识的应用也更加重视。2018年5月，由教育部《中国高校科技》杂志社、华智科育（北京）信息科学研究院主办的"VR技术在教育教学中创新应用研修班"围绕VR技术在教育教学中的创新发展进行研讨。新技术应用型转型已经成为我国教育发展趋势，培训教师学习在课堂中运用VR/AR技术的专业知识，也将成为今后的重要工作之一。

在融媒体时代下，大数据、云计算、虚拟现实等现代信息化技术的广泛应用，使出版与高新技术的融合迅速推进，赢得了业内外的共识。其中，VR/AR技术与出版业的相互渗透、融合发展成为主要的趋势之一，许多出版社还在智能教育机器人研发、智能机器人语音知识库上重点发力，虚拟课堂、特殊教育、VR/AR 博物馆、VR/AR 红色文化馆等应用的不断涌现，为出版多元化提供了更多的可能性。可以预见，VR/AR 等新技术的发展，定将开启新闻出版业融合发展的全新时代。

（邓　杨　中国出版网）

第五节　2018—2019 全民阅读发展报告

2019年3月，中共中央《深化党和国家机构改革方案》公布，新闻出版管理职责划入中央宣传部，对于全民阅读而言，这是一个全新时期的开始。

2006年至2018年，是我国全民阅读兴起的关键阶段。从上层建筑看，全民阅读的相关理念在国家宣传、文化、教育、新闻出版等管理部门中各种特点和侧重的成长、发展，互相渗透影响。新闻出版管理部门中则成长起一套相对完善的全民阅读工作运行体系，这套体系以挂牌在原国家新闻出版广电总局出版管理司图书处的全民阅读办公室为神经中枢，通过年度全国全民阅读通知（2006—2018）等文件，向全国青少年推荐百种优秀出版物（2004—2018）、大众喜爱的50种好书（2010—2017）等重点活动，"全民阅读工程""书香中国""书香之家"等系列品牌建设，以及建章立制方面的政策努力——颁布《全民阅读"十三五"时期发展规划》、启动全民阅读立法等工作，历经十余年，在凝聚阅读理念、引领各地发展、吸引社会力量等方面发挥着重要作用。中宣部统一管理新闻出版工作之后，地方全民阅读的主管部门也随着机构改革有所变化，大部分地区全民阅读划归宣传系统管理，也有一些地区划归地方文旅局管理，这样的变革，必将对今后的全民阅读事业带来全面而持续的影响。

本文将对第十六次全国国民阅读调查的总体情况进行概述，重点解析全民阅读指数。在此基础上，本文选择地方阅读立法、阅读组织建设、阅读产业发展等近两年来特色鲜明的专题重点叙述，以展示2018—2019年以来全民阅读的脉络趋势。

一、第十六次全国国民阅读调查情况

（一）阅读指数展示城市全民阅读综合状况

2018年，在连续多年的调查成果基础上，全国国民阅读调查课题组首次发布了国民阅读指数和城市阅读指数指标体系，以综合反映我国国民和各城市居民阅读的总体情况，不同城市间有了统一的阅读指数标准。阅读指数指标体系分为"个人阅读状况"和"公共阅读设施与服务"两大方面，涉及25项指标。最终，通过对25项指标进行分层拟合，获得阅读指数。

经测算，2018年我国阅读指数为68.67点。其中，个人阅读指数为71.67点；公共阅读服务指数为65.91点。通过对各直辖市、省会城市和深圳、苏州等阅读活动开展较好的代表城市的阅读指数进行测算，得出2018年城市阅读指数排在前十位的城市，如表1所示。深圳市以84.39点高居榜首，苏州市和北京市分列第二、三位。

表1 城市阅读指数排名

排名	城市	阅读指数（点）
1	深圳	84.39
2	苏州	79.91
3	北京	78.65
4	青岛	77.04
5	杭州	76.63
6	南京	75.60
7	上海	75.40
8	合肥	75.01
9	武汉	74.65
10	福州	74.64

从区域对比的角度来看，在本次调查涉及的50个样本城市中，城市阅读指数排在前十名的城市里，华东区独占鳌头，有7个城市上榜；华南区、华北区和华中区分别只有一个城市在榜单中；东北区、西南区和西北区没有城市进入前十名。

"个人阅读状况"是对居民个人阅读水平的综合测评，包括国民个人图书阅读量与拥有量、各类出版物的阅读率以及个人阅读认知与评价三个方面。在个人阅读指数排行榜中，深圳市位居第一，青岛市和苏州市位列第二、三位，如表2所示。值得一提的是，虽然长沙市未能进入城市阅读指数前十名，但个人阅读指数进入排行榜前十名，说明与其他样本城市相比，长沙居民的个人阅读状况较为突出。

表2 个人阅读指数排名

排名	城市	个人阅读指数（点）
1	深圳	88.03
2	青岛	85.34
3	苏州	82.45
4	北京	81.80
5	西安	81.50
6	杭州	80.76
7	武汉	80.69
8	合肥	80.65
9	南京	79.12
10	长沙	78.10

"公共阅读设施与服务"是对当地全民阅读公共设施建设与公共服务水平的综合反映。包括国民对公共阅读设施、全民阅读活动等的认知度、使用情况以及满意度评价三个方面。如表3所示，在公共阅读服务指数排行榜中，深圳市依旧位于榜首，苏州市和上海市分列第二、三位。虽然在城市综合阅读指数排行榜中未能进入前十名，但广州、重庆和成都在公共阅读服务指数排行榜中分列第七、第九和第十名，说明以上城市在公共阅读服务方面具备相对突出的优势。

表3 公共阅读服务指数排名

排名	城市	公共阅读服务指数（点）
1	深圳	80.03
2	苏州	77.43
3	上海	76.29
4	北京	75.74
5	南京	72.77
6	杭州	72.60
7	广州	72.34
8	福州	71.69
9	重庆	70.97
10	成都	70.94

综合以上分析可以看出，与其他样本城市相比，深圳市、苏州市和北京市在居民个人阅读状况和公共阅读服务水平方面发展较为均衡，因此，深圳市和苏州市稳居城市综合阅读指数排名的前列。此外，部分城市之所以未能进入城市综合阅读指数排行榜前十名，是因为在个人阅读状况与公共阅读服务方面之间的发展略微失衡。一是虽然有些城市在公共阅读服务方面有待进一步提升，但居民个人阅读状况较为突出，在个人阅读指数排行中位居前列，如长沙市。二是虽然有些城市的居民个人阅读状况方面存在较大的上升空间，但在公共阅读服务方面的成绩较为亮眼，公共阅读服务指数进入城市排名前十位，如广州市、重庆市和成都市。由此可见，一方面，居民个人阅读水平的提升离不开良好的公共阅读服务与阅读氛围，另一方面，政府提供的公共阅读设施与服务水平是否发挥出实际的成效，体现在居民个人的阅读状况方面，二者相辅相成，均衡发展。

（二）城乡居民之间阅读状况发展不均衡

1. 图书阅读率城乡差异显著

包含图书阅读率、报纸阅读率、期刊阅读率和数字化阅读方式接触率在内的各媒介综合阅读率是衡量我国成年国民阅读状况的重要核心指标。第十六次全国国民阅读调查数据显示，我国城乡居民的综合阅读率差距较大，如图1所示。2018年，我国城镇居民的综合阅读率为87.5%，较农村居民的73.0%高出14.5个百分点。从城乡居民对不同媒介阅读率的对比来看，城乡居民之间差距最大的是图书阅读率，差值最小的是听书率。

具体来看，2018年我国城镇居民的图书阅读率为68.1%，较农村居民的49.0%高出19.1个百分点。此外，城乡居民间图书阅读率的差值较2017年有所扩大，2017年我国城镇居民的图书阅读率（67.5%）较农村居民（49.3%）高出18.2个百分点。城乡居民的听书率是各媒介阅读率中差值最小的，仅为2.4个百分点。具体来看，2018年我国城镇居民的听书率为27.1%，农村居民的听书率为24.7%。

2. 各介质阅读量的城乡差距较2017年有所收缩

从城乡成年居民对不同介质出版物的阅读数量对比来看，2018年，我国城镇居民

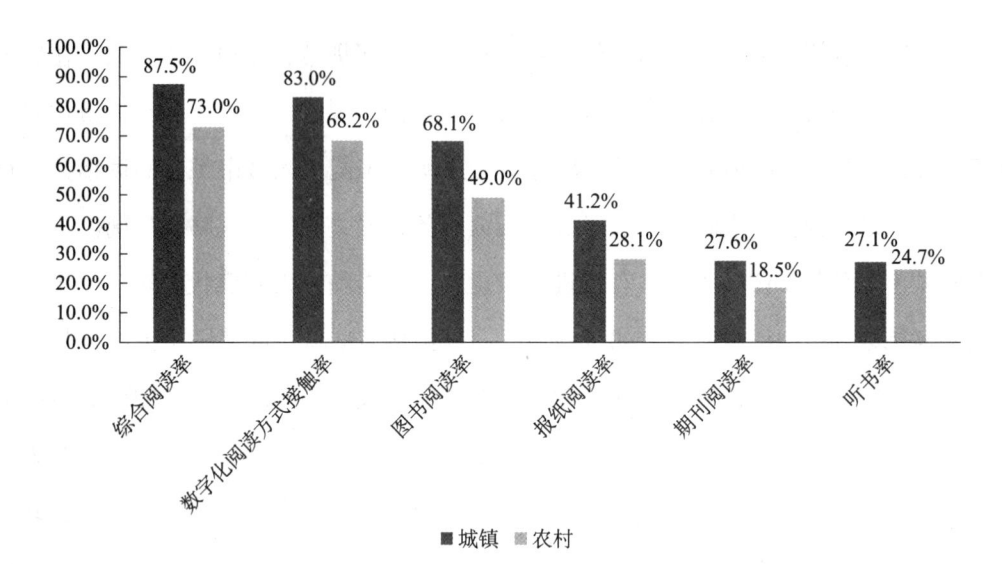

图1 我国成年国民各媒介阅读率城乡对比

的各类出版物阅读量均显著高于农村居民,其中城乡居民间差距最大的是报纸阅读量,差值最小的是电子书阅读量,如表4所示。与2017年相比,城乡居民之间各类介质出版物阅读量的差距均较2017年有不同程度的收缩。

虽然城乡居民间纸质图书阅读率的差距较2017年有所增加,但城乡居民间纸质图书阅读量的差距较2017年有所收缩,如表4所示。2018年我国城镇居民的纸质图书阅读量为5.60本,较农村居民(3.64本)多1.96本;2017年城镇居民的纸质图书阅读量较农村居民多2.48本(2017年城镇居民的纸质图书阅读量为5.83本,农村居民为3.35本)。城乡居民之间纸质图书阅读量的差距,由2017年的2.48本,缩小到2018年的1.96本。我国城镇居民在2018年的电子书阅读量为3.41本,较农村居民的3.23本多0.18本。城乡居民之间电子书阅读量的差距,由2017年的0.80本降至2018年的0.18本。

表4 我国成年国民各介质阅读量城乡两年对比

介质	2018年 城镇	2018年 农村	2017年 城镇	2017年 农村
图书阅读量(本)	5.60	3.64	5.83	3.35
报纸阅读量(期/份)	38.09	12.85	49.36	15.12
期刊阅读量(期/份)	3.38	1.72	5.37	2.00
电子书阅读量(本)	3.41	3.23	3.50	2.70

(三) 多元化阅读方式格局逐步形成

1. 倾向于"手机阅读"的比例首次超过"拿一本纸质图书阅读"

随着移动端设备的普及和新技术的广泛应用，国民喜爱的阅读方式逐渐由单一的纸质阅读方式向多元化阅读方式转变。第十六次全国国民阅读调查数据显示，我国成年国民中倾向于"手机阅读"的比例，首次超过选择"拿一本纸质图书阅读"的比例，如图2所示。

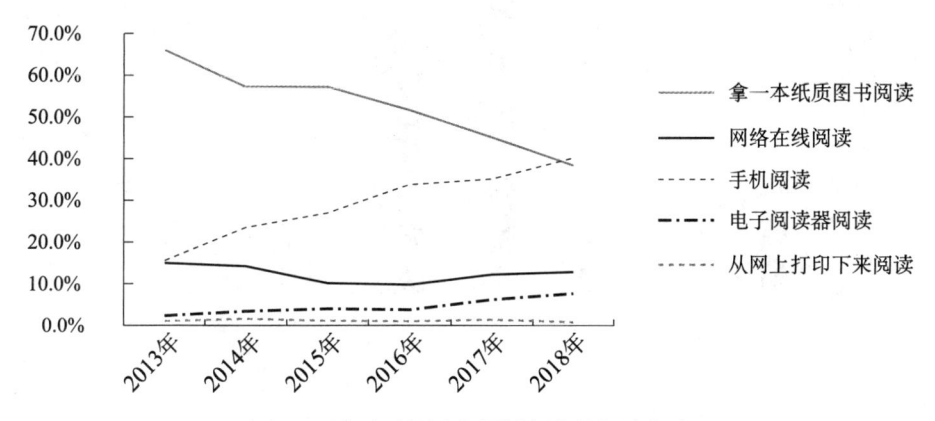

图2 近年来我国成年国民倾向的阅读方式

2018年，有40.2%的国民倾向于"手机阅读"，较倾向于"拿一本纸质图书阅读"的比例（38.4%）高1.8个百分点。网络在线阅读、电子阅读器阅读等数字化阅读方式也为越来越多的人所接受，与此同时，青睐"拿一本纸质图书阅读"和"从网上打印下来阅读"等纸质阅读方式的比例逐渐萎缩。与往年数据相比，喜爱"拿一本纸质图书阅读"的比例在2013年高达66.0%，倾向于"手机阅读"的比例仅为15.6%，而到了2018年，倾向于"拿一本纸质图书阅读"的比例下降幅度超四成，而倾向于"手机阅读"的比例，则增长了1.58倍，超过纸质图书阅读的选择比例。

2. 纸质出版物整体阅读时长有所下降，手机和互联网的接触时长增长显著

从成年国民对各类媒介的接触时长来看，人均每天接触纸质图书、报纸、期刊等纸质媒介的时间均较2017年有不同程度的减少，人均每天接触手机、互联网、电子阅读器等数字化阅读方式的时间均较2017年有不同程度的增长，如图3所示。在各类媒

介中，人均每天接触时间最长的是手机，约为一个半小时（84.87分钟）；其次为互联网，人均每天接触一小时以上（65.12分钟）。与此同时，人均每天阅读纸质图书的时间不足二十分钟（19.81分钟），且较2017年减少了0.57分钟。成年国民每天用于纸质报纸和期刊的时间也日益萎缩，人均每天读报时间不足十分钟（9.58分钟），阅读期刊的时长仅为5.56分钟，不但与手机、互联网等媒介的接触时长差距较大，且低于Pad（平板电脑）和电子阅读器的接触时长。

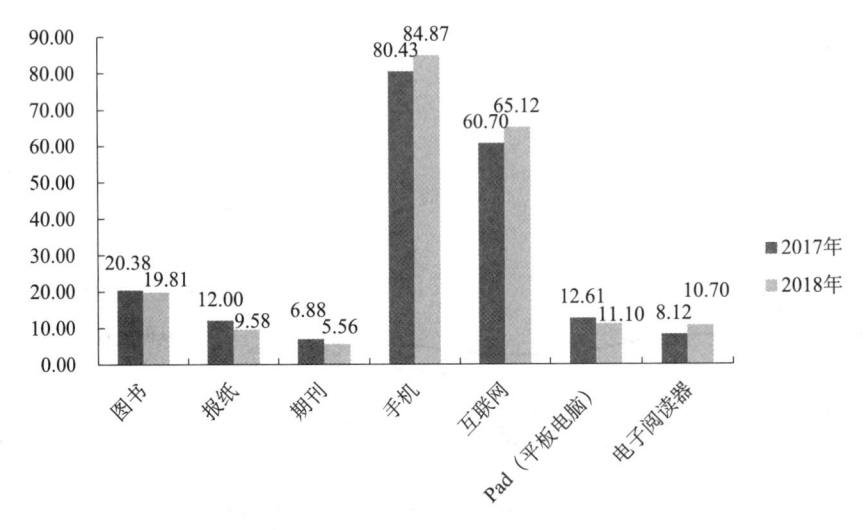

图3 我国成年国民各媒介阅读时长两年对比

在面对形式多样的媒介时，一方面成年国民在倾向的阅读方式中，对于纸质媒介的偏爱程度持续下降，对于手机等数字化媒介的依赖程度日益加深；另一方面，成年国民对于手机、互联网等数字化媒介的接触时长远高于图书等传统纸质媒介，且用于Pad（平板电脑）和电子阅读器等媒介的时长也在逐年增加。以上数据进一步说明，在成年国民中，多元化的阅读方式格局正在逐步形成，数字化阅读方式的出现为居民的阅读行为提供了极大的便利，纸质阅读方式的萎缩和手机阅读的飞速增长既顺应了时代的发展，也为今后多元化阅读方式格局的确立奠定了基础。

（四）听书规模逐渐扩大，儿童有声阅读增幅显著

在日趋多元化的阅读方式中，有声阅读成为一支新兴的力量，日益强大。通过听书阅读的群体规模逐步扩大，如图4所示。调查数据显示，有四分之一的国民在2018

年使用过听书的方式进行阅读。其中，0—8周岁儿童听书率位居各年龄群体之首，高达26.8%，较2017年的20.7%提高了6.1个百分点，涨幅近三成（29.5%），增涨幅度高于其他年龄段。9—13周岁少年儿童的听书率为25.2%，较2017年涨幅约两成（20.6%）。与2017年相比，以上两个未成年群体的听书率涨幅，显著高于18周岁及以上成年国民和14—17周岁青少年群体。

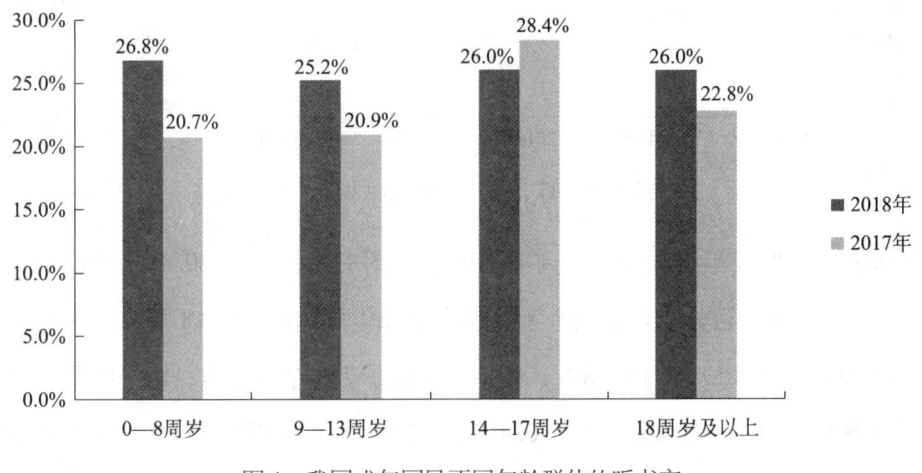

图4 我国成年国民不同年龄群体的听书率

从听书方式来看，"移动有声APP""有声阅读器或语音读书机""微信语音推送"是我国0—8周岁儿童最常使用的三大听书方式，选择比例分别为17.1%、10.5%和9.8%。

从听书内容来看，0—8周岁儿童通过有声阅读，最常听"少儿故事"和"诗歌朗诵"。而在有听书行为的该年龄段儿童中，最常听"少儿故事"和"诗歌朗诵"的选择比例高达82.1%和50.9%。

从听书频率来看，九成以上（94.1%）的听书儿童每周至少听一次书，其中，三成以上（34.5%）的儿童每天都会听书。

（五）0—17周岁未成年人图书阅读率下降

未成年阶段是阅读习惯养成的关键时期，从调查数据来看，我国0—17周岁未成年人的图书阅读率有所下降，其中0—8周岁儿童图书阅读率较2017年降幅显著，14—17周岁青少年的图书阅读率也较2017年有所下降，如图5所示。

图 5　0—17 周岁未成年人图书阅读率

具体来看，2018 年我国 0—17 周岁未成年人图书阅读率为 80.4%，较 2017 年的 84.8% 下降了 4.4 个百分点。在三个年龄段的未成年群体中，0—8 周岁儿童的图书阅读率为 68.0%，与 2017 年（75.8%）相比，下降了 7.8 个百分点；14—17 周岁青少年图书阅读率为 86.4%，较 2017 年（90.4%）下降了 4.0 个百分点；9—13 周岁少年儿童图书阅读率较上年有所增长，由 2017 年的 93.2% 提升至 2018 年的 96.3%。

与 2014 年相比，随着社会和家长对学龄前儿童阅读的重视程度日益增高，0—8 周岁儿童的图书阅读率有了显著的提升，由 2014 年的 59.2% 增长至 2018 年的 68.0%。14—17 周岁青少年的图书阅读率较 2014 年略有下降，由 2014 年的 88.3% 下降至 2018 年的 86.4%。9—13 周岁少年儿童的图书阅读率与五年前相比，基本持平。

二、全民阅读立法持续推进

2019 年上半年，4 部地方全民阅读法规接续出台，这 4 部法律是在机构改革的大背景下，经历了 2018 年的停顿而取得的令人瞩目的进展，对比 2019 年前后立法环境、文本的变化，有助于进一步思考未来全民阅读法制政策的发展方向。

截至 2019 年 8 月，我国已有 9 省 4 市颁布并实施了全民阅读法规，2015、2016、2017 年各 3 部，2018 年 0 部，2019 年 4 部，如下：

《广东省全民阅读促进条例》2019 年 6 月 1 日实施

《烟台市全民阅读促进条例》2019 年 4 月 1 日实施

《河南省人民代表大会常务委员会关于促进全民阅读的决定》2019 年 4 月 23 日实施

《贵州省全民阅读促进条例》2019 年 8 月 1 日实施

机构改革使得中央和多地全民阅读主管部门变更,这既给立法程序带来影响,也会影响到法规文本中对责任部门的确定。2018 年之前的法规,往往是规定文化、新闻出版、教育等各部门各司其职,并建立组织协调机制,例如深圳市成立"全民阅读指导委员会",江苏省成立"全民阅读活动领导小组"。日常具体工作则往往由新闻出版主管部门负责。2019 年接续出台的四部法规,其具体负责部门如下:

广东省:县级以上新闻出版主管部门

烟台市:市、县(市、区)人民政府承担全民阅读职责的主管部门

河南省:县级以上新闻出版主管部门

贵州省:县级以上新闻出版主管部门

其中,广东、河南、贵州三省的新闻出版工作均由省委宣传部主管,烟台市全民阅读工作由市文旅局主管。2019 年 7 月,《宁波市全民阅读促进条例(草案)》公布,规定全民阅读促进工作由市和区县(市)新闻出版行政主管部门负责。

机构改革后,大部分省市主管全民阅读的处、科级单位,仍然是之前负责新闻出版的处、科,由于机构调整,要么划归到宣传部,要么与文化、旅游部门合并,全民阅读职能得以保留延续,这是地方立法工作得以继续推进的前提。从地理位置上看,四部法律来自中、西、东、南四个区域,经济、教育、文化、公共文化设施建设情况都不均衡,但都能尽快实现立法,可见阅读立法是一种推进文化发展、促进文化民生的重要理念。

从立法进程看,河南省最早在 2016 年 8 月公开全民阅读立法计划;[①] 中共广东省

[①] 河南省将立法确保全民阅读 推进书香中原建设 [EB/OL]. (2016-8-17). http://hen.wenming.cn/jujiaohenan/201608/t20160817_3598736.html.

委宣传部于 2014 年 8 月就委托省情调查研究中心就全民阅读立法调查省内居民意见;①《广东省全民阅读促进条例（草案）》于 2017 年 7 月提交省十二届人大常委会第三十四次会议审议;② 贵州省于 2015 年 10 月启动了立法的调研工作;③ 作为山东省的地级城市，烟台市立法进程颇为顺利，2017 年启动立法工作，2019 年 2 月即通过市人大审议批准，所用时间不超过两年。

总体而言，地方立法工作的继续推进，体现了全民阅读的价值与生命力，体现了十余年间全民阅读理念自上而下、自政府到民间的扩散、落地，也体现了地方党政部门在以立法保障、推进全民阅读工作中所发挥作用的共识。从具体立法经验看，地方领导的重视、相关部门的共识、阅读产业的诉求、阅读相关行业的专业化，都是推动立法出台的关键力量。

三、全民阅读推广活动深入开展

2019 年 3 月，"全民阅读"被补充写入国务院政府工作报告，这是自 2014 年以来的第六次被写入报告。六年来，全民阅读的内涵和外延已经有了巨大的变化。随着全民阅读推广理念的扩散传播，各类实践活动的大量开展，阅读推广从业者不断探索、积累经验，推动了该行业专业化水平的持续提高，这种专业趋向，成为引领整个行业健康良性发展的驱动力。

近两年来，阅读推广专业化的首要特征表现为阅读推广主体目标的明确化、具体化趋向。2018 年，《中华人民共和国公共图书馆法》正式实施，图书馆界更加明确了作为全民阅读"重要阵地""重要角色"的自我定位，中国图书馆学会在 2018 年、2019 年发布的年度全民阅读工作通知中，均强调了阅读推广工作有助于图书馆社会价

---

① 广州八成受访民众期待广东省对全民阅读立法 [EB/OL]. (2014-8-20). http://culture.people.com.cn/n/2014/0820/c172318-25503003.html.
② 广东省人大常委会审议 广东省全民阅读促进条例（草案）[EB/OL]. (2017-7-26). http://www.bjrd.gov.cn/xwzx_1/xwkx/wssrddt/201707/t20170726_175174.html.
③ 省公共图书馆条例立法调研组到兴义市图书馆调研 [EB/OL]. (2015-10-15). http://www.xyzc.cn/article-8709-1.html.

值和影响力提升，进而强化了对阅读推广专业化能力的要求。例如，2019年全民阅读工作通知首次提出，要"策划具有理论指导性和实践参考性的培育课程"，"分级分类开展阅读推广人培育行动"。① 该通知还提出图书馆界要"探索全民阅读工作新机制，加强与其他公共文化机构、阅读服务组织及出版传媒机构的全面合作"，② 这种寻求多方合作、依据专业特长分工协作的诉求，也成为传媒、出版、教育、社会公益等各个领域阅读推广主体的共同诉求，反映了阅读推广作为一种新兴行业，正在充满活力地寻找各类有益"基因"，为实现更加真实有效的推广目标而加快组合。

  公益阅读组织是专业化水平发展最快的阅读推广主体之一，原因如下：一是目标定位准确，这些组织因阅读推广、阅读服务而生；二是能够有效汇聚社会力量，可以将阅读作为企业、个人公益慈善诉求的出口；三是成员素养、知识层次起点相对较高，这个领域不乏功成名就的企业家、新闻出版行业退居二线的专家、高校教师、海外归国人员、名校学子，为理想而非功利投入这个领域。例如，由高校教师、厦门大学新闻传播学硕士共同创办的"担当者行动"，到2019年已经运作十年，十年中始终坚持向乡村小学教师捐赠图书角为核心项目，围绕这个项目，联合国内知名学者、专家，号召优秀青年作为志愿者，吸引社会慈善捐助，培育贫困地区教师、校长乃至县级教育局领导的阅读教育素养，进而实现为贫困地区儿童提供高质量读物，并改变其阅读环境。截至2019年8月，担当者行动已在全国30个省援建29 366个图书角，培养了5万余名的乡村教师，募集善款历年累计7 457.57万元，并持续研发乡村分级阅读课程、通过"未来英才夏令营"不断培养高校学子阅读推广人才。③ 这个公益组织有一支精干的全职团队，分为若干个部门，其中人数最多、全职人员达12人的是"阅读研究与推广中心"，我们可将其视为该组织的专业化水平保持先进性的前提条件。英国的Bookstart计划、德国阅读基金会等国外组织，亲近母语研究院、深圳爱阅公益基金会、六和青少年阅读服务中心等都有类似的研发部门存在，是事业可持续发展的中枢神经。

  作为全民阅读事业的积极推动者和受益者，新闻出版企业也日益展现出提升自身

---

① 中国图书馆学会关于开展2019年全民阅读工作的通知 [EB/OL]．(2019-4-10)．http://www.lsc.org.cn/contents/1383/13402.html? from = singlemessage．
② 中国图书馆学会关于开展2019年全民阅读工作的通知 [EB/OL]．(2019-4-10)．http://www.lsc.org.cn/contents/1383/13402.html? from = singlemessage．
③ 担当者行动 [EB/OL] http://www.dandang.org/index.php．

阅读推广专业化水平的诉求。2019年4月，韬奋基金会宣布成立全国性"阅读组织联合会"，参与力量既包括中国新闻出版研究院全民阅读研究与促进中心，也包括始建于2014年的民间读书会联合会。该联合会的成立，是我国阅读组织向规范、有序方向发展的阶段性标志。企业、高校乃至政府联合建立的研究机构亦在蓬勃成长，多方力量的探索对接，将为阅读推广专业化开辟更为广阔的领域。值得关注的是，2018年，四川省新华文轩出版传媒股份有限公司依托国家新闻出版署出版融合发展（四川新华）重点实验室成立四川省全民阅读研究院，该院当年面向四川省高校科研机构发布了全民阅读课题，主要有四个方向：全民阅读基础理论及政策研究方向、全民阅读内容引导体系研究方向、全民阅读协同服务平台建设及运行模式研究方向、全民阅读评价指标体系研究方向。从这四个方向看，该企业不仅关心可供转化为生产力的应用研究，也关注基础理论研究，其未来发展令人拭目以待。

此外，各类阅读调查、指标体系、评估办法的研制与发布，也成为推动阅读推广专业化发展的外在动力。上文所提到的国民阅读指数和城市阅读指数的发布，引发了媒体和各地政府的广泛关注，位居榜首的深圳再次成为各地全民阅读工作学习和效仿的典范，这将继续推动其立法、图书馆建设、阅读组织培育、深圳读书月品牌建设等专业经验的传播发展。

总体而言，人才培育、相关行业的分工合作机制、考核评估体系，是督促阅读推广专业化发展的力量源泉，专业化发展则是提升全民阅读的质与量的必然途径。

四、全民阅读品牌日渐增多

从北京阅读季、深圳读书月、南国书香节、江苏读书节、上海书展等全民阅读活动看，由政府主导、经数年建设、形成建制的品牌活动，不仅是持续引发社会各界关注、形成合力的全民阅读场域，更是提升阅读相关产业性能的重要力量。2018年年底，北京阅读季当年活动收官之时，用数字展示了全民阅读的"北京模式"：汇聚500多家出版和文化单位、1 000多家社会机构、400多个新型阅读空间、100多家核心媒体、300多位社会知名人士和万余名专业阅读推广人，2018年全年品牌活动达到19项，涉及各类阅读活动超过3万场。① 2019年南国书香节暨羊城书展主分会场入场观众超300万人次。② 活动不仅通过优惠售书直接拉动阅读消费，也向观众现场集中展示了数字阅读的新技术。对于阅读产业来说，这些品牌活动拉近了生产者和消费者之间的联系，并且持续培育着潜在的消费群体，有助于教育、科技、艺术、公共文化等各领域生产资源的产品配置，推动产业的融合发展，并且，短期品牌活动也正在向日常的活动、项目延伸扩展，进而成为区域阅读产业发展的引擎。

阅读产业中各种品牌企业、品牌产品、品牌项目也日渐增多，例如由书店发展而成的知名阅读空间，知识付费产业中的阅读类APP，出版企业精心打造的阅读服务产品，绘本馆、教育机构开发的阅读课程……这些品牌的成功在于精准定位服务人群，把握读者需求，提供优质阅读服务，它们的成功也吸引了更多相关行业、社会力量对阅读市场的兴趣，尤其集中体现为未成年人阅读市场的快速发展，这也与我国基础教育改革对读书的强调有极大关联。2019年，我国中小学生的语文、历史、道德与法治统一换成"部编本"教材，阅读教育市场将释放出更大的需求，如何提升阅读教育产业品质，优化结构，提高从业者素质，将会是需要研究界关注的重要议题。

从2018年到2019年上半年全民阅读的发展态势看，行业、市场的活力正在释放，如何能推进该领域的高质量发展，仍然需要政策层面的规范、引导、扶持。到2020年，全民阅读地方立法的第一部法规已经实施五年，立法落地过程中的经验和问题，值得我们深入讨论、分析。教育、公共文化服务、新闻出版等各行业，政府、高校、企业、公益组织等各方力量在全民阅读领域的合作成功范例，亦值得观察、研究和推广。研究如何有效提高阅读推广人的专业化素养，是行业健康有序发展的保障。阅读指数的发布与阅读推广效果之间的关联，需要更为具体的论证与研究，才能成为政府和阅读推广主体的有效工具。未来可期，我们将继续追踪观察。

（张文彦　青岛大学新闻与传播学院；田　菲　中国新闻出版研究院）

---

① 北京阅读季｜全民阅读"北京模式"，到底长什么样儿［EB/OL］．（2018-12-13）．http://dy.163.com/v2/article/detail/E2U7ISJQ0530VCS0.html．

② 南国书香节闭幕，全省预计超300万人次入场．南方都市报，2019-08-20．

第六节 2018—2019出版物市场治理情况

2018年，全国"扫黄打非"部门在出版物市场治理方面坚持统筹网上清理与网下打击、专项治理与日常监管，持续打击有害出版活动、传播淫秽色情低俗信息活动、新闻三假和侵权盗版行为，全国共收缴各类非法出版物1 590万件，处置网络淫秽色情等有害信息618万条，取缔关闭网站2.6万个，查处各类案件1.2万起，其中刑事案件1 200余起，刑事处罚2 670余人，在净化出版物市场环境、保护青少年健康成长、推进"扫黄打非"进基层等方面取得重要进展。

一、2018年出版物市场治理成效

（一）"护苗2018"专项行动打击非法有害少儿出版物及信息，青少年保护工作取得新成果

1. 持续净化中小学校园周边文化市场环境

全国"扫黄打非"办公室部署3月至10月在全国范围内开展中小学校园周边文化市场环境专项整治，重点强化中小学校园周边出版物等经营场所管理；重点打击、清缴含有淫秽色情、暴力恐怖、校园霸凌、自杀自残、虐童施暴等内容的少儿出版物及盗版教材教辅，取缔在校园周边销售出版物的无证照店档、游商摊贩及盗印教材教辅的打字复印店；追根溯源，严查制售涉少儿类非法有害出版物案件。专项整治中，各地加强校园周边出版物、文化用品、电子产品销售维修等经营场所台账管理，建立完善了"校园周边点位"数据库，对这些重点部位进行高频次日常巡查，在中小学春季、秋季开学前后及暑假期间进行全面清查，全年共查缴非法有害少儿出版物340万余件。

同时，严查制售涉少儿类非法有害出版物案件，先后查办了湖南益阳"3·12"特大制售非法有害少儿出版物案、浙江海盐"3·11"向在校生销售盗版出版物案等一批重大重点案件。

2. 深入整治涉未成年人网络有害信息

一是严肃整治教育类APP。2018年10月，根据媒体报道和举报线索，全国"扫黄打非"办公室部署多地查处教育类APP传播低俗色情内容问题。北京市依法关停"互动作业"APP，对经营单位作出行政处罚；上海查处"纳米盒"教育APP，责令整改、关闭涉事内容版块，并对涉案单位予以行政处罚。随后全国"扫黄打非"办公室联合多部门开展学习类APP专项整治工作，要求互联网企业履行好企业主体责任，严惩唯利是图、漠视责任的企业。

二是及时处置涉未成年人色情信息网站。2018年8月，针对网民举报反映的Shota-zone、萌妹子论坛等网站传播涉未成年人的色情图片和视频问题，全国"扫黄打非"办公室立即组织力量进行核查，协调相关部门对服务器设在境外的网站进行了封堵处置，并将其中涉嫌犯罪线索转办执法单位进一步查处。同时，严厉打击网络传播涉幼淫秽物品行为。2018年4月，浙江宁海公安机关侦查"4·24"利用微信打赏平台传播淫秽物品牟利案，查获6万余部淫秽视频，其中大量涉未成年人淫秽视频，已抓获6人。2018年5月，山东济南破获一起架设儿童色情网站传播淫秽物品牟利案，打掉"少女领域""萝莉天堂"等多个涉幼淫秽色情网站，抓获3人。

三是快查严办多起传播猥亵儿童、淫秽视频案。四川、内蒙古、广东、广西等地先后查处多起传播猥亵儿童、涉儿童淫秽视频案。如四川广安"1·23"李某猥亵女童案，2018年1月立案侦查，2月锁定并抓获犯罪嫌疑人李某，查获涉儿童淫秽不雅视频100余部，7月华蓥市人民法院依法判决李某有期徒刑三年。再如，自2015年6月开始，张某以送某网络游戏贵族身份为由，诱骗多名女童与其在QQ上裸聊，使用录像软件将裸聊过程制成视频并在网上销售。截至案发，张某利用互联网制作、贩卖淫秽视频586个，牟利共计13 430余元。2018年初，上海市松江区公安机关将张某抓获。2018年11月，安徽省灵璧县人民法院以制作、贩卖淫秽物品牟利罪，判处张某有期徒刑十年，并处罚金人民币26 000元，依法追缴其违法所得。

四是深入查办针对中小学生的淫秽色情漫画网站。2018年9月，浙江杭州查办

"喵喵漫画"网站传播淫秽色情漫画案，打掉一个主要针对中小学生传播色情漫画牟利的团伙，抓获5人，涉案资金近1 500万元。2018年5月，山东青岛查办辛某等人网络传播淫秽漫画案，查明犯罪嫌疑人开设网站利用淫秽漫画吸引流量，非法获取广告费100余万元，2人被批准逮捕。

3. 集中整治儿童"邪典"动漫游戏视频

所谓儿童"邪典"视频，是动画制作公司以儿童熟悉的卡通人物包装成为血腥暴力或软色情内容，甚至是虐童的动画或真人小短片。以教育孩子为幌子，制作一些不适宜儿童观看的视频，扭曲未成年人的价值观和世界观。这类视频在国外早已被禁止，但少数视频制作公司为了牟利，罔顾法律和道德，擅自制作大量此类视频，在各大网络视频平台发布传播，给很多孩子造成精神上的污染和伤害。并且，部分网络平台对网友的反馈意见态度消极，并未立即采取措施全部下架涉事视频，只是屏蔽掉部分视频，导致"邪典"视频持续传播。

针对这种现象，中央宣传部、中央网信办、文化部、国家新闻出版广电总局、全国"扫黄打非"办公室共同部署，于2月上旬至4月下旬开展集中整治行动。在排查工作基础上，组织相关部门开展全面清查，对未获得相关直播服务资质的直播平台和频道，依法予以取缔；对具备运营资质、传播违法违规和不良内容的，责令删除相关内容，问题突出的直播频道和直播间，立即下线整改。对违法违规情节严重的互联网站，依法予以关闭；涉嫌犯罪的，依法追究刑事责任。组织对隐患问题多、用户数量大的网络直播、动漫、游戏、视频企业，分类别进行约谈警示，督促落实主体把关责任，展现新气象、传播正能量。

广东、北京两地"扫黄打非"部门按照部署要求，深入查办涉儿童"邪典"视频案件。经查，广州胤钧公司在未取得行政许可的前提下，擅自从事网络视频制作、传播活动，用经典动画片中的角色玩偶实物及彩泥黏土等制作道具，将制作过程拍成视频，或将有关成品摆拍制作带有故事情节的视频，上传至优酷、爱奇艺、腾讯等视频平台。该公司2016年11月分别与优酷、爱奇艺视频平台签订合同，利用"欢乐迪士尼"账号上传视频，从中获利220余万元。经审核鉴定，其中部分含有血腥、惊悚内容。2018年2月，广州市公安机关进行刑事立案查处，广州市天河区工商行政管理局依法吊销了该公司营业执照。在依法从严查处制作相关视频的广州胤钧公司的同时，

"扫黄打非"部门组织对与该公司开展业务合作并提供传播平台的优酷、爱奇艺公司,为该公司提供传播平台的腾讯公司立案调查;对百度旗下"好看"视频存在传播儿童"邪典"视频内容立案调查。文化执法部门随后作出相关行政处罚,责令上述互联网企业改正违法违规行为,警告并处以罚款。

4. 专项整治网络文学

2018年5月至8月,国家新闻出版署和全国"扫黄打非"办公室联合部署各地开展2018年网络文学专项整治行动。据不完全统计,6月至8月底,各地共查办网络出版行政和刑事案件120多起,责令整改网络文学经营单位230余家,封堵关闭网站及账号4 000余个,查删屏蔽各类有害信息14.7万余条。

一是在清理整治网络文学作品导向不正确及内容低俗方面,各地组织网络文学企业自查自纠,重点清理下架恶搞红色经典、抹黑革命英雄、解构歪曲历史以及低俗、庸俗、媚俗作品和内容。如江苏组织"逐浪网"加强审核自查,删除涉嫌违规作品3.6万部,"潇湘书院"网下架违规作品,屏蔽2011年前未经人工审核的驻站作品8万多部。上海组织"起点中文网"自查,删除屏蔽严重违规内容71条,修改轻微违规内容1 235条。各地对内容把关不严、情节严重的企业坚决进行处罚。北京查处网络出版案件38起、罚没款总额62.6万元,查办了晋江文学城、飞库网、纵横中文网等出版传播含有禁止内容网络出版物案等案件。上海查办上海观察者信息技术有限公司、星飞网络科技(上海)有限公司、上海书文文化传播有限公司等擅自从事互联网出版活动3起案件。浙江杭州立案调查"右文阅读""水晶书城""点点读书""树德科技"4个文学网站涉嫌传播低俗内容行为,关闭"水晶书城""点点读书"2个网站。广东广州查处"网易云阅读"、广州轻阅网络科技有限公司、久邦数码科技有限公司等登载部分网络文学作品涉嫌色情及低俗内容3起案件。重庆查处微信公众号"摘星小说""媚夜书社""书香云集""小说歪歪"4起未经许可擅自从事网络出版服务、传播低俗内容行为,分别给予相关单位或个人行政处罚。

二是在严厉打击淫秽色情信息方面,各地全力开展核查,积极查办案件。山东青岛查获52小说网传播淫秽网络文学作品案,该网站传播淫秽网络小说1 744部,网站开办者董某某被依法刑事拘留。湖南永州查获星辉信息技术有限公司涉嫌传播淫秽物品案,涉案公司未取得网络出版行政许可,利用微信公众号"大话美女"提供网络出版物，单本电子书点击量达数千万次，其中点击量较大的 4 部电子书经鉴定均为淫秽色情书籍。广西南宁查办"小福泥"微信号、"杂志虫"网站、"锄禾日当午"等网站涉嫌传播淫秽色情信息案件，其中"小福泥"微信号涉嫌传播淫秽色情视频案，4 名犯罪嫌疑人已被依法刑事拘留。湖北武汉查处武汉快游科技有限公司运营淫秽色情网站案、武汉华创万物科技有限公司"优享影视"公众号传播色情视频案、武汉久久游科技有限公司提供宣扬淫秽等禁止内容互联网文化产品案。

三是在打击网络文学侵权盗版行为方面，各地成功破获多起重点案件。安徽成功侦破合肥许某等人网络侵犯著作权案，抓获犯罪嫌疑人 11 名，捣毁盗版侵权小说网站 11 个、侵权 APP 平台 2 个，冻结涉案资金 500 余万元。江苏、浙江等地也查办了多起同类案件，江苏查结昆山市"99 听书网"、盐城市"小说网"等涉侵犯著作权案件，宿迁"24K 小说网"涉嫌侵犯著作权案等其他案件在进一步查办中。

除了强化监管措施、持续清理有害信息外，各地"扫黄打非"部门还在建立长效机制、夯实企业主体责任上下工夫。对发现问题的网站，及时开展约谈警示，加强教育引导，督促落实企业主体责任，优化网站技防、人防审核体系，加强自审自查，要求各网络文学网站在显著位置公布举报电话、邮箱，主动接受广大网民监督。

（二）"秋风 2018"专项行动狠抓惩治"三假"和侵权盗版，新闻出版传播秩序得到新的改善

"秋风 2018"专项行动重在规范新闻出版广播影视传播秩序。一是严厉打击假媒体、假记者站、假记者及新闻敲诈勒索行为，坚决整治不法机构设立编辑部、假冒学术期刊发文牟利的黑色产业链条；二是坚决查处各类侵权盗版活动，包括利用网站、微店销售侵权盗版出版物、学校内部及其周边复印店侵权盗版行为。三是规范整治电子商务平台销售出版物行为，从严查处不严格履行主体责任、问题整改不力的电商平台，严肃追究销售非法出版物店铺经营者的责任。四是整治非法编辑出版书报刊问题，收缴各类非法报刊，彻查编印发环节，打击违法犯罪分子，对违法违规的出版单位，会同有关部门坚决依法依纪处理。专项行动中，全国共收缴非法报刊 93 万件，收缴侵权盗版出版物 377 万件，查处侵权盗版案件 2 500 多起。北京、山东、陕西等地查处多

起案件。

在打击"三假"方面，辽宁查办了沈阳"7·29"涉嫌非法经营报刊案，现场查获涉军类非法报刊共13 580份，并进一步追查上线。陕西、山东、河北、山西、浙江、广东等地均查办了假记者敲诈勒索案件，涉案金额高，犯罪行为更加多样。山东滨州"4·15"假冒记者案，共作案60余起，涉案金额300余万元；陕西渭南"9·13"团伙系列新闻敲诈勒索案，涉案金额965万元；陕西查处一起自媒体敲诈勒索案，涉案人注册微信公众号及微博账号，以新闻监督的名义敲诈91.3万余元；广东查办了一起网络水军案件，涉案人假冒记者身份利用其微信公众号编造虚假信息，组织网络水军敲诈勒索。

在打击侵权盗版方面，加大对编印发各环节违法行为的追查办度。河南"1·18"非法仓储印刷案中，查获涉嫌侵权盗版图书60万余册，辽宁、河北、浙江、江苏、广东等地也查办了一批侵权盗版典型案件。在打击利用电商平台、聊天群组等方式销售侵权盗版出版物方面，上海查办了章某某网络销售盗版图书案，涉案人通过淘宝店铺销售侵权盗版图书10万余册；河北石家庄查办了张某某涉嫌销售盗版光盘案，涉案人通过微信、QQ批发盗版光盘60万余张。在打击网站登载侵权盗版动漫、小说方面，四川查办了"吹妖动漫"网涉嫌侵犯动漫作品著作权案，涉案单位在其设立的网站上登载2万余部侵权盗版漫画作品牟利。此外，江苏、浙江、湖北、宁夏等地在打击销售侵权盗版计算机软件、网络游戏侵权等方面均查办了一批典型案件。

（三）"净网2018"专项行动扫除网络淫秽色情信息，网络空间治理取得新的进展

专项行动中，各地先后开展网络直播、网络游戏、网络文学等专项整治，全国取缔关闭淫秽色情网站1.2万个，处置淫秽色情网络有害信息618万条；联合挂牌督办网络淫秽色情信息案件110起，涉案金额11.6亿余元。

在网络直播专项整治中，全国"扫黄打非"办公室联合公安部门挂牌督办案件44起，其中湖南破获郴州"12·28"传播淫秽物品牟利案，抓获涉案人员163名，涉案金额3.5亿元；浙江破获嘉兴"4·05"特大网络传播淫秽物品牟利案，抓获涉案人员

200余名，涉案金额2.5亿元。同时，大力查办新型案件，江苏破获南京百度群组网站传播淫秽物品案，抓获犯罪嫌疑人100余名，查获淫秽视频文件60TB、近10万个。

在网络游戏专项整治中，北京等地对小米、360等知名互联网游戏企业进行了处罚；对7K7K、9669、U7U9等传播有害游戏网站全部进行了封堵和行政处罚。

在网络文学专项整治中，全国"扫黄打非"办公室部署北京、上海、江苏等地对17K小说网、晋江文学城、飞库网、飞卢小说网、红袖添香、纵横中文网、起点中文网、逐浪小说网等问题文学网站进行处罚，同时还查办了一批网络传播淫秽色情小说牟利案。

二、2018年出版物市场治理典型案例

（一）浙江嘉兴"4·05"特大网络传播淫秽物品牟利案

2018年3月，嘉兴公安机关工作中发现，一款名为"MAX"的直播聚合软件涉嫌传播淫秽物品。经查，该APP软件聚合110多个淫秽色情直播源，存储数十万部淫秽色情视频，通过层层发展代理、招揽用户购买方式牟利。截至案发，已发展代理1.6万余名，会员350多万人，涉案资金2.5亿元。4月12日，专案组在福建、上海、广东等20个省市抓获犯罪嫌疑人200余名。该案件截至目前已对195人采取强制措施，正在陆续移送审查起诉。

（二）山东济宁"12·15"制作传播淫秽物品牟利案

济宁市"扫黄打非"部门成立专案组，从2017年12月开始，历经10个多月侦破此案。经查，"蜜汁直播""小魔女""浅深"等12个直播平台从事传播淫秽物品牟利活动，高峰期近百名主播同时在线，每个主播观看会员少则几百人，多则数千人，最多一次有24万余人观看某主播淫秽表演。涉案直播平台注册会员200余万人，涉案资金1亿多元。专案组在20多个省和境外抓获犯罪嫌疑人78名，其中境外12名主犯全部归国自首。已有45人移送至检察院。2018年12月4日，山东省曲阜市人民法院以

组织淫秽表演罪判处莫某等人有期徒刑四年至六个月不等，并处罚金三万元；以制作、传播淫秽物品牟利罪判处李某某等人有期徒刑三年六个月至三年不等，并处罚金。

（三）浙江台州"8·04"网上销售电子类非法出版物案

2018年10月，浙江省"扫黄打非"办公室协调公安机关经5个多月的调查、取证，在广西、湖北抓获犯罪嫌疑人7人，扣押服务器、电脑等3台，查获存储非法出版物硬盘数据9TB，电脑硬盘内储存的涉案电子出版物近50万册，涉案金额近20万元，打掉了涉及全国31个省（区、市）的销售网络。经查，该犯罪团伙通过四个微信公众号，五个淘宝店铺，注册会员20多万人，日均上传书目1 000余册。

（四）湖南益阳"3·12"特大制售非法有害少儿出版物案

2018年3月12日，益阳市文化执法、公安部门联合对某公司进行执法检查，现场查获少儿非法出版物30万余册，随后案件移送公安机关立案查办。截至2018年9月，公安机关抓获犯罪嫌疑人6名，在益阳、义乌两地涉案仓库查获少儿非法出版物272.5万余册，查封扣押大量生产印刷及装订设备。经查，唐某平自行设计创建少儿图书品牌，非法获得书号；委托吕某某在浙江义乌大量印刷、生产、加工；通过网络店铺、招聘二级代理商销售。共查实唐某平等人经电商平台销售至全国各地的少儿非法出版物3千万余册，涉案码洋3.5亿余元。目前，此案正在审理中。

（五）湖南郴州"12·28"传播淫秽物品牟利案

2018年4月，郴州公安机关打掉"桃花岛宝盒"聚合直播平台，抓获平台主要股东、技术团队、运营管理团队骨干成员以及部分直播平台的股东、技术员、家族长、主播163人。经查，2017年10月以来，犯罪嫌疑人吴某、陈某等人开发"桃花岛宝盒"直播聚合软件，非法聚合100余个淫秽直播平台，通过组织直播淫秽表演、播放淫秽视频、利用QQ和微信群传播淫秽视频进行牟利，每日观看人数逾百万，涉案资金3.5亿余元。2018年8月16日，湖南省郴州市北湖区人民法院以传播淫秽物品牟利罪判处金某有期徒刑三年，并处罚金。

(六）辽宁大连"8·29"涉嫌销售盗版图书案

2018年10月，大连市公安机关成功收网，犯罪团伙11人全部抓获归案。专案组历时一年，查明以李某为首面向全国的侵权盗版印制、发行、销售网络，在北京、广州两地端掉存放盗版图书仓库7个，在保定市打掉印刷厂1个，现场查扣侵权盗版《新华词典》《新华字典》《现代汉语词典》《古汉语常用字字典》《牛津英汉初阶双解字典》等工具书50万余册，码洋2千多万元。主犯李某于2018年6月在四川成都被抓获。目前，案件已提起公诉。

(七）陕西渭南"9·13"团伙系列新闻敲诈勒索案

2018年9月，陕西渭南警方打掉一个冒充媒体单位敲诈勒索的犯罪团伙，抓获11人。经查，自2013年以来，主犯马某利用本人及亲属身份注册5家广告公司，先后与多家报社签订广告代理委托合同，招聘10余名人员，利用报社委托业务关系，由业务员冒充报社工作人员，以曝光负面信息、到单位采访找问题为要挟，以订购报纸（收取订购费后未邮寄报纸）或刊登宣传稿、"恭贺"类广告索取宣传费等为手段，向多个企事业单位实施敲诈勒索。初查实施敲诈勒索5 359宗，涉案金额965万余元。

(八）江苏南京"6·16"特大网络传播淫秽物品牟利案

2018年6月，南京市公安局工作发现，一个名为"百度群组论坛"的网站存在传播淫秽视频行为，网站分享区内包含大量淫秽色情视频文件。经过数月侦查，专案组抓获犯罪嫌疑人100余名，打掉发布淫秽视频群组链接的网站1个，关闭传播淫秽色情物品的网络群组500余个，取证淫秽视频近10万部。经查，"百度群组论坛"网站系网民卢某某创建，网站设置"分享区"，供会员缴费分享含有淫秽视频文件的百度网盘群组链接，数量达数十万条，涉及百度网盘管理员100多人。2019年1月3日，南京市建邺区人民法院以传播淫秽物品牟利罪判处卢某某有期徒刑六个月，缓刑一年。

（九）安徽合肥许某等人网络侵犯著作权案

2018年3月，合肥市公安局高新公安分局破获一起网络侵犯文字作品著作权案。经查，许某等人自2014年开始，成立网络科技公司，先后架设多个侵权盗版网站，未经授权采集复制他人文字作品500多万份，发布至其运营的盗版网站中供读者免费阅读以此增加流量，通过吸引部分单位在网站上投放广告获利，查实网站共吸收会员32万多名，被侵权文章总点击量17.89亿次。许某从2017年7月至2018年1月期间利用广告非法获利750余万元。2019年4月26日，合肥高新区人民法院以侵犯著作权罪判处许某有期徒刑四年，并处罚金四百万元；判处王某有期徒刑二年，缓刑三年，并处罚金十五万元。

（十）四川广安"1·23"李某网络猥亵女童案

2018年1月，华蓥市公安局接居民报案，反映其11岁女儿网上遭遇威胁、恐吓要求拍摄裸照。"扫黄打非"部门高度重视，公安机关迅速立案侦查。2018年2月，专案组锁定犯罪嫌疑人李某，赴陕西西安将其抓获，现场扣押手机5部，查获涉儿童不雅视频100余部。经查，李某从2017年10月开始，在QQ上以招聘童星为名，诱骗20多名女童上传裸照及不雅视频。2018年7月30日，四川省华蓥市人民法院以猥亵儿童罪判处李某有期徒刑三年。

三、2018年出版物市场治理特点

（一）以机构改革为契机强化组织领导

2018年3月，党中央决定机构改革，由中宣部统一管理新闻出版和"扫黄打非"工作。全国"扫黄打非"办公室和省（区、市）"扫黄打非"办公室陆续进行相应机构改革调整，"扫黄打非"工作得到进一步加强。随后，全国"扫黄打非"办公室以此为契机强化组织领导，开展"扫黄打非"领域意识形态责任制情况调研和"扫黄打非"专项督查,对发现的问题严格督促整改,出版物市场治理能力明显增强。

(二)深化"以打开路,以案促治"

各地"扫黄打非"部门突出"打"的特点,持续抓好案件查办工作,加强网络监管、举报受理、线索核查、指导督办、宣传震慑,案件数量和案件规模也较往年有大幅提升。全国"扫黄打非"办公室联合公安部、国家版权局等部门挂牌督办重点案件217起,同比增加了48%;加强对各地"扫黄打非"案件的指导督办,编发3批"扫黄打非"指导案例;组织查办一批自媒体、网络水军敲诈勒索案,利用打赏平台、百度网盘群组传播淫秽物品牟利案等新型案件;修订了《"扫黄打非"举报工作奖励办法》,提高奖励标准,单笔最高可奖励60万元,公布后引起网民广泛关注和称赞。全国"扫黄打非"办公室联合举报中心受理各类举报线索13万余条,形成重点案件317起,成案数量同比增长65%。

(三)以网络为主战场强化监管力度

全国"扫黄打非"办公室继续深化网上"扫黄打非"联系会商制度,指导各地建立网上巡查队伍、增强网上监管力量,督促企业主体责任落实,强化网络直播基础管理。2018年8月,会同中央网信办、工信部、公安部等部门联合下发《关于加强网络直播服务管理工作的通知》,部署进一步加强网络直播服务许可、备案管理,强化网络直播服务基础管理,建立健全长效监管机制,大力开展存量违规网络直播服务清理工作。同时,发挥驻重点互联网企业"直通车"机制作用,有效提高线索"成案率"和案件"侦破率"。

(四)以推进"扫黄打非"进基层强化基层基础治理

截至2018年底,全国共建立"扫黄打非"基层站点51万余个,先后创建全国"扫黄打非"进基层示范点两批次400个,依托并主动融入综治、公共文化服务等重要工作平台,基层"扫黄打非"在抵御有害思想和文化侵袭、维护未成年人文化权益、净化社会文化环境、巩固基层宣传思想阵地等方面发挥越来越突出的作用。"深入开展

'扫黄打非'进基层"被写入中央、国务院印发的《乡村振兴战略规划（2018—2022年）》，标志着这项工作已被提升到国家战略层面加以统筹推进，全国"扫黄打非"办公室持续加强基层站点的规范化标准化建设，制定出台《关于推进"扫黄打非"基层站点规范化标准化建设的意见》。

（五）积极创新传播手段，做好宣传引导

全年聚焦重点，策划设置44个议题，持续组织开展宣传报道，形式内容立体丰富。创新"扫黄打非"新媒体宣传，建设运营微博、微信、头条号、百家号、熊掌号等政务新媒体方阵，持续发布动态资讯3000多条，阅读数月均1500万人次、互动7000余次；及时回应社会热点，利用新媒体迅速回应网民举报涉未成年人色情网站，微博单条阅读280万人次，好评点赞2400多条。品牌化推广"绿书签"公益活动，通过多种传播渠道、多种传播方式倡导"绿色阅读，文明上网"。如开展"绿书签荐书行动"，在世界读书日前后，邀请郑渊洁、贾平凹、秦文君等深受青少年喜爱的作家等文化名人推荐优秀读物，分享读书心得；在暑期，选拔全国各地的中小学教师参加"网络安全课"讲师培训，发动学校、教师等更多力量引导网络时代未成年人健康成长；在开学季，在网站开展主题短视频征集，鼓励青少年分享新愿望新感受，健康快乐成长。

四、2019年出版物市场治理重点

（一）保持打击涉黄涉非出版传播活动高压态势

1. 持续强化市场监管

加大市场清查力度，深入排查问题隐患。提高出版物市场暗访频率，加大对中小城市和城乡结合部等暗访力度，对发现的问题线索追根溯源、一查到底。

2. 聚焦互联网主战场

立足早发现、早研判、早应对、早处置，提高网络涉黄涉非问题发现、处置、打

击的效能。及时组织召开网上"扫黄打非"联席会议，统筹做好案件的取证与查办等。全面推进"扫黄打非"进网站进平台，进一步压实互联网企业对网络涉黄涉非问题自主发现、主动处置、及时上报、配合查案的主体责任。对无资质的网络直播等，督促移动应用分发平台、网络接入服务企业等不得为其提供相关服务。

3. 依法加强案件查办

集中查办、办结、曝光一批重点案件，打出声威、打出效果。加强对新型案件特别是网络新型案件的查办，完善大案要案挂牌督办制度。改进举报受理工作，依据新修订的《"扫黄打非"工作举报奖励办法》，进一步动员社会各界积极举报。对案件查办中发现的管理薄弱问题，举一反三，及时堵塞漏洞，严格规范管理。

（二）持续开展各大专项行动

1. 实施"净网2019"专项行动

及时分析研判网络淫秽色情信息传播的新渠道、新载体，从严整治利用网络直播、音视频、网络文学、"两微一端"、群组、弹窗、电商平台、打赏平台等传播淫秽色情信息，重点打击违法违规聚合软件，积极防范利用区块链等传播。深入整治网络低俗问题，推动完善认定标准和执法依据，抓好监管措施落实。

2. 实施"护苗2019"专项行动

深入清查含有妨害未成年人健康成长内容的非法有害少儿出版物及信息，着力打击"邪典"动漫、猥亵性侵儿童的视频以及有害学习类网络应用程序、网络游戏、漫画等。开展中小学校园周边文化环境专项整治和盗版少儿出版物专项整治。组织开展"绿书签"系列宣传教育活动，通过推荐优秀出版物、举办网络安全培训课、征集"绿色阅读、文明上网"短视频等活动，做好青少年教育引导工作。

3. 实施"秋风2019"专项行动

从严打击假媒体假记者站假记者，对自媒体违法违规采编、传播有害信息、炒作敏感问题、从事敲诈勒索等行为开展专项整治，严肃查处冒用党政机关等名义的网站、"两微一端"等。严厉打击侵权盗版行为，开展非法印刷窝点专项整治和打字复印店盗版盗印行为专项整治，深入清查网络销售非法盗版出版物行为，对无证假证网上书店坚决清理，从严打击盗版网络文学、影视、音乐、游戏作品，严肃查处商业网站侵犯新闻单位及所属媒体新闻作品版权行为。

（三）进一步提升治理能力

1. 加大进基层力度

继续将"扫黄打非"纳入精神文明创建、综治工作（平安建设）等考评项目。推动"扫黄打非"基层站点规范化标准化建设，2019年年底前完成总量占比不少于80%。选取100个乡镇（街道）、村（社区）和基层单位作为第三批"扫黄打非"进基层全国示范点。

2. 加大信息化建设力度

充分利用信息技术，着力提升"扫黄打非"工作科技应用水平。推进构建指挥、监管、协同、保障等系统平台。升级扩容网络有害出版物及信息样本特征值共享数据库系统，更好实现一站发现、全网查堵。

3. 加大宣传教育力度

创新宣传教育思路和做法，丰富载体和形式，提升声势和实效，形成强大威慑，为打击工作营造有利氛围。开发设计"扫黄打非"宣传代言动漫形象，强化全国"扫黄打非"新媒体矩阵。

（张　姝　全国"扫黄打非"办公室）

第七节 2018年出版"走出去"情况分析

一、2018年出版"走出去"取得的成绩

2018年，全国出版物版权贸易增长平稳，出版物实物出口数量和金额逐年增长，出版"走出去"成效显著。据不完全统计，2018年，全国输出版权14 000多项，引进版权18 000余项。实物累计进口2 956万册（份、盒、张），金额57 980万美元；出口2 265万册（份、盒、张），金额11 195万美元。自主研发的网络游戏海外营收85亿美元，进出平衡趋势明显。

（一）出版物版权贸易结构不断优化

版权输出内容结构进一步优化。深入阐释习近平新时代中国特色社会主义思想的图书，以及当代中国主题图书广泛传播，《习近平讲故事》（韩文版、日文版、西班牙文版）、《习近平用典》（第二辑俄文版）等20多种图书与世界知名出版机构合作出版；《中国共产党党的建设（中国故事丛书）》《生死关头：中国共产党的道路抉择》等当代中国主题图书成为国际版权市场购买的热点。中国优秀原创文学作品和少儿图书广受欢迎，麦家、刘慈欣、曹文轩等知名作家作品输出版权10种以上；《习近平讲故事》（少儿版）、《伟大也要有人懂——少年读马克思》向美国、荷兰输出版权，进入欧美出版主流市场。华东理工大学出版社出版的《中国能源新战略——页岩气出版工程》填补了该领域在国内出版的空白，成功输出施普林格自然集团，这是中国页岩气首套原创系列著作实现版权"走出去"。

全国版权输出结构和布局进一步优化。在对欧美、日本等国家的版权输出数量保

持稳定的基础上,据统计,2018年对"一带一路"国家和地区的版权输出数量在整体版权输出数量中已占了一半以上。版权输出覆盖的"一带一路"国家和地区越来越广泛,其中主要集中在亚洲国家,包括越南、印度、新加坡、泰国、尼泊尔、黎巴嫩、斯里兰卡和阿联酋等国家;而对非洲和大洋洲的国家和地区版权输出量还较小。从语种来看,在对"一带一路"国家和地区的版权输出中,涉及53个语种。其中,英文占比最高,包含输出到印度、新加坡、马来西亚等英文使用较广泛的亚洲国家,或者是进行多语种输出的。其次是越南文、阿拉伯文,占比较大;俄文、尼泊尔文、泰文、印地文、吉尔吉斯文、哈萨克文等,都是使用较多的语种。

版权输出形态结构进一步优化。数字出版产品势头强劲,中国优秀原创网络文学作品实现大规模版权输出,2018年网络文学作品输出超600项。传统出版企业自主研发易阅通等对外贸易数字平台,将已翻译出版的外文版中国图书数字化,实现二次传播。

版权输出模式进一步优化。与国际出版机构合作出版的模式得到进一步推广,共同策划选题、联合翻译出版的新方式,《摆脱贫困》英文版、法文版等中国图书实现国内外同步首发,精准定位了国际市场与海外读者。《习近平谈治国理政》的外文版翻译出版为中国图书海外传播提供了新的海外营销模式——"1+6"的模式,即一本书带来了六种模式:首先是举办首发式;第二是举办签约仪式;第三是举办研讨会、读者会、座谈会;第四是成立中国主题图书海外编辑部;第五是成立中国图书中心;第六是举办中国主题图书展销周、展销月,从而形成了中国图书全流程海外出版传播的创新模式。

(二)重点工程增强"走出去"内生动力

2018年,各类"走出去"工程扶持力度空前,基本涵盖了内容生产、翻译出版、海外推广、宣传营销等各个环节,成为出版"走出去"的引擎。经典中国国际出版工程、丝路书香工程、中外图书互译计划等对外翻译出版工程提质增效,打造精品,推出一批具有较强国际影响力的中国品牌图书。经典中国国际出版工程、丝路书香工程新立项资助477种图书翻译出版。从立项图书内容结构看,重点资助了一批讲好中国共产党治国理政的故事,讲好中国人民奋斗圆梦的故事,讲好中国坚持和平发展合作共赢的故事的图书翻译出版;资助《论语诠解》《中国文化的命运》等一批创新发展、创造性转化中华优秀传统文化的图书翻译出版。从立项图书版权输出或合作出版的海外机构来看，国际一流出版机构和地区知名出版机构承担的翻译出版的项目比例逐年提高，从合作历史较长的中小出版机构逐步向国际化、商业化、市场化运作的国际一流出版机构或所在国一流出版机构转变。从入选项目的译介语种构成来看，阿拉伯文、俄文和英文三大国际通用语种占比最高；"一带一路"沿线国家小语种数量增长较快，蒙古文、法文、吉尔吉斯文、西班牙文、哈萨克文、罗马尼亚文、老挝文、乌兹别克文、亚美尼亚文等语种数量增长较多。

中外图书互译计划推出互译图书成果150种，其中外方翻译中方图书72种。中国图书"走出去"基础目录库二期启动更新，外国人写作中国计划资助海外友人写作中国的51部作品。目前，《中华经典故事》俄语版登上莫斯科书店图书畅销榜，《我爱熊猫》被法国国家图书馆馆藏；《屠呦呦传》韩文版销售超1 000册，《受电弓与接触网系统》英文版全球销售收入5万美元。

（三）国际书展效用日益深入

北京国际图书博览会，作为世界第二大书展，国际影响力显著提升，不仅促进了中外出版业双边多边交流合作，也为世界了解中国、理解中国提供了重要的平台。2018年图博会展览总面积9.77万平方米，93个国家和地区参展，新增黎巴嫩、吉尔吉斯斯坦、委内瑞拉、巴拿马4个参展国，共有24个"一带一路"沿线国家参展。海内外参展商2 500多家，其中海外展商1 520家，新增150家，占比60%。展览精品图书31万种，参观人数30多万人次，举办了近千场出版文化活动。本届图博会达成的中外版权贸易协议再创新高，共有5 678项，同比增长7.9%。其中达成版权输出与合作出版协议3 610项，输出引进比为1.74∶1。中国主题类、少儿类、文学类、文化教育类、经济类、哲学类图书位居输出前列，向英美等国家输出数量稳步增长，向小语种国家输出数量大幅提高。在图博会期间举办的改革开放40周年精品出版物展，向国内外展商和参观民众展示了3 000多种阐释习近平新时代中国特色社会主义思想和党的十九大精神、弘扬中华优秀文化、传播当代中国价值观念的精品图书，为庆祝改革开放40周年营造良好文化氛围。

与此同时，2018年共举办了第27届古巴哈瓦那国际书展、第55届意大利博洛尼亚国际童书展、第23届阿尔及尔国际书展3场中国主宾国活动，成为历史上举办主宾国活动最多的年份。在三个主宾国活动上，集中展览展示了一批主题图书，举办出版发展高峰论坛、"中国主题图书合作编辑部"项目签约仪式等一系列出版交流活动，《习近平讲故事》《之江新语》实现版权输出，在当地引起热烈反响，古巴、阿尔及利亚等领导人参观了中国主宾国展台，会见了代表团，促进了中古、中阿、中意出版交流合作。国内出版企业也继续组团参加美国、土耳其、印度等国际书展，基本覆盖了国际影响较大的重要书展和中等规模以上书展，为推介中国主题图书进入国际市场提供了重要平台。

2017年"一带一路"学术出版联盟成立以后，中国人民大学出版社进一步整合联盟资源，推动中国内容图书在"一带一路"国家进入主流图书市场，举办了一系列有特色的中国主题书展。2018年2月，在第23届卡萨布兰卡书展上举办中国优秀图书展，共展出300种1500余册英文、法文和阿拉伯文中国内容图书，受到当地读者的欢迎；4月，在哈萨克斯坦阿斯塔纳书展上举办中国优秀图书展，向欧亚国立大学捐赠中文、俄文、英文、哈萨克文和吉尔吉斯文图书200多册，设立中国图书专架；5月，在波兰华沙书展上举办中国优秀图书展，重点展示了《习近平谈治国理政》，以及数百种有关当代中国政治、经济、文化、艺术、教育等方面的波兰文、英文和中文版图书，使中国文化走进波兰。联盟中，北京师范大学出版社联合北京外国语大学阿拉伯学院成为首个踏入沙特最大的国际图书展会——利雅得书展的中国代表团。书展中展示英文版和阿文版的中国图书受到当地读者的广泛欢迎，沙特读者希望沙特能够更多地引进、出版有关中国的书籍。通过联盟成员在书展中搭建的中国文化展示平台充分发挥了民相亲、心相通的积极作用。

（四）营销渠道不断拓宽

升级中国出版物国际营销渠道拓展工程等已有渠道平台，创新设计在国际主流书店专门销售中国图书的中国书架等新渠道平台，为开展出版物对外贸易创造了有利条件，让浓郁的中国书香飘溢在世界各地，温润各国读者心灵。

国际主流营销渠道拓展工程延展至43个国家和地区主流书店，出口图书109万册，销售275万美元。第九届百家华文书店联展活动发行图书、期刊及相关文化产品60多万册，实现销售额1400多万元。亚马逊"中国书店"上线图书已经7.9万种，发货

6.4万册。

2018年，中国书架在英美等西方发达国家探索落地模式与路径，在白俄罗斯、土耳其、古巴、西班牙等国家新设10个中国书架。尼山书屋已增设至34家，与此同时，山东友谊出版社打造了基于线上的数字尼山书屋，通过对拥有数字版权的图书进行全格式数字化加工，不断积累，数字尼山书屋已经形成越来越丰富充实的内容资源库。目前数字尼山书屋的部分优质内容资源已接入英美等国的数字馆配和数字媒体平台，同步接入全球数字图书零售终端销售平台，最终真正实现数字尼山书屋资源库与全球数字图书销售平台的无缝对接；设立尼山国际讲坛，搭建的思想、学术、文化的国际交流平台；开展尼山国际展演，在全球范围内组织书画、摄影和非遗文化等巡回展演与文化交流活动。充分挖掘尼山书屋品牌价值，实现了尼山书屋出版产业链的全程参与，实现社会效益最大化。

（五）企业联盟，抱团"走出去"

国内出版单位、民营文化机构、中介机构等不同类型企业集合优势资源，建立"走出去"协作体、联盟等，整合聚拢"走出去"各类优质资源，打造齐备的对外出版产业链，抱团"走出去"。

"一带一路"学术出版联盟成立一年来，成员单位增加到近200家，遍及30多个国家，覆盖了五大洲各大区域，成员结构涵盖出版商、学术机构和专业团体，出版学科囊括人文社会科学等方方面面，联盟为开拓国际版权贸易伙伴，参与国际出版合作搭建了重要平台。联盟成立的一年中，中外成员单位在"一带一路"国家文化交流活动中发挥了学术互鉴和民心相通的重要作用，得到了中国及"一带一路"国家的高度重视。在第25届北京国际图书博览会上，联盟举办了首届高峰论坛，极大地促进了中国与沿线各国学术出版交流。其中，《习近平谈治国理政》（阿尔巴尼亚文版）、《习近平谈治国理政》（波兰文版）、《平易近人——习近平的语言力量》（阿尔巴尼亚语版）等由联盟成员单位与国内出版单位签署版权输出协议、合作翻译出版，得到了政府的高度重视；俄罗斯尚斯国际出版社有限公司翻译出版的北京大学出版社的"中华文明史话"获得俄罗斯大众传媒署和俄罗斯联邦外交部联合国教科文组织联合创始委员会颁发的年度最佳书籍奖、俄罗斯年度最佳图书奖；翻译出版的《荣宝斋画谱》《在华俄罗斯新闻传播史》《中华经典故事》三种图书同时入选"俄罗斯百种优秀图书奖"。集团下属俄罗斯"尚斯博库书店"荣获"莫斯科最美书店"称号。中国作家劳马《一个人的聚会》《幸福百分百》两部小说由罗马尼亚拉温克斯出版社翻译出版，获得罗马尼亚作家协会颁发的"杰出散文奖"。

2018年，在中国—中东欧国家合作框架下，为落实《中国—中东欧国家合作布达佩斯纲要》和《中国—中东欧国家合作索非亚纲要》精神，来自中国与中东欧国家的多家出版和文化机构共同推动成立16+1出版联盟，开启中欧出版合作新模式。16+1出版联盟将秘书处设在外研社，以推动16+1出版合作、促进中国和中东欧国家出版文化双向交流为宗旨，立足出版，发挥成员单位资源优势，为中国和中东欧国家出版机构建立互学互鉴、互利共赢的可持续性沟通机制和合作平台。目前联盟成员单位包括：中国出版集团、外研社、安徽出版集团、浙江出版联合集团、山东教育出版社、五洲传播出版社、南京大学出版社、中国文化译研网等中方出版和文化机构，以及阿尔巴尼亚奥努弗里出版社、波黑读书俱乐部出版社、保加利亚东西方出版社、克罗地亚桑多夫出版社、匈牙利科苏特出版集团、拉脱维亚詹尼斯·洛奇出版社、马其顿文学出版社、波兰时代马尔沙维克出版集团、罗马尼亚利博思出版社、塞尔维亚德拉斯拉出版社、斯洛文尼亚索多诺斯特国际出版公司等中东欧国家的出版机构。联盟将在加强信息沟通、推动版权贸易、拓展营销渠道、构建人才队伍等方面发挥积极作用，增进各方人文交流和民心相通，为促进世界文化多样繁荣贡献积极力量。

2018年图博会期间，由新星出版社策划，并联合日本岩波书店、日本大学出版部协会共同发起成立了"日本中国主题图书出版联盟"，通过集合中日出版界中坚力量，打造联合、开放、包容的出版平台，鼓励以多种方式策划出版中国主题作品，并在中日两国出版发行，并不定期地策划组织互访、交流和培训等多种活动，推动中日学术界、翻译界、出版界深入交流。

二、出版"走出去"现阶段存在的问题

在我国日益走近世界舞台中央、不断为人类作出更大贡献的新时代，在构建人类

命运共同体、共同建设一个更加美好的世界的新征程下，习近平新时代中国特色社会主义思想、党的十九大精神，以及中国正在想什么做什么、中国为什么能成功、中国共产党为什么能成功等方面，更加被国际社会所关注和认同。国外需要更多的中国信息、中国图书，国际市场需求趋于旺盛。这为出版"走出去"提供了难得机遇，国内出版企业"走出去"积极性高涨、目标宏大、思路清晰、措施得力。但同时，与我国在国际经济领域的影响力相比，文化影响力还相对薄弱，国际话语权"西强我弱"的局面还没有根本改变，我们"走出去""走进去"、影响受众影响主流还需要加倍努力，在内容生产、品牌建设等方面也存在一些亟待解决的问题。

（一）资源整合不足

经过十多年持之以恒"走出去"工作，行业已经在"走出去"内容生产、渠道推广等单一点上实现了突破，也出现了部分专业化国际化程度较高的出版企业和专业人员，但总体上数量还不够，完整的对外出版产业链条还不够强壮，国内丰富出版资源尚未形成有效整合，进而导致"走出去"效果不理想。究其根本原因在于"走出去"尚未摆脱国内出版企业依靠单个产品的运作模式，小而散的格局未得到有效改观，规模化、集约化、专业化的对外出版产业链尚未形成。国内有实力的特色明显、国际化程度较高的出版企业，还未建立起覆盖主题出版、人文社科、中国文化和文学的国际出版产业链，在资源整合、人才汇聚、建立健全运行机制方面仍多有不足，还没有形成从编辑策划、内容生产和推广传播全覆盖的有影响力的国际出版产业链条。

（二）数字化程度仍不足

传统出版企业整合内容资源，生产外向型数字出版产品不足；同时，数字出版企业海外运营模式的创新，与国外技术服务商合作，优化用户体验，实现以网络游戏为主体的按需服务，需不断加强。我们亟需聚集一批国内优势数字出版资源，打造出具有品牌影响的中国当代数字出版产品，主动对接国外市场，从而推动我国数字出版适应当下潮流，扩大影响力。

(三)"走出去"专业人才稀缺

版权贸易必须拥有高素质高水平的版权代理人。一个优秀的版权经理不仅要及时了解海外的出版动态、畅销书的动向,准确地分析出海外读者的阅读倾向及畅销书流行的原因,而且要对国内出版界有较好的把握,能够准确地选书,知晓图书的出版成本和流程,以便精确报价。版权经理应是一个大杂家,既要懂专业、懂法律、懂图书编辑、懂营销、精通外语,同时还要具备一定市场敏感性。同时,近年来中国图书版权输出的国际市场渠道不断拓展,周边国家和"一带一路"上"朋友圈"国家的版权输出数量快速增长,"一带一路"沿线国家涉及语种众多,除通用语言外,众多小语种人才缺乏,图书内容如果不是由母语为授权语种、精通中文、了解中国文化的人士担纲翻译与编辑工作,或母语是中文,但熟悉授权语种目的地国家文化的人来完成项目翻译工作,则会大大影响图书在目的地国家的发行销售,进而影响中国文化的传播,甚至产生误解。

三、推动出版"走出去"的建议

(一)加强重要时间节点图书海外推广

未来一段时间内,2019 年新中国成立 70 周年、2020 年全面建成小康社会、2021 年中国共产党成立 100 周年、2022 年党的二十大等重要时间节点,抓住主题图书翻译出版的时、度、效,提前策划"走出去"重点内容选题,加强议题设置,组织翻译出版精品出版物,留出充足的时间优化内容,寻找合适的作者、译者,把我们想说的和国际社会关注的有机结合起来,及时发出中国声音、提出中国主张。

(二)发挥比较优势,加强国际布局

发挥国内各地区比较优势,积极进行国际布局。以有基础、有条件、有优势项目的国家为突破口,先行布局。拓展和巩固大国新闻出版市场,在英美和俄罗斯等大国

实现重点突破，实现中国出版国际影响力大幅提升；深化与周边国家的合作，实现出版"走出去"对周边国家全覆盖，系牢我国与周边国家出版人文交流纽带；推进"一带一路"出版交流合作，弘扬丝路精神，构建我国与沿线国家出版合作全产业链，打造一批合作示范项目；逐步扩大非洲、拉美等地区覆盖范围，增进深度认知。

（三）加强中国内容的国际表达

优质的中国内容不能够实现充分的国际表达，既有文化差异、意识形态差异、阅读习惯差异等原因，也有我们国内出版企业自身下工夫不够、机制跟不上等问题。下一步，一要加强对外话语体系研究和建设。深入实施外国人写作中国计划，依托中华图书特殊贡献奖获奖人，广泛联系和积极培养国外汉学家，在把握友华亲华方向的前提下，通过经费资助、课题研究等方式扶持他们研究中国，鼓励支持他们面向国际市场、海外读者，多写客观介绍中国的好书。二要加强国别研究。深入研究国外不同读者群体的文化传统、价值取向和接受心理，建设并用好"走出去"基础书目库，根据国内外出版实际情况，吸纳更多当代中国题材的优秀图书入库。通过招投标等途径，重点资助翻译出版基础书目库图书。三要实施本土化战略。增强重点出版集团的国际经营能力，加快培育有国际影响力的一流跨国出版企业。督促和支持出版企业海外分支机构有效运作，差异化、精准化地定位内容产品，赢得更多的读者。引导有实力的出版企业入股国际知名出版集团。

（四）不断提升出版社对外输出能力

国内出版企业要做好图书对外翻译出版，应不断提升自身能力，首先应该拥有比较丰富的出版资源，不仅在于集中优势精力，打造品牌产品，同时聚集优秀、权威的作者资源也尤为重要；要熟悉海外市场，了解不同市场的读者需求，适合当地人的阅读习惯；拥有较高的政治敏锐度，特别是主题、时政出版要时刻注意意识形态的宣传功能；拥有较强的策划能力、沟通和掌控能力，以及营销能力。

（刘莹晨　中国新闻出版研究院）

第四章

中国香港特别行政区、澳门特别行政区、台湾地区出版业发展报告

第一节 2018年中国香港特别行政区出版业发展报告

2018年香港的图书出版仍不景气,整体图书销售持续下跌,出版量进一步减少,出版业界处在不断调整与适应中。业界在困难与逆境中求生存发展,作出不少应对和尝试,努力寻求新的增长点,找出崭新且可行的商业模式,同时又努力推动阅读文化,"曲线"支撑出版。故此,2018年的香港业界可归为在努力求变、自我增值和推广阅读三条主线下打拼努力。总之,2018年香港出版界发生的大事多、难忘事也多,是特别的一年。

一、大事及难忘事

(一) 多位作家和文化人辞世

2018年令人惋惜的莫过于多位香港名人、作家和资深出版人先后辞世,包括:国学泰斗饶宗颐教授、著名报人与武侠文学大师查良镛(金庸)、高纤之父高锟、香港文坛巨人刘以鬯、著名流行作家林燕妮、名画家阿虫(严以敬)、作家刘乃强、香港民政事务局前副局长许晓晖和资深出版人黄毅等。以上诸位多年来对推动香港学术、文化、出版和阅读贡献良多,遗下传世著述与功绩,继续造福后世。多家书店和出版社特别举行了不同形式的悼念会、书展、座谈会,以兹怀念。他们的贡献表明了香港确实拥有巨大的文化动力和影响力。

(二) 重要出版机构举办庆典

2018年亦有多家香港重要的出版机构举行大庆。首先是香港联合集团成立三十周年。集团在 1988 年成立，旗下包括多家老牌出版社，如三联、中华、商务、万里、新雅、新民主、集古斋等，是业务全面、立根香港、面向世界的出版集团。集团以"文化跃动、启迪传薪"为题，举行了系列文化活动，评选在集团发展史上具有里程碑意义的"三十件大事"和富有文化影响力的"三十本好书"，并邀请 30 位作家记述与集团属下出版社结缘的故事，编制出版《三十周年纪念文集》。庆祝酒会获得香港特别行政区首长林郑月娥、香港中联办主任王志民主礼，数百位香港政商文教界别名人到贺，见证了集团三十年腾飞再发展的重要时刻。

2018 年是三联在港成立 70 周年店庆。三联以"坚守文化理想"为题，展示了"竭诚为读者服务"的建店初心。在酒会暨专题展中以照片、手稿、珍本和书画作品，回顾了 70 年来三联书店与香港社会共同发展的历程，彰显了三联在香港文化教育发展中扮演的重要角色。此外，艺术书画出版社集古斋成立 60 周年、童书出版社小树苗教育出版有限公司成立 30 周年，充分展示了香港的多元文化力量。

（三）印制大奖三十周年

作为香港历史最悠久的印制奖项——第三十届香港印制大奖颁奖典礼顺利举行，400 多位印刷、出版、设计同业出席。本届印制大奖除以往的 27 个组别奖项外，特别增设"匠心大奖"，并增设 50 人以下中小型公司参赛项目，藉此鼓励中小企将得奖作品带到各地，拓展商机。本届杰出成就大奖（出版界）由突破机构（香港基督教出版社）创办人之一的梁永泰博士荣膺，以表彰他多年来对出版等方面的贡献，实至名归。

（四）第二届出版双年奖启动

香港出版双年奖是业界唯一的出版专业奖项，由"创意香港"赞助，香港出版学会主办，选出十个内容组别的十优图书及最优秀图书，是业内极具代表性、权威性和认受性的奖项，备受社会重视。"第二届香港出版双年奖"在 12 月举行启动礼。除以上分类图书奖项外，本届加设"出版大奖""优秀编辑奖"和"市场策划奖"三个新奖项，奖项在 2019 年诞生，于香港书展期间公布。

二、努力转型求变

(一) 继续拓展境外市场

由于本地市场狭小,香港业界一直希望可拓展外地市场,增加销售和影响力,并维持出版的国际性。香港出版总会和香港印刷业商会继续获得香港特别行政区政府"创意香港"赞助,举行"腾飞创意——香港馆2018"项目,开拓境外市场。2018年业界参与了三大国际书展,包括再度参与的"法兰克福书展"、重临暂别三年的"北京国际图书博览会",以及首次亮相"中国上海国际童书展"。三大书展的"香港馆"以"导赏香港"(Exploring Hong Kong)为主题,各有超过65家香港出版社及印刷商参展,将具有代表性及获得不同奖项的出版和印刷作品展出,并加强与外地的版权洽谈。

(二) 聚焦粤港澳大湾区发展

香港是粤港澳大湾区的重要城市之一,无论是经济与文化都具有一定的战略地位,发展粤港澳大湾区是国家重要的发展战略,能为香港带来新的发展机遇。在文化和出版层面上,港粤同处岭南文化带,特区的经济发展历程、对外开放经验、科技领航,给予出版人无限憧憬与可能性。为让出版同业加强认识粤港澳大湾区近年的一些热点项目,2018年6月14日香港出版总会在南沙文化会(霍英东基金会属下)的资助下,组织了两天一夜的粤港澳大湾区考察活动,共有40名业界组织的会长级人马参加。考察活动以"高新科技""文化创意"与"智能物流"为主题,参观了近年粤港澳大湾区的重点企业,如腾信、华为、科大研究院、联合南沙物流基地、京东等。12月5日香港出版学会与香港书刊业商会联合举办"粤港澳大湾区考察团",参观粤港澳大湾区先进企业。考察团一行40人参观了七家企业。

以上考察,让香港业界认识了国家重要企业最新的科技、物流、文化发展,开拓了香港业界的视野,有助进一步思考香港出版业界参与粤港澳大湾区发展的可行策略。

（三）联合物流迁往南沙

香港联合出版集团为业务发展所需，多年来部署将发行与仓库迁往南沙保税区，建立南沙保税物流基地。项目坐落于粤港澳大湾区中心位置，位于广州市南沙区万顷沙镇广州南沙保税港区加工区内，享有国家新区、自贸区、保税港区三区叠加优势。项目总占地面积约3.3万平方米，建筑面积约6万平方米，包括综合中心建筑面积约2万平方米、物流中心建筑面积约4万平方米。物流基地配备有专业物流设备、保税仓、办公室等，将被打造成为集跨境物流、保税仓储、贸易进出口、商务服务、保税展贸等业务为一体的综合服务平台。集团期望基地可以为图书类产品提供印刷、仓库、发行与销展等服务，成为亚洲另一个重要的物流交易中心。2018年建筑工程已顺利展开，预计在2019年投入服务。集团南沙基地标志着香港出版业的进驻与发展粤港澳大湾区的具体成果。

（四）共商建立粤港澳大湾区出版联盟

香港联合出版集团与广东出版集团、香港和澳门出版业团体正探讨成立粤港澳大湾区出版联盟的可能性，期望能集中各方资源，订立恒常的沟通机制，商讨长期的合作方案，包括出版项目、高峰论坛、建立基地等。联盟之议望能早日落实，订好对粤港澳地区出版业有益的互利互助方案，为本地出版提供另一出路。

三、保卫阅读文化

阅读风气转弱是全球的共同现象。不阅读、少阅读是出版业遇到的最大挑战。因此，近年来香港出版界以不同方法，从不同层面，致力推广阅读文化。只有保住阅读，出版才有未来。2018年，业界在推广阅读文化方面着力不少，卓有成效。

（一）香港人读什么书

从香港出版学会举行的2018年全民阅读调查得悉，香港人最爱看的书种首五位分别是：文学小说、保健养生烹饪、人文历史政治时事、心灵励志和旅游地理。而香港权威书店如商务印书馆、诚品等书店分别公布了畅销书排行榜，书店畅销书排行榜对港人阅读情况可进一步补充：第一，生活实用仍是主流，例如苏民峰及不同玄学家的运程书、《鼎爷厨房》等。第二，少儿图及科幻推理极受欢迎，以学生为对象的《大侦探福尔摩斯》系列新书均能上榜。第三，名家作品捧场读者多，如陈美龄的《家长不要做的35件事》、东野圭吾的《解忧杂货店》、天航（香港的年轻网络作家）的《曼德拉超时空实验》等。第四，童书（包括亲子与教养类）的增长与畅销仍是趋势。第五，一些传奇人物首次出版的传记或作品，如《郭鹤年自传》、《马荣成风云路》（香港著名漫画家，陪伴港人成长）；哲学普及类也因文青风而颇受欢迎。以上都反映出香港读者的多元阅读口味与分众化趋势。香港的出版人若能找到一些值得积累与总结的选题，能扣住个人或时代、社会发展的题材，港人也愿一读。

（二）阅读风貌：书展续领风骚，书店却好景不再

2018年香港书展进场再创高峰，吸引了破纪录的104万人次入场，超过9%的参观人士是来自香港以外地方。但书展只是七天的光景，书展进场风光背后，香港的书店仍要为争取读者而挣扎求存。

2018年香港的书店有开有关。Metrobooks书店宣布位于铜锣湾时代广场9楼的两家门店因租约期满，停止营运，并全面撤出香港。成立76年、老牌教育书店龄记宣布结业。经营15年的旺角独立书店国风堂结业。消失了的书店是不少港人的生活记忆，引起社会一时讨论，令人感触与唏嘘。

但2018年也有一些新书店面世，例如：南丰纱厂由年轻设计师主理的BOOK B书店；出版界著名书商TASCHEN于中环"大馆"开设了亚洲第一家书店；香港商务印书馆在深圳福田区新地标——深业上城开设"本来书店"，集书店、咖啡、生活美学与文化体验于一体的综合型书店，分设人文馆、生活馆和亲子馆。以上，是否反映钟情于出版者对现实与理想的角力、不愿妥协，是挣扎求存还是胸有成竹，真是当事人才可知悉。

(三) 推出"共享·喜悦新时代"

出版人最明白推动阅读的重要性。2017年底，香港出版总会与特别行政区首长林郑月娥会面，提出阅读对社会发展的重要性，指出阅读风气转弱对社会、文化和教育的长远负面影响，并争取社会带头重视阅读，投入资源推广阅读。及后经过与各有关政府部门洽商，最终促成了政府推出"共享·喜悦新时代"政策，成功争取政府每年4 000万元的学校拨款，专门用于推广阅读，包括购买图书、举办阅读活动等。增加了学校每年的阅读经费，等于扩大了出版的市场，对出版业界不无鼓舞。

(四) 举办不同的阅读活动

在"共享·喜悦新时代"的政策下，香港出版总会与教育局、康文署（管辖公共图书馆的部门）磋商如何办好特色的阅读活动，在民间推动阅读文化。3月，香港出版总会主办，获教育局支持，在荃湾愉景新城商场的协作下，成功举办了第一届"阅读满FUN嘉年华"活动，为幼儿至小学学童展出一千多种图书，并有数十场不同形式的中英文阅读活动，进场人数超过千人，场面热闹。

在10月和11月，书刊业商会在湾仔和屯门先后举行了"湾仔书展——阅读在修顿"和"阅读在屯门"活动，展出图书，将阅读种子播种于小区。以上活动反映了业界在推广阅读上团结一致，不遗余力，透过活动以普及阅读之心。

(五) 调查"全民阅读"情况并致力推动"阅读约章"

由香港出版学会主办的第三届香港"全民阅读"公布结果，与前两年相同的是，全港仍约有四成人一年来从未阅读过一本纸本书，其中离校后的18—30岁年龄群组阅读下跌比例最高，反映港人缺乏阅读动机，亦对阅读的价值与信念并不牢固。在不阅读的群组中，有很高比例表明不阅读是因为没有阅读习惯。因此，香港出版学会郑重提出社会必须要各方协作，推好全民阅读工程，以建立书香社会。香港出版总会要进一步全力支持政府推动阅读约章，希望市民在"4·23世界阅读日"中，能签下"阅读约章"，立志为自己订下一年的阅读计划，尝试让阅读改变自己的人生。

（六）为争取"授借权"而奋斗

由于香港图书馆服务的周到与便捷，很多港人阅读不用买书，在图书馆借用便可，直接影响了作者和出版社的收益。特别是香港出版只以本地市场为主，图书馆借书产生的冲击就更大。因此，香港出版总会支持业界，多年前组成"授借权大联盟"向政府争取承认授借权，允许在维持优质图书馆服务的前提下，给予作者和出版社一些经济补贴，以示尊重与支持本地出版与创作。现时香港并无授借权法例，故政府认为没有理据与急切性推行授借权，也不完全认同图书馆服务打击了出版与创作，反驳图书馆对推广阅读和作者有间接的帮助。双方的观点与立场截然不同，交涉多年，并无太大进展。2018年，双方各退一步，在接受与谅解授借权的精神下，进一步加强图书馆与业界携手合作推广阅读，例如图书资源的使用、合办阅读活动等，终有一些实质性的进展。政府愿意考虑投入一些新资源给予业界，以推动阅读和出版。期望双方在2019年终能达成对出版、作家、读者和图书馆四赢的合作方案。

四、自我增值，争取空间

在市道不佳、环境难测、转型求变的大环境下，业界不忘自我素质提升。以香港出版学会为首，举办了不同类型的培训课程，帮助同业更专业化。

（一）蓝真持恒基金成立

资深出版人蓝真先生辞世后，家人成立了蓝真持恒基金，专门鼓励年轻编辑学习及成长，读万卷书，行万里路，开阔眼界。2018年蓝真持恒基金赞助、香港出版学会协办的"考察书业赞助计划"，资助年轻编辑到访外地书展，第一位获选者前往德国考察法兰克福书展，获益良多，回港后与同业分享心得。

（二）举办业界培训讲座

香港出版学会与职业训练局合办出版培训课程，题目为"阅读最前线"，由本港资深出版翘楚主持四个讲座,探讨现今不同阶层读者喜欢、需要什么书籍,分析读者的阅读习惯与行为等,从而寻找那些潜藏在身边的读者。此外,学会继续举办"书籍出版编辑实务专业文凭课程"培训,以初入行编辑为对象,教授编辑、校对和设计基本功等实务课程,旨在培育行业的新军。

五、教育出版面临变革

(一)政府要求大力推动电子学习

香港特区政府早年斥资9 950万元推行第四个"信息科技教育策略",配合师生在课堂上使用电子教科书和电子学习资源。据政府的审计报告显示,使用电子教科书的中、小学平均占比只有24%、8%,中四至中六的电子教科书适用书目表更是一本电子教科书都没有,反映出电子学习发展并不畅顺。政府审计部门指出,教育局应向电子教科书开发商和学校加强推广电子教科书,并监察电子教科书送审机制,鼓励更多出版商将电子教科书送审。

同时,部分学校开始推行学生"自携装置"政策,加强使用流动装置进行学习。"关爱基金"(政府资助基层学童的专项基金)于2018至2019学年起资助所有综援及全津学生购买流动计算机装置,金额上限为4 500元,为期三年。

为推行电子平台标准化,教育局与业界成立了"电子教科书发展工作小组",代表包括教育局、教育城、香港教育出版专业协会、香港电子教科书协会及香港电子教育发展商会多个组织。小组目标是要制定电子教科书与电子学习平台方向及发展模式,简化学校单一登录学习平台模式,便利老师及学生运作,加速电子学习。

以上皆反映出政府下更大的决心推动电子学习,可以预见未来香港校内的学习形式可能会产生较大的变化,更朝向电子化发展。

(二)课程改动,课本改版

2018年中小学多项课程改版,教科书须重新送审,教科书竞争及洗牌在所难免。

首先是中国历史科。社会及教育界要求学童对中国历史要有全面的理解与认识，教育局早前遂决定将中国历史科订为初中的必修科，于2020年9月正式全面推行。教育局要求参加送审的出版社于2019年3月送审中一级课本，10月送审中二及中三级课本。必修令中国历史科成为另一大市场，吸引已出版及之前未出版中国历史课本的出版社加入。除中国历史科外，小学常识、小学数学科和小学普通话科亦分别改版。香港小学学制只有几个必修科（主科是中文、英文、数学和常识，其他有普通话、音乐、计算机、美术和体育），各出版社都各出奇谋，投入不少资源，市场竞争预见极为激烈。

（三）校本课程与课本

教育局一直推动校本管理，即学校可按本身的情况管理及推行教学。教育局虽有指定的各科课程大纲，却同时鼓励学校因应本校学生的情况，自行调适课程内容，因材施教，由此而衍生了校本课程的诞生。现时虽然较多学校仍采用按教育局课纲编写与通过送审的课本，但已有不少学校要求出版社特制及提供自己学校情况的教材，形成了所谓校本教材。对出版社而言，校本教材和学材是为某一学校订制，成本很高，但为了争取学校继续使用自家出版的课本，不得不做。其实，出版社对校本课程的发展深感忧虑。

2018年优质教育基金（政府成立的专项基金，供学校申请用于发展教育）拨款30亿元，成立专项拨款计划，供公营中小学（包括直资学校）、特殊学校及幼儿园申请，推行校本课程设计和学生支持措施。每所幼儿园约为50万元，小学、中学及特殊学校约为200万元。基金将由2018学年至2019学年起四个学年，以每学年两期接受学校就专项拨款计划提交申请。基金资助项目包括校本课程，相信会吸引一些学校改用校本，预计这对教科书出版业界会带来一定的冲击。

六、结　语

香港出版因本土市场狭小，缺乏出版资源，又难与内地及台湾争夺版权，故从来都是困难重重。受信息爆炸及互联网的冲击，阅读风气进一步转弱，市场持续不景气。加上因工资上升、租金高企不下，其他经营成本不减，出版业界的日子更苦。香港出版业并没有得到政府的很大资助，从来只有自力更生，自求自助。这种经营格局，令业界在困难中更加警醒，不断自我调节。艰难却不等于绝望，反而激发业界求变之决心。香港出版业明显处于深度调整之中，至于能否成功，个人认为以下将是重点所在。

第一，优化选题，在减少出版量的情况下，捕捉好、把握好更优质的选题，做到精致细密，吸引更多读者将极为重要。理论上，出版量减少，编辑可有更多时间及资源做好每一本应出的书；同时，出版量减少，读者应对好书会更渴求。好书不会没有前景、没有市场。第二，保持国际性。香港出版一直以其国际性为特点。引入前沿课题，吸引更多读者。在本土化题材外，香港出版人应更加关注世界发展潮流及议题，争取华文出版的位置。第三，转型求变。传统出版如何延伸，寻求新的产品与商业模式，例如知识付费、IP模式、境外市场开拓等，将是重点所在。第四，推广阅读，争取整合社会与政府资源，一同推动阅读，扩大份额。第五，培育后进，更多有志青年投身出版业，为出版业注入希望。

［李家驹　香港联合出版（集团）有限公司］

第二节　2018年中国澳门特别行政区出版业发展报告

澳门特区政府为了实现经济多元化的政策，大力推动文创产业，出版业也在其中。本文为2018年澳门特区的出版业发展状况。

一、出版品统计

综合澳门公共图书馆、澳门大学图书馆及几家主要出版机构网上目录的统计资料，截至2019年3月14日，2018年澳门出版具有国际书号及较重要的出版品共计788种，为回归以来出版业最兴旺的一年。在这个小城市，每天约有2.16种书刊出版，较2017年1.91种多了0.25种。

二、图书出版情况

（一）主题分类数量

从表1中的2018年澳门图书的主题分类数量可见，艺术类共有127种，排在榜首；第二为文学类，有110种；第三为历史类，有101种；第四为政治及公共行政类，有67种；第五为法律类及教育类，各有49种。其他主题依次为社会类46种、经济类45种、语文类30种、科学类24种、旅游类22种、宗教类20种、医学类17种、体育及音乐类各12种、交通类11种、戏剧类及哲学类各7种、心理类6种、综合及博彩类5

种、电影及统计类 4 种、图书馆类 2 种、饮食类 2 种、传播类及书目类各 2 种、人口类 1 种。

表 1　2017—2018 澳门图书主题数量统计表

序号	类别	2018	2017
1	艺术	127	145
2	文学	110	65
3	历史	101	69
4	政治及公共行政	67	60
5	教育	49	34
6	法律	49	55
7	社会	46	47
8	经济	45	54
9	语文	30	16
10	科学	24	20
11	旅游	22	45
12	宗教	20	13
13	医学	17	15
14	体育	12	4
15	音乐	12	13
16	交通	11	8
17	戏剧	7	5
18	哲学	7	0
19	心理	6	1
20	综合	5	0
21	博彩	5	6
22	电影	4	1
23	统计	4	4
24	图书馆	2	4
25	饮食	2	3
26	书目	2	0
27	传播	2	1

续表

序号	类别	2018	2017
28	人口	1	7
29	出版	0	2
30	地理	0	2
	总计	788	699

（二）主题内容分析

从内容看，排名第一位的艺术类图书，验证了近年来得到特区政府大力推动文创产业及展览业的成果。其内容主要有由特区政府文化局出版的国内外知名的艺术家来澳门所展出的作品集及场刊。由于设计精美、内容充实，这些出版品成为澳门图书市场的热点，除在大陆与台湾出版业界中获得良好的口碑外，海外及其他地区市场销售亦不错。另外，澳门基金会亦出版了本地艺术家作品系列，让本地艺术家作品得以结集出版。

排名第二位的文学类图书有110种，主要来自特区政府文化局及澳门基金会出版的不同的文学系列作品集；其次是文学社团及机构出版了不少新生代作家作品集，如澳门故事协会、澳门日报出版社等。

排名第三位的历史类图书，以澳门历史为主要内容。如澳门理工学院开展澳门地方史的研究工作，并将多种研究成果结集出版；澳门国际研究所出版有关土生葡人的历史专著，特区政府文化局亦出版大型历史展览及口述历史丛书等著作。虽然历史类题材以澳门为题，但是作者在内容上引入较多新元素及第一手资料，加上排版精美悦目，有利于读者阅读及欣赏，在市场销售上有较好的前景。

排名第四位的政治及公共行政类图书，其作品内容以特区政府部门的年度工作报告及宣导政制为主。其中审计署出版的多种审计报告最具参考价值。

排名第五位的法律著作，主要为特区政府立法会出版的澳门法律与法规专书。由于澳门法律图书往往成为本地法律从业人士及修读法律系学生的教材与参考书，所以在内销市场有一定的需求。而教育类于2018年度亦上升了三位，同样为第五位，尤以教育暨青年局出版多种推动公民教育的图书为主流，次以学校年度特刊、校内通讯、教科书及学生作品集等内容为主。

排名第六位的社会类图书，主要是以社团特刊、社会调查为主。

排名第七位为经营类图书，以各类统计调查报告、商业机构或社团的年度报告及特刊为主，题材以澳门本土为主。

排名第八位为语文类图书，为了进一步推动中葡平台，澳门理工学院出版了多部葡文教科书，使语言图书上升到十名之内。

排名第九位的科学类图书，主要以科普作品为主。

排名第十位的旅游类图书，主要为旅游产业研究及旅游指南。

（三）语　种

在图书语种方面，中文有 480 种，葡文有 84 种，中葡英文有 59 种，中葡文 57 种，英文有 52 种，中英文有 48 种，英法文有 2 种，中英日文、Patuá、中英塞尔维亚文、中韩文、西班牙文、葡英 Patua 各 1 种，参见表 2。

2018 年，三种主要语种有中文 645 种、葡文 201 种、英文 164 种。中文图书占总体 58.1%，较去年 56.58% 稍多一点。2017 年三种主要语种为中文 600 种，葡文 187 种，英文 162 种。

虽然澳门定位为国际休闲中心，外资博彩业在澳门有一定的影响力，加上澳门为葡语地区交流的平台，理应外文著作较中文著作为多，可是外文著作只占四成，比例仍然偏低，未能有条件打进国际市场。

表 2　2017—2018 图书语种数量统计表

序号	语种	2018	2017
1	中文	480	400
2	葡文	84	54
3	中葡英文	59	48
4	中葡文	57	83

续表

序号	语种	2018	2017
5	英文	52	42
6	中英文	48	69
7	英法文	2	0
8	中英日文	1	0
9	Patuá	1	0
10	中英塞尔维亚文	1	0
11	中韩文	1	0
12	西班牙文	1	0
13	葡英 Patua	1	0
14	葡英文	0	2
15	英立陶宛文	0	1
	总计	788	699

三、出版单位类型及出版数量

（一）概　况

2018 年，澳门共有 274 个出版单位出版图书。参见表 3。从不同类型出版单位来看，政府部门 47 个单位；出版图书 317 种，出版数量最多；其次为社团组织，共 127 个单位出版 223 种；第三为私人出版单位，共 75 个出版 215 种；第四为个人自资出版，14 人出版 20 种；最后为学校，11 个单位出版 13 种。

其中新的出版单位有 55 个（73 种），此为历年之冠，较 2017 年（36 个）多了 19 个，包括了社团 27 个（31 种）、个人自资 9 个（12 种）及私人出版单位 18 个（28 种），政府部门出版单位 2 个（2 种）。这反映出近年来社团、私人出版社及个人自资出版有急速上升的趋势。

表3 2017—2018 各类型出版单位数量及出版数量

出版单位类型	单位数量（个）		出版数量（种）		百分比	
	2018	2017	2018	2017	2018	2017
政府部门	47	45	317	296	40.22%	42.35%
社团	127	117	223	208	28.29%	29.76%
私人出版单位	75	52	215	159	27.30%	22.75%
个人自资出版	14	16	20	19	2.54%	2.72%
学校	11	12	13	17	1.65%	2.42%
总计	274	242	788	699	100.00%	100.00%

（二）澳门特区政府出版单位出版数量排行

表4为澳门特区政府部门出版单位数量排行前五位。第一位为文化局，73种；第二位为澳门理工学院，37种；第三位为澳门基金会，共21种；第四位为教育暨青年局及统计暨普查局，共20种；第五位为澳门大学，18种。前五位的出版量总计为169种，占政府出版品数量的53.3%。

表4 澳门特区政府部门出版数量排行前五位

排行	出版单位	数量
1	文化局	73
2	澳门理工学院	37
3	澳门基金会	21
4	教育暨青年局、统计暨普查局	20
5	澳门大学	18
	总计	169

（三）社团出版单位出版情况

表5为社团出版单位出版数量排行前五位情况。澳门国际研究所出版15种最多；澳门故事协会出版12种，次之；圣公会澳门社会服务处及缅华笔友协会，各6种，排

第三位；第四为澳门中华新青年协会，5 种；第五位为澳门诗社、澳门工会联合总会、世界旅游经济研究中心、澳门扶康会、澳门书画艺术联谊会，各 4 种，共计 64 种，占社团出版数量的 29.15%。

表5 社团出版单位出版数量排行前五位

排行	出版单位	数量
1	澳门国际研究所	15
2	澳门故事协会	12
3	圣公会澳门社会服务处、缅华笔友协会	12
4	澳门中华新青年协会	5
5	澳门诗社、澳门工会联合总会、世界旅游经济研究中心、澳门扶康会、澳门书画艺术联谊会	20
	总计	64

（四）私人出版单位出版情况

表 6 为私人出版单位出版数量排行前五位情况。本年度第一位为人民科学出版社有限公司，25 种；第二位为中国艺文出版社，24 种；第三位为 Praia Grande Edições, Lda 和文声出版社、银河出版社、澳门日报出版社，各 9 种；第四位为读图时代出版社有限公司，共 7 种；第五位为 Happy Macao 出版社、中国原创新媒体出版社有限公司、东方文粹，各 6 种。共计 110 种，占本类别出版的数量 51.16%。

私人出版单位在澳门的出版规律大致是刚创立时雄心壮志，但经过数年营运，便会走下坡路，甚至结束。其中一个重要因素是由于国内外出版事业发达，发行网络完善，不少个人著作分别在国内外出版，或与社团合作自行出版。以往出版量较多的东方国际出版社、中西艺文出版社、澳门学人出版社、当代中国艺术出版社、飞翔出版社一人有限公司、澳门出版社有限公司、中国艺术出版社、澳门出版社、国际炎黄出版社、东望洋出版社等，出版数量均有大幅下降趋势，全年只出版一至两种图书。出版社没有出版业务难以维持生计，所以部分出版社转以协助本地机构排版及制作工作。

表6　私人出版单位出版数量排行前五位

排行	出版单位	数量
1	人民科学出版社有限公司	25
2	中国艺文出版社	24
3	PraiaGrandeEdições，Lda、文声出版社、银河出版社、澳门日报出版社	36
4	读图时代出版社有限公司	7
5	Happy Macao 出版社、中国原创新媒体出版社有限公司、东方文粹	18
	总计	110

（五）学校出版概况

本年度的学校出版品数量不多，仍然维持以出版学校毕业特刊及学校的学生作品为主，加上部分学校出版品为内部出版，至今只收到13种，估计有部分作品仍未收集得到，需要日后再作补充，参见表7。

表7　2018年学校出版数量排行榜

排行	出版单位	数量
1	联国学校	2
2	澳门粤华中学	2
3	凼仔坊众学校	1
4	培正中学	1
5	创新中学	1
6	慈幼中学	1
7	葡文学校	1
8	澳门国际学校	1
9	澳门劳工子弟学校	1
10	澳门圣家学校	1
11	澳门广大中学	1

四、新成立出版单位情况

2018年,澳门特别行政区新成立各类出版单位共56家,包括个人自资出版11家、政府部门1家、社团27家、私人出版社17家,共出版了73种图书。较2017年36家多了20家,其名称可参见表8。

表8 2018年新成立的出版单位统计表

序号	出版性质	单位名称	出版数量
1	个人自资出版	Carlos Frota	1
2	个人自资出版	Duarte Jorge Rodrigues Esmeriz	1
3	个人自资出版	Francisco António Oliveira de Almeida Ricarte	1
4	个人自资出版	李彩燕	1
5	个人自资出版	李德华	2
6	个人自资出版	易柳彤	1
7	个人自资出版	许焯胜	2
8	个人自资出版	贾瑞	2
9	个人自资出版	刘苏宁	1
10	个人自资出版	江浩连	1
11	个人自资出版	邱庭彪	1
12	政府部门	外交部驻澳门特派员公署	1
13	社团	中国画学会(澳门学会)	1
14	社团	世界旅游经济研究中心	4
15	社团	儿童艺术发展协会	1
16	社团	思路智库	1
17	社团	家国情怀协进会	1
18	社团	澳门IN义工团	1
19	社团	澳门大学附属应用学校家长教师会	1
20	社团	澳门中国纸币学会	1
21	社团	澳门中华民族传统体育协会	1

续表

序号	出版性质	单位名称	出版数量
22	社团	澳门巴西研究学会	1
23	社团	澳门文化创意视艺协会	1
24	社团	澳门交通运输业总工会	1
25	社团	澳门佛光协会	1
26	社团	澳门辛亥、黄埔协进会	1
27	社团	澳门东方书画会	1
28	社团	澳门城区视觉艺术社	1
29	社团	澳门恒光出版、编译、顾问有限公司	1
30	社团	澳门插画师协会	2
31	社团	澳门葡语医生协会	1
32	社团	澳门道乐团	1
33	社团	澳门福建总商会	1
34	社团	澳门潮属社团总会	1
35	社团	澳门餐饮业联合商会	1
36	社团	澳门营养学会	1
37	社团	澳门艺文传播学会	1
38	社团	翰林教育暨研究协会	1
39	社团	澳门城市规划学会	1
40	私人出版社	AES 专业教育移民（澳洲）服务有限公司	2
41	私人出版社	CURB-建筑与城市规划中心	1
42	私人出版社	Fb&c Limited	1
43	私人出版社	IPSIS VERBIS 有限公司	1
44	私人出版社	Livros do Meio	1
45	私人出版社	中国原创新媒体出版社有限公司	6
46	私人出版社	中国华融资产管理股份有限公司	1
47	私人出版社	引文化有限公司	1
48	私人出版社	弘艺峰创作社	1
49	私人出版社	有德笔出版有限公司	1
50	私人出版社	亚洲企业品牌媒体集团	1
51	私人出版社	洗心岛出版社有限公司	5

续表

序号	出版性质	单位名称	出版数量
52	私人出版社	华厦出版社	1
53	私人出版社	节策划有限公司	1
54	私人出版社	诗巴科技创意有限公司	1
55	私人出版社	乐恩音乐出版社有限公司	1
56	私人出版社	澳传媒有限公司	1

五、报纸及期刊出版情况

澳门出版的报纸及期刊约有 200 种，大部分以机构的通讯为主。其中较重要的有报纸 10 种及期刊 30 种，题材以澳门旅游、时事为主。学术期刊有 60 多种，内容以文史研究、法律、经济、教育等类别为主。澳门大学图书馆将其中 50 种较重要的学术期刊编入澳门期刊网的电子检索系统内。澳门理工学院举办"华文学术期刊转型暨澳门理工学报创刊二十周年研讨会"，进一步探讨学术期刊转型的方向。2018 年创刊的报刊有 7 种：《职安友好报》《澳门少年报》《澳门天主教美满家庭协进会季刊》《澳门建造》《亚洲商旅》《街报》《汇澳传媒》，全部为机构的通讯类期刊，参见表 9。

表 9 2018 年创刊的报刊名单

期刊名称	出版单位
职安友好报（职安健）	劳工事务局
澳门少年报	澳门大学·中国历史文化中心
澳门天主教美满家庭协进会季刊	澳门天主教美满家庭协进会
澳门建造 = Macau construction	澳门建造商会
亚洲商旅 = Asia business traveller magazine	亚洲商旅出版有限公司
街报 = Guide Po	街报
汇澳传媒 = RECAP853	汇澳传媒有限公司

六、出版业界交流

澳门从事图书出版的从业者不足2 000人，分别在近300个出版单位工作。其中有近40%为社团及业余性质的出版人，另约有500人从事报刊的出版与编辑工作。

澳门每年的三次大型书展分别在3月、7月及11月举行，先后由澳门出版协会及一书斋举办，每次均展出逾万种图书，平均每次入场人数约2万人。其主要客源为图书馆及个人读者。2018年澳门出版业界亦参加了"香港国际书展"及"全国图书交易博览会"，另外澳门出版协会与香港出版学会续办每年一次的专业编辑课程，吸引了不少年轻业界人士参加。

澳门特区政府继续重视及回应出版业界的诉求，文化局于2018年推展了一项为期两年的"澳门文化出版物外地发行计划"，协助本澳书商到我国香港及海外约50个地区发行书刊。

为了加强业界及市民认识海外的优良读物，也为业界得以观摩学习，澳门图书馆暨资讯管理协会举办了"德国最美的书书展"等书展。（全年交流活动的具体情况见《2018年中国澳门特别行政区出版业大事记》）

七、书店业

2018年，澳门书店业的格局基本依旧，没有太大变化，共有门市书店及代理公司37家，包括澳门文化广场（3家分店）、宏达图书中心（2家分店）、澳门星光书店（2家分店）、葡文书局、文采书店、一书斋、珠新图书公司、资讯店、环球书局、耶路撒冷书城、浸信书局、圣保禄书局、活力文化、新城市图书中心、环亚图书公司、大丰啤令行、竞成贸易行、学术专业图书中心、澳门政府书店、乐知馆、大众书局、悦学越好有限公司、Milestone、井井三一儿童绘本书屋、正能量、游乐、慢调书旅、文化公所、边度有书、愉阅屋及开书店等。2018年没有新开或结束的书店，只有学术专业图书中心结束门市，转为网购服务。澳门的二手书店约有10家、漫画店约有30家、报刊批发商约有6家。2018年书店的生存空间方面受到特区政府特别重视，文化局出版的《C2文创志》第二十六期，专访了三间本土书店的代表，包括慢调书旅、边度有书及宏达图书中心，探讨澳门当前实体书店的经营模式及生存现状。不少书店为谋求多元化经营、在售书之外拓展其他新的业务，成为复合型书店。而澳门公共图书馆亦出版"2018澳门阅读地图"，详列了澳门书店的地址，推动阅读文化。

八、结　语

2018年，澳门传统的图书出版数量激增，新增长的出版单位数量亦是历年之冠，可见业界于本年度有着快速的发展，加上特区政府亦已将出版作为文创发展项目，推动业界到海外参加业界交流及开辟外销渠道，书店业在本年度亦没有结束的记录。面对电子图书等新媒体的威胁，澳门每年有近3 200万游客到访也令图书销售业绩大幅进步。预计澳门回归20周年的效应将带动读者研究澳门的热潮，澳门出版事业将踏入一个新里程。

（王国强　澳门出版协会、澳门大学）

第三节 2018年中国台湾地区出版业发展报告

一、出版概况

根据台湾"国家图书馆"书号中心的统计分析，从2018年申请ISBN的出版机构类型分析其出版量，一般出版社合计出版新书34 919种（占89.27%）；其次为"政府机关"3 186种（占8.15%），个人1 009种（占2.58%），资料显示：一般出版社出版新书总量虽较2017年减少1 133种，但占年度总出版量比例则持续增加，个人出版者出版占比亦有微幅上升。台湾地区的杂志出版机构超过7 000家，有声出版机构超过9 000家，图书出版机构则超过12 000家。

根据台湾新书资讯网ISBN/CIP各年度统计的数据显示，如表1所示，2018年以"人文史地（含哲学、宗教、史地、传记、考古等）"类新书出版最多，计有4 936种，占总数12.62%；其次为"社会科学（含统计、教育、礼俗、社会、财经、法政、军事等）"计有4 327种，占11.06%；而历年来均独占鳌头的"小说（含轻小说）"类今年则降至第三位，计有4 191种，占10.71%；接着为"儿童读物（含绘本、故事书等）"计有3 788种，占9.68%；"艺术（含音乐、建筑、雕塑、书画、摄影、美工、技艺、戏剧等）"计有2 810种，占7.18%。

表1是根据台湾地区出版业界常用的图书分类来分析，从近三年各主题类型的新书占比的消长情形来看，2018年增加最多的为"社会科学"类新书，较2017年上升2.74%（增加965种），而2018年出版量第一的"人文史地"类主题新书，则连续三

年有明显增长的趋势,从 2016 年的 7.79%,2017 年大幅增加为 10.29%、2018 年再上长 2.33%(增加 780 种);再其次为"儿童读物"增幅 1.05%(增加 301 种),"漫画书"也微幅增加 0.40%(增加 78 种)。减少幅度的较大主题类别的依次为"心理励志"(减少 1.13%、506 种)、"商业与管理"(减少 1.06%,484 种)"休闲旅游"(减少 0.72%,减少 484 种)。值得观察的是:"小说(含轻小说)"类新书出版量虽仍高居第三位,但占比连年下降,从 2016 年 11.52%、2017 年 11.04% 到 2018 年 10.71%,占比连年下降的还有"休闲旅游""语言"及"教科书"等,推测因网络发达相关资讯取得容易,对于相关出版品的需求相对较少。

表 1 台湾地区近三年(2016—2018)图书出版类型统计

序号	图书类型	2016	2017	2018
1	文学	2 300(5.93%)	2 781(6.88%)	2 643(6.76%)
2	小说	4 471(11.52%)	4 459(11.04%)	4 191(10.71%)
3	语言	1 931(4.98%)	1 408(3.49%)	1 318(3.37%)
4	字典工具书	171(0.44%)	271(0.67%)	149(0.38%)
5	教科书	1 801(4.64%)	1 647(4.08%)	1 479(3.78%)
6	考试用书	2 247(5.79%)	2 391(5.92%)	2 161(5.52%)
7	漫画书	2 325(5.99%)	2 419(5.99%)	2 497(6.38%)
8	心理励志	1 660(4.28%)	2 070(5.12%)	1 564(4.00%)
9	科学与技术	1 831(4.72%)	2 320(5.74%)	2 343(5.99%)
10	医学家政	2 187(5.64%)	2 584(6.40%)	2 552(6.52%)
11	商业与管理	1 592(4.10%)	2 166(5.36%)	1 682(4.30%)
12	社会科学	2 346(6.05%)	3 362(8.32%)	4 327(11.06%)
13	人文史地	3 025(7.79%)	4 156(10.29%)	4 936(12.62%)
14	儿童读物	3 336(8.60%)	3 487(8.63%)	3 788(9.68%)
15	艺术	2 931(7.55%)	2 923(7.23%)	2 810(7.18%)
16	休闲旅游	1 071(2.76%)	938(2.32%)	626(1.60%)
17	"政府"出版品	2 089(5.38%)	340(0.84%)	*
18	其他	1 493(3.85%)	679(1.68%)	48(0.12%)
	合计	38 807	40 401	39 114

2018 年度申请 ISBN 新书中,注记"限制级"图书有 849 种,占全部新书总数约

2.17%。"分级注记"功能落实有赖业者自律及全民把关,让家长及未成年读者在选购图书时有所参考,远离情色及暴力污染。在2018年出版新书中,属于"成人(一般)"图书最多,计26 662种,占新书总数的68.16%,较2017年减少969种(占比减少0.23%);其次为"成人(学术)"4 747种(占12.14%),第三为"青少年"3 503种(占8.96%)。其中,标示属于"乐龄"族专属图书最少,且仅有19种,仅占新书总数的2.39%,相关资料如表2所示。

表2 台湾地区近三年(2016—2018)出版图书适读对象分类分析表

适读对象	图书出版适读对象分类数量与比例		
	2016	2017	2018
成人(一般)	24 947(64.28%)	27 631(68.39%)	26 662(68.16%)
成人(学术)	5 910(15.23%)	5 451(13.49%)	4 747(12.14%)
青少年	3 897(10.04%)	3 347(8.28%)	3 503(8.96%)
学龄儿童	2 893(7.45%)	2 827(7.00%)	3 247(8.30%)
学前幼儿	1 112(2.87%)	1 091(2.70%)	936(0.05%)
乐龄	48(0.12%)	20(0.05%)	19(2.39%)
其他	—	34(0.08%)	—
合计	38 807	40 401	39 114

2018年台湾地区出版新书所使用的语文,主要以正体中文为主,有37 140种,约占新书总数的94.95%,较2017年出版种数减少了1 211种,但占比上升0.03%。另外有以简体中文出版者,主要为考虑东南亚国家使用简体华文图书的出版市场,历年来占新书总(种)数的比例并不高,2017年简体中文仅有215种(占0.55%)。外文书籍最多为英文706种(占1.80%),日文99种(占0.25%)、法文13种、韩文5种、德文6种。属于"其他"的图书,其内容包含东南亚语文、双语或多语对照等,主要为语言学习类、儿童读物及艺术类图书。

台湾地区在2018年出版39 114种新书中,有9 524种图书标示为翻译图书,占新书总数24.35%,较2017年(24.05%)上升0.30%。翻译图书主要源自日本,有5 280种(占翻译图书55.44%),较2017年增加54种;其次为美国2 102种(占翻译图书22.07%),较2017年增加26种;第三为英国686种(占7.20%)及韩国483种

（占5.07%），分别减少17种及108种。

表3整理台湾地区翻译书出版类型的统计分析结果，2018年翻译书最多的为"漫画书"2 259种，占23.72%，较2017年增加91种；其次依序为"儿童读物（含绘本、故事书等）"（1 430种，占15.01%）、"小说（含轻小说）"（1 180种，占12.39%）、"医学家政（含医学、保健、家事、食品营养、食谱等）"（918种，占9.64%）、"人文史地"（767种，占8.05%）。就个别主题类型新书中翻译书占比来看，"漫画书"有超过九成（占90.47%）为翻译书，2018年漫画新书2 497种中，有2 259种为翻译书，绝大部分源自日本（2 237种）；其次为"儿童读物"37.75%、"医学家政"35.97%、"心理励志"33.82%，都有超过三成为翻译书，"小说"亦有28.16%来自翻译书。

表3 翻译书出版类型统计分析

| | 新书总数 | 翻译书总数 | 翻译书占该类比例 | 翻译书占新书比例 | 翻译书来源国 |||||
					日本	美国	英国	韩国	其他
文学	2 643	244	9.23%	2.56%	97	57	27	8	55
小说	4 191	1 180	28.16%	12.39%	820	175	78	28	79
语言	1 318	119	9.03%	1.25%	29	10	5	65	10
字典	149	5	3.36%	0.05%	3	1	1	—	—
教科书	1 479	119	8.05%	1.25%	1	104	11	1	2
考试用书	2 161	27	1.25%	0.28%	7	5	—	10	5
漫画	2 497	2 259	90.47%	23.72%	2 237	2	—	7	13
心理励志	1 564	529	33.82%	5.55%	166	255	29	24	55
科学技术	2 343	438	18.69%	4.60%	173	188	41	10	26
医学家政	2 552	918	35.97%	9.64%	600	165	26	66	61
商业管理	1 682	413	24.55%	4.34%	197	178	18	8	12
社会科学	4 327	614	14.19%	6.45%	165	298	57	20	74
人文史地	4 936	767	15.54%	8.05%	209	317	87	24	130
儿童读物	3 788	1 430	37.75%	15.01%	311	261	262	190	406
艺术	2 810	353	12.56%	3.71%	188	75	37	18	35
休闲旅游	626	105	16.77%	1.10%	74	11	7	4	9
其他	48	4	8.33%	0.04%	3	—	—	—	1

表4 整理2018年台湾地区电子书出版类型的统计分析，2018年电子书以"人文史地"类（627种，占14.45%）最多，其次为"儿童读物"类（531种，占12.24%），第三为"社会科学"类，（525种，占12.10%）。2018年申请ISBN的4 340种电子书当中，档案格式以"EPUB"为主，计有3 495种，占了电子书总数80.53%，且成长幅度惊人，较2017年多了1 525种，占比成长32.90%；"PDF"格式的比重则连续几年呈下降趋势，从2016年的87.56%、2017年51.18%、2018年降至18.96%，出书量823种，较2017年减少1 294种；"其他档案格式"仅22种，占0.51%。为适应不同载体及平台的需要，电子书的档案格式近年来以"PDF"及"EPUB"二者为主力。其中，在从业者的大力推动多年后，EPUB明显已经成为市场主流。

表4 台湾地区近三年（2016—2018）电子书出版类型统计分析表

序号	电子图书类型	电子图书出版数量与比例		
		2016	2017	2018
1	文学	66（3.30%）	408（9.86%）	501（11.54%）
2	小说	103（5.14%）	343（8.29%）	384（8.85%）
3	语言	526（26.27%）	137（3.31%）	71（1.64%）
4	字典工具书	11（0.55%）	4（0.10%）	65（1.50%）
5	教科书	42（2.10%）	20（0.48%）	23（0.53%）
6	考试用书	101（5.04%）	139（3.36%）	94（2.17%）
7	漫画书	2（0.10%）	7（0.17%）	4（0.09%）
8	心理励志	72（3.60%）	458（11.07%）	334（7.70%）
9	科学与技术	79（3.95%）	124（3.00%）	333（7.67%）
10	医学家政	108（5.39%）	431（10.42%）	329（7.58%）
11	商业管理	110（5.49%）	692（16.73%）	250（5.76%）
12	社会科学	91（4.55%）	374（9.04%）	525（12.10%）
13	人文史地	135（6.74%）	77（13.95%）	627（14.45%）
14	儿童读物	115（5.74%）	147（3.55%）	531（12.24%）
15	艺术	50（2.50%）	93（2.25%）	156（3.59%）
16	休闲旅游	95（4.75%）	96（2.32%）	101（2.33%）
17	"政府"出版品	258（12.89%）	33（0.80%）	—
18	其他	38（1.90%）	53（1.28%）	12（0.28%）
	合计	2 002	4 136	4 340

二、读者阅读分析

本节以台湾地区图书馆的统计资料来说明台湾地区读者在公共图书馆方面的阅读分析。根据台湾"国家图书馆"的资料分析显示，2018年台湾地区民众进入各地公共图书馆逾9 198万人次，平均每人进入公共图书馆3.9次；图书借阅人次2 167万，借阅总册数逾7 791万册，每人平均借阅册数达3.3册；图书馆新读者增加83万人，台湾地区民众办证数累积达1 595万张，平均每1.4人就拥有1张公共图书馆借阅证。

在电子书方面，"国家图书馆"及各县市公共图书馆共提供186万册电子书，比2017年增加11万册，借阅总人次达到174万人次，较2016年增加41万人次。与2017年相比，台湾地区民众阅读力的各项指标数字皆有所成长，尤其以电子书的借阅人次成长最为显著，而纸本图书的阅读者亦增长117万人次，增长幅度亦较2016年度高。值得提出一点：阅读人口移转至电子书的趋势亦值得密切关注。

若依据学龄前（0—5岁）、学童（6—11岁）、青少年（12—17岁）、青年（18—24岁）、青壮年（25—34岁）、壮年（35—64岁）以及银发族（65岁以上），并将壮年分为35—44岁、45—54岁、55—64岁3个年龄层，则可将读者年龄层区分为9个阶段。根据公共图书馆的分析资料显示：35—44岁读者借阅册数达2 027万（26.02%）占比例最高；其次为45—54岁的族群，借阅册数达1 216万（15.61%）；第三则是6—11岁族群，借阅册数为1 078万（13.85%）；第四名是25—34岁族群，借阅册数为978万（12.56%）；第五名为55—64岁族群，借阅册数为843万（10.82%），而18—24岁的青年读者借阅册数则是最低。进一步分析不同年龄层读者近两年阅读力的变化可以发现55—64岁壮年阶段读者借阅率提升最多（3.30%），其次是25—34岁之青壮年（2.78%）。

长期以来，35—44岁壮年读者为公共图书馆主力阅读族群，壮年读者同时也是各大网上书店的主要购书者，根据《2018诚品年度阅读报告》显示，最爱买书的族群是46岁以上读者；《2018博客来报告》也指出30—49岁的博客是购书的主力读者。至于18—24岁的青年读者多在大学及研究所求学阶段，该年纪的读者对于阅读的定义多元，亦多花时间在社群互动与其他电子内容上，因此相较其他年纪的读者在公共图书馆上借阅图书较少。

在性别分群分析方面，统计资料显示女性读者全年的借阅册数达4 723万册（61%），较男性读者3 068万册（39%）高出22%。语言文学类是女性读者与男性读者一样钟爱的图书类型；其次喜欢的图书类别则因性别有所差异，女性优先选择的是应用科学类，包括烹饪、美容等主题，男性则偏好艺术休闲类，涵盖摄影、技艺等主题，至于哲学、总类及宗教则是较少被借阅的图书资料，相关分析如表5所示。

表5　不同性别读者借阅图书类别排行分析表

女性				男性			
排序/类别		借阅册数	比例	排序/类别		借阅册数	比例
1	语言文学	243万	51.50%	1	语言文学	1 416万	46.20%
2	应用科学	558万	11.80%	2	艺术	397万	13.00%
3	艺术	516万	11.00%	3	应用科学	316万	10.30%
4	社会科学	315万	6.70%	4	自然科学	260万	8.50%
5	史地	312万	6.60%	5	史地	245万	8.00%
6	自然科学	290万	6.10%	6	社会科学	229万	7.50%
7	哲学	164万	3.50%	7	哲学	98万	3.20%
8	总类	81万	1.70%	8	总类	63万	2.00%
9	宗教	52万	1.10%	9	宗教	39万	1.30%

三、图书渠道现状

台湾地区出版产业根据产业链结构可以分为：上游的创作端，包含作者与支持创作服务的版权经纪公司；中游的生产端，如负责编务与发行之出版社（台湾地区重要的出版集团有城邦、远流、联经等），以及负责制版、印刷与装订的印刷厂；中下游的图书经销公司，台湾地区重要的图书经销公司包括联合发行与红蚂蚁以及下游的销售端，如连锁书店（金石堂、诚品、三民书局、垫脚石、诺贝尔等）、网上书店（博客来网上书店、金石堂网上书店、读册、Pchome24h 购物书店等）、独立书店（茉莉二手书店、胡思二手书店、虎尾厝沙龙、三余书店、洪雅书房等）与特色书店（如女书店、水准书局等）、小说漫画及杂志出租店、电子书销售平台（如 Google 图书、Readmoo、Kobo、Pubu 电子书城、远传电信 E 书城、台湾大哥大 myBook、中华电信 HAMI 书城，以及偏向机构服务的电子书平台，如凌网 Hyread、华艺 airiti、联合线上 UDN 读书吧等），以及与图书馆密切合作的台湾云端书库。

台湾地区主要的网上书店为：博客来网上书店、金石堂网上书店、读册网上书店、诚品网上书店、Pchome 网上家庭等。网上书店都有与便利商店合作提供 24 小时取货的物流服务。此外，博客来、金石堂网上书店、诚品网上书店与三民书局都有与香港的便利商店合作，让香港地区的读者可以获得在台湾网上书店购书，在香港便利店取货的服务，其中博客来网上书店的海外店配取货服务的地点还包含澳门与新加坡等地。

在实体书店方面，目前台湾地区主要的连锁书店为拥有 45 家门市的诚品书店，以及拥有 39 家门市的金石堂。诚品书店首次超过金石堂书店的门市数量，其中，诚品书店在大陆苏州、深圳，香港的太古、尖沙咀、铜锣湾等地均有门市。除诚品书店与金石堂书店两大连锁书店外，其他连锁书店如垫脚石书局拥有 12 家门市，以中部为核心的诺贝尔书店则有 10 家门市。除了传统的实体书店外，便利商店已经成为台湾地区最重要的杂志销售以及网上购书的物流取货管道。日本的茑屋书店 TSUTAYA 与中环集团得利影视于 2017 年在统一时代百货台北店开设 TSUTAYA BOOKSTORE 信义店后，到 2018 年已经在台湾地区开了四家书店。

在电子书的销售渠道方面，2018 年除了中华电信、台湾大哥大、远传电信等电信公司所经营的电子书服务外，还有 Google Play 图书、乐天电子书 Kobo、Readmoo 群传媒的 EInk 电子书阅读器"mooInk"，此外，主要的网上书店如博客来网上书店与读册网上书店也都提供电子书销售服务。全球最具规模的亚马逊网上书店也很可能在 2019 年第三季进入台湾地区繁体中文市场，提供繁体中文电子书的销售服务。

图书馆是图书的另一种重要渠道，目前台湾地区图书馆数量为 218 座，图书及非书资料收藏数量 54 194 821 件。作为台湾地区最重要的大学——台湾大学的图书馆在 2018 年建成第一座高密度自动化书库，自动化书库的英文名称为 Automated Storage and Retrieval System，简称 ASRS，位于台湾大学综合教学馆的图书馆所成立的"自动书库服务中心"不仅能改善馆藏架位不足问题，让台湾大学图书馆增加了120万册以上的图书收藏量，更可透过自动仓储系统控制，在2分钟内将指定图书送至服务中心，后续提供读者使用。

四、结　语

台湾地区的人均出版量虽仍傲视国际，但"缺乏动能、混沌不明"的状况也显示出台湾地区出版产业的困境。根据台湾国际标准书号中心的ISBN统计分析得知，台湾地区出版的纸本书在2018年的出版数量又回跌至4万种以下，2018年1月至12月新增出版机构1 346家，共有4 940家出版社出版39 114种新书，从申请ISBN的出版机构的出版量来看，小型出版社仍是最重要的出版力量。然而在申请ISBN的出版单位中有接近半数的出版单位仅出版1种图书（57.91%），有近9成（88.14%）的出版单位出版新书的数量不超过10种。

纸本图书的出版数量与销售数量在2018年均没有特殊的亮点，在电子书方面亦是如此。自从2007年亚马逊推出Kindle后，全球出版业者都"被预估"需面临转型的关键时刻，但真正的巨大冲击却从没发生。回顾台湾地区的电子书发展可以追溯到2008年，台湾地区出版业在当年度国际书展上喊出"电子阅读元年""电子书元年"的口号，同年台湾电子出版联盟成立，后续又有电子阅读产业推动联盟（2009年）、台湾电子书协会（2011年）等组织诞生，但十年过去了，2018年电子书市场预估约是纸本书的4%。4%的市场占有率是电子书在台湾地区经过十年的成果，若再有一个十年，就有机会让电子书的市场占有率达到约10%的规模，届时台湾地区电子书销售额可望达到新台币20亿元的规模，但若台湾地区的出版产业仍是"缺乏动能"，则"混沌不明"仍是未来台湾地区出版产业挥之不去的写照。

（黄昱凯　台湾南华大学）

第五章
出版业大事记

第一节 2018年中国出版业大事记

1月

7日—8日　全国百家名社数字出版物交易平台战略合作圆桌会议暨"中国近代文献保护工程"推进仪式在浙江绍兴举行。会议以"新时代中国出版业的使命与作为"为主题。

11日　2018北京图书订货会在北京中国国际展览中心正式拉开帷幕。本届订货会共有736家单位参加参展，其中出版社498家、民营书企198家、台港澳出版商40家。

12日　第十一届新闻出版业互联网发展大会在京举行。本届大会以"知识服务模式创新、融合发展业态创新"为主题，发布了《2017年新闻出版业互联网发展报告》，梳理了年度行业发展成果、推广创新经验，共同探讨新闻出版与互联网融合发展的前景。

22日　全国"扫黄打非"办公室在其官方微博发布消息，针对利用经典卡通形象制作传播涉暴力、恐怖、残酷、色情等妨害未成年人健康成长的有害视频情况，全国"扫黄打非"办公室已部署开展深入监测和清查。

同日　北京市网络游戏专项整治工作会议在北京市文化市场行政执法总队召开。50余家网络文化企业负责人共同签署《倡议书》。

23日　国家新闻出版广电总局和中国作家协会联合发布2017年优秀网络文学原创作品推介名单，《复兴之路》《岐黄》等24部作品入选。在推介的优秀作品中，大多数是现实题材作品。

30日　辽宁出版集团全资子公司辽宁省新华书店控股有限公司（以下简称新华控股公司）与北票市人民政府签署框架协议，标志着北票市新华书店纳入辽宁出版集团发行产业管理体系，打造"最美县级新华书店"计划正式启动。

同日　国家新闻出版广电总局"数字影音互动科技与标准重点实验室"在京举行揭牌仪式。实验室设立目的是为传统出版企业数字出版转型升级提供解决方案和技术支撑。

本月　中国新闻出版研究院发布"2016年中国版权产业经济贡献"的调研结果。调研显示，2016年，中国版权产业的行业增加值为54 551.46亿元，同比增长9.0%（未扣除价格因素，下同）；在GDP中占比7.33%，比2017年提高0.03个百分点。

2月

1日　由中国新闻文化促进会主办的"学习贯彻党的十九大精神　创新融合打造新型主流媒体"专题研讨会暨中国新闻文化促进会第六届理事会第三次会议在京举行。

3日　福建"台湾书店"项目在莆田湄洲岛启动，首家台湾书店落户湄洲岛。

5日　2017年度"大众喜爱的50种图书"在京发布。《习近平谈治国理政（第二卷）》《习近平的七年知青岁月》《伟大也要有人懂：小目标　大目标　中国共产党一路走来》《红色家书》《朗读者》《海错图笔记》《布罗镇的邮递员》等50种图书入选。

26日　北京国际网络版权监测研讨会在京召开，会议由中国版权协会主办。

28日　中国测绘科学研究院发布《中国地理国情蓝皮书（2017版）》，这是我国以蓝皮书的形式首次公开出版第一次全国地理国情普查成果。该书由测绘出版社出版。

3月

2日　国家新闻出版广电总局在官网公布了第三届全国"百强报刊"推荐结果。《人民日报》等100种报纸、《求是》等100种社科期刊、《细胞研究（英文）》等100种科技期刊入选第三届全国"百强报刊"推荐名单。

5日　国家版权局发布"2017年中国版权十件大事"，包括：新时代版权利好政策不断出台、全国人大常委会开展著作权法执法检查、国家版权局推进网络音乐版权秩序持续好转、中国核心版权产业迅猛发展、"剑网行动"彰显保护网络版权的突出作用、全国设立11家知识产权法庭、中国新闻媒体版权保护联盟成立、软件正版化推动软件产业发展、司法审判对版权保护的作用不断加大和人工智能创作带来版权新问题等。

20日　国家新闻出版广电总局发布《关于加快新闻出版行业智库建设的指导意见》，规范和引导新闻出版行业智库健康发展。《意见》提出，要加强新闻出版行业智库建设整体规划，统筹推进新闻出版行业智库协调发展，努力构建布局科学、结构合理、规模适度、定位清晰的行业特色新型智库体系，建设一批定位清晰、特色鲜明、布局合理的行业智库、专业智库和媒体智库。

22日　新华社受权播发李克强总理代表国务院在十三届全国人大一次会议上所作的《政府工作报告》，"倡导全民阅读，建设学习型社会"成为其中的重要内容。这是自2014年起，"全民阅读"第五次写入《政府工作报告》。

22日—25日　由南京市人民政府、南京市全民阅读活动领导小组主办的南京书展在南京国际展览中心（新庄）举办。书展以"阅读让生活更美好"为主题，5区6馆共11个展区涵盖图书展销、文化展示、阅读分享、行业交流和名家签售等多个领域。据统计，4天时间主会场现场图书销售码洋共计336.386 1万元，共7.311 9万册，4天团购2 295.4万元。

4月

9日　以"亚洲媒体合作新时代——互联互通与创新发展"为主题的亚洲媒体高峰会议在海南三亚举行。中共中央政治局委员、中宣部部长黄坤明出席开幕式，并发表题为"弘扬开放创新精神，共促亚洲繁荣发展"的主旨演讲。

16日　国家广播电视总局、国家新闻出版署（国家版权局）和国家电影局举行揭牌仪式并召开座谈会。中共中央政治局委员、中宣部部长黄坤明出席会议，强调要坚持以习近平新时代中国特色社会主义思想为指导，切实把思想和行动统一到党中央决策部署上来，用机构改革的新成效，激发宣传思想文化工作的新能量新作为。

18日　中国新闻出版研究院发布《第十五次全国国民阅读调查报告》并首次发布我国阅读指数。数据显示，2017年我国成年国民各媒介综合阅读率保持增长势头，数字化阅读方式的接触率和纸质图书阅读率均有所增长。其中，2017年我国成年国民人均纸质图书阅读量为4.66本，较2016年的4.65本略有增长。同时，我国城乡居民阅读现状差异明显。2017年我国阅读指数为68.14点，个人阅读指数为71.65点，公共阅读服务指数为64.90点。

20日　以"倡导创新文化 尊重知识产权"为主题的2018年全国知识产权宣传周活动在京启动。启动仪式上，发布了《加快自主创新，提升竞争实力》的倡议书。该倡议书由近20名两院院士联合签名发起，向全社会倡议，加强知识产权创造、保护、运用，加快各领域自主创新，提高中国经济竞争力。

20日—21日　以"新时代　新阅读"为主题的2018中国全民阅读年会在广西南宁举行。年会由国家全民阅读活动组织协调办公室指导，中国新闻出版研究院、广西出版传媒集团、人民出版社联合主办。

20日—26日　经全国"扫黄打非"工作小组办公室部署，各地各级"扫黄打非"办公室联合新闻出版、广电、教育、文化执法等部门，统一开展以"护助少年儿童健康成长，拒绝有害出版物及信息"为主题的"绿书签2018"集中宣传周活动。

25日　以"深化转型 产业创新"为主题的第十五届中国民营书业发展高峰论坛在山东省济南市举行。大会发布了《2017年度中国民营书业发展报告》，数据显示，截至2016年年底，全国共有14.9万家新闻出版企业法人单位。其中，民营企业数量增幅显著，达到12.73万家，较2015年增加了3 500多家，占到全国的85%。

28日　"人工智能教育研讨会暨《人工智能基础（高中版）》教材发布会"在华东师范大学举行。该教材是全球第一套人工智能中学教材，它的出版标志着人工智能教育在中国正式迈入基础教育阶段。上海市副市长翁铁慧、华东师范大学校长钱旭红院士等共同见证中国人工智能教育领域这一里程碑事件。该教材由华东师范大学出版社和商务印书馆两家出版社联手推出。

5月

2日　第31届德黑兰国际书展在伊朗首都德黑兰阳光之城展览中心举办，中国多家知名出版企业参展。书展为期11天，中国出版传媒股份有限公司、人民出版社、商务印书馆有限公司、新华联合发行有限公司等多家出版企业此次带来传统文化、人文社科、语言学习等多个领域的精品图书近200种、400余册，其中近一半参展图书为波斯文和英文图书。

3日　中宣部、中央党史和文献研究院在京举办纪念马克思诞辰200周年重点图书出版座谈会，以纪念这位伟大的革命导师。据介绍，此次重点图书由中宣部统一部署，中央党史和文献研究院筹划、组织，共3种、18本，分别是：人民出版社出版的《共产党宣言》《资本论》纪念版、《马克思恩格斯著作特辑》（15本）和重庆出版集团出版的《马克思画传》普及本。

4日 由四川省互联网信息办公室指导，中国报业协会、四川日报报业集团主办，封面新闻、《华西都市报》承办的2018媒体深度融合论坛在成都举行。全国媒体总编辑、新媒体负责人、知名专家学者等100余人围绕人工智能与媒体变革、打造智媒体、媒体融合转型等问题进行深入讨论与交流，并共同见证封面新闻客户端上线两周年。

10日 光明日报社和经济日报社在第十四届中国（深圳）国际文化产业博览交易会上联合发布了第十届"全国文化企业30强"名单。中国出版集团公司等30家企业进入行列。

10日—14日 第十四届中国（深圳）国际文化产业博览交易会在深圳会展中心举办。文博会主会场展位面积10.5万平方米，共设9个展馆，包括综合馆、影视动漫游戏馆、新闻出版馆等。本次参展单位2308个，比上届增加6个；全国31个省（区、市）及港澳台地区全部参展；国外参展单位130个，来自42个国家和地区。

21日 中南六省（区）教育出版社联盟在广州成立。该联盟由广东教育出版社联合广西教育出版社、湖北教育出版社、湖南教育出版社、大象出版社、海南出版社等发起成立。

24日 全国"扫黄打非"办公室通报今年1月—4月，各地共处置淫秽色情等有害信息175万余条，取缔、关闭淫秽色情网站2.2万余个，查办淫秽色情信息案件390余起。

31日 "2017年优秀儿童文学出版工程经验交流座谈会"在京召开。会议总结优秀儿童文学创作、出版经验，推动儿童文学出版多出精品、多出人才，为我国少年儿童提供最好的精神食粮。

本月 中共中央印发《社会主义核心价值观融入法治建设立法修法规划》，并发出通知，要求各地区各部门结合实际认真贯彻落实。《规划》提出六个方面主要任务：一是以保护产权、维护契约、统一市场、平等交换、公平竞争等为基本导向，完善社会主义市场经济法律制度；二是坚持和巩固人民主体地位，推进社会主义民主政治法治化；三是发挥先进文化育人化人作用，建立健全文化法律制度；四是着眼人民最关心最直接最现实的利益问题，加快完善民生法律制度；五是促进人与自然和谐发展，建立严格严密的生态文明法律制度；六是加强道德领域突出问题专项立法，把一些基本道德要求及时上升为法律规范。

本月　由社会科学文献出版社、马来西亚国家语文出版局和马来西亚汉文化中心共同发起的中马"一带一路"出版中心暨马来西亚中国主题图书编辑部在马来西亚吉隆坡正式揭牌成立。

6月

1日　由国务院新闻办公室主办的上海合作组织首届媒体峰会在京开幕。本次峰会以"弘扬上海精神　开启媒体合作新时代"为主题，发布了《上海合作组织首届媒体峰会关于加强媒体交流合作的倡议》，签署了一系列媒体交流合作协议和备忘录。

4日　国家出版基金规划管理办公室正式发布《2019年度国家出版基金项目申报指南》。指南将习近平新时代中国特色社会主义思想和党的十九大精神写入"指导思想"，进一步明确了2019年度国家出版基金工作的总基调。在原有框架基础上，2019年还专门增加了坚持正确导向、代表国家水平、体现创新创造三个方面要求。

同日　由山东教育出版社与罗马尼亚欧洲思想出版社共同设立的中国主题图书编辑部在罗首都布加勒斯特举行挂牌成立仪式。旨在推动"一带一路"沿线国家和地区对中国优秀文化及当代中国的了解，推进中国图书在罗马尼亚的本土化、品牌化运作。

5日　江苏省暨南京市2018绿色印刷宣传活动启动。该活动由江苏省新闻出版广电局与南京市文化广电新闻出版局联合举办。旨在贯彻新发展理念和绿色发展部署，引导印刷企业应用节能减排、清洁生产的设备、材料与工艺积极实施绿色印刷，促进江苏印刷产业升级。

同日　中宣部办公厅下发《关于做好农家书屋配备〈习近平新时代中国特色社会主义思想三十讲〉有关工作的通知》和《三十讲》），要求各地尽早制订方案，落实农家书屋出版物补充更新资金，为每个农家书屋配备《三十讲》至少2册。

8日　社会科学文献出版社第五届皮书学术委员会成立仪式暨第九届优秀皮书奖终评会在京召开。皮书是社科文献出版社的重要图书品牌，也是中国社科院的重要学术品牌，皮书学术委员会是由中国社科院科研局、社科文献出版社牵头成立的皮书编辑出版的学术审议机构。

12日　杭州电子科技大学融媒体与主题出版研究院成立。据介绍，研究院将依托和整合杭电优势特色学科，开展行业政策和学术理论研究，为党和政府咨政建言；对接优秀出版机构，策划主题出版项目，推动中国主题出版转型发展；开发系列融媒体产品，探索出版业态创新路径。

14日　中共中央宣传部组织编写的《习近平新闻思想讲义（2018年版）》一书由人民出版社、学习出版社出版，即日起在全国各地新华书店发行。

同日　国家新闻出版署和全国"扫黄打非"办公室召开新闻通气会。据悉，在组织查办案件的同时，全国"扫黄打非"办公室和国家新闻出版署已协调相关部门关闭400余家境内外违法违规文学网站。

15日　在人民日报创刊70周年之际，中共中央总书记、国家主席、中央军委主席习近平发来贺信，代表党中央表示热烈的祝贺，向报社全体新闻工作者和离退休同志致以诚挚的问候。

16日　深圳大学中国经济特区研究中心与社会科学文献出版社依托2018世界经济特区（深圳）发展论坛，举办《中国经济特区发展（1978—2018）》新书发布会。该书是社科文献出版社"改革开放研究丛书"之一，已入选"十三五"国家重点图书出版规划。

19日　中国记协在官网发布《中国新闻事业发展报告（2017年）》。这是中国记协连续第四次发布关于中国新闻事业发展总体情况的报告。

20日　中国外文局与科大讯飞公司签署战略合作协议，双方将依托人工智能技术共建人工智能翻译平台，助力中国翻译产业发展和中华文化对外传播。

同日　国家新闻出版广电总局出版融合发展（北师大出版社）重点实验室"人工智能·教育·出版"创新论坛暨学术委员会会议在京开幕。

24日　海南省首个新时代琼崖传习所示范点在海南新华书店海口解放路书城挂牌成立。计划到2019年年底建成100个，每年开展万场宣讲。这标志着海南省正搭建起新时代传播新思想的新平台、新阵地、新机制。

25日　人民卫生出版社中医文化走出去国际研讨会在京举行。30多名国内专家以及来自瑞士、法国、加拿大、美国、葡萄牙、日本、阿根廷7个国家的外国专家，为中医药图书多语种翻译出版建言。

26日　由中国国家版权局和英国知识产权局共同主办的中英版权圆桌会议在京举行。中英双方围绕版权政策制定新动态、版权执法活动和成果新进展、数字环境下版权执法面临的问题及挑战3个主题进行了研讨。

29日　由中国社会科学出版社和河北大学宋史研究中心共同主办的"新时代宋史研究学术研讨会暨《中国宋史研究年鉴·2015》出版发布会"在北京举行。

同日　由南方报业传媒集团主办的2018首届南方传媒智库高端论坛在广州举行。论坛上，南方传媒智库矩阵揭牌成立，着力打造十大智库机构，并同步上线中央数据库（大数据服务中心）1.0版本，加快推动智慧传媒建设。

本月　中央宣传部办公厅公布2018年重点主题出版物选题目录，外文出版社《习近平谈治国理政》第一卷、第二卷（多语种），学习出版社《习近平新时代中国特色社会主义思想三十讲》《习近平新时代中国特色社会主义思想学习纲要》等81种选题入选。

7月

1日　《上海红色文化地图》在上海中共一大会址首发。该书由中共上海市委宣传部、中共上海市委党史研究室指导，上海市文化广播影视管理局、上海市文物局、上海市旅游局策划，上海市文物保护研究中心监制，上海市测绘院编制，多方共同推出。

2日—4日　2018年全国美术图书交易会在山东泰安举办。此次交易会共有42家出版社参展，汇集了最新出版的图书上万册，是全国美术类图书的一次集中展示。

4日　中共中央总书记、国家主席、中央军委主席习近平致信祝贺党中央机关刊《求是》暨《红旗》创刊60周年，代表党中央向杂志社全体工作人员表示热烈祝贺，提出殷切希望。

5日　由中央网信办主办的第四届全国网络诚信宣传日活动主题论坛在京举办。活动旨在落实中央对推进社会信用体系建设和网络诚信制度化工作的部署，集中宣传网络诚信理念，进一步凝聚全社会共识，大力营造依法办网、诚信用网的浓厚氛围，积极推动互联网发展，更好地造福人民。

同日　人民出版社与越南真理国家政治出版社在越南首都河内签署中国改革开放等相关图书版权合作协议。

8日　第二届两岸青年网络文学大赛在浙江杭州正式启动。启动仪式上，首届大赛一等奖获得者纳兰采桑的长篇小说《碧落人间情一诺》新书首发式同时举行。

9日　由中共中央宣传部、缅甸联邦政府宣传部共同主办的《习近平谈治国理政》缅文版首发式暨中缅治国理政研讨会在缅甸首都内比都举行。中缅两国各界代表300多人出席此次首发式和研讨会。

同日　福建省政府新闻办在福州召开《促进闽台文化交流合作的若干措施》新闻发布会。据悉，此次福建省制定的促进闽台文化交流合作措施共17条，其中首次提出将在中国（福建）自由贸易试验区设立福建省图书馆分馆。

10日　由北京大学中国教育财政科学研究所、社会科学文献出版社共同举办的《中国教育新业态发展报告（2017）——基础教育》发布会在京举行。该书在"总报告"之后，分5个专题——民办学校、校外培训、基础教育国际化、公办学校的教育信息化实践和教育科技企业，讨论与分析我国教育新业态的主要组成部分。

12日　尼山书屋落户澳大利亚新金山中文图书馆揭牌仪式在墨尔本新金山中文图书馆内举行。这是山东友谊出版社在海外落户的第34家尼山书屋，也是在澳大利亚落户的第5家。

13日　为期4天的第八届江苏书展在苏州国际博览中心正式开幕。书展展区总面积1.7万平方米，共设置主题出版馆、江苏馆、主宾馆等15个馆区。同时徐州举办的首届淮海书展将作为第八届江苏书展的分会场，形成南北呼应的联动优势。

同日　江苏省新闻出版广电局和江苏省全民阅读办公室发布2017年度江苏省居民阅读状况调查结果。结果显示，2017年全省居民综合阅读率为88.79%，比全国居民综合阅读率80.3%高出8.49个百分点。

同日　以"探索与发现"为主题的第八届书香中国·北京阅读季·2018北京儿童阅读周暨中国童书博览会在北京展览馆盛大开幕。开幕式上，"每天1小时 为爱陪伴"公益项目也正式宣布启动。

19日　由国家新闻出版署、广东省人民政府、深圳市人民政府共同主办的第28届全国图书交易博览会在深圳开幕。本届书博会以"新时代 新阅读"为主题，吸引了全国31个省（区、市）以及中央部委、行业协会、出版集团等41个展团的800余家出版单位参展。

24日 由国家新闻出版署指导，中国新闻出版研究院主办的第八届中国数字出版博览会在京开幕。中宣部副部长、国家新闻出版署署长、国家版权局局长庄荣文出席开幕式，并作题为《奋进新时代 展现新作为》主旨报告。

24日—26日 2018年中国报业新闻纸市场信息交流会在甘肃张掖举行。会议透露，今年上半年，国内新闻纸使用量的下降远远赶不上新闻纸产量的下降，造成新闻纸市场供应紧张且价格高涨。今年1—6月新闻纸进口量近20万吨，远大于2017年同期水平，为国内新闻纸市场做了补充。

27日 国家新闻出版署发布《2017年新闻出版产业分析报告》。《报告》显示，2017年，新闻出版产业规模、效益稳步提升。全国出版、印刷和发行服务（不含数字出版）实现营业收入18 119.2亿元，较2016年同口径增长4.5%；拥有资产总额22 165.4亿元，增长3.0%；利润总额1 344.3亿元，增长2.7%。

同日 北京市版权局、北京市网信办、北京市通信管理局、北京市公安局和北京市文化市场行政执法总队召开会议，启动北京市"剑网2018"专项行动。据了解，北京市"剑网2018"专项行动将开展三个方面的重点整治：一是开展网络转载版权专项整治，严厉打击微博、微信、头条号等自媒体和网络媒体未经许可转载、摘编整合、歪曲篡改和"洗稿"等违法侵权行为；二是开展短视频版权专项整治，引导短视频平台企业构建良性发展商业模式，规范整治平台盗版侵权行为；三是开展重点领域版权专项整治，集中治理动漫、网络直播、知识分享、有声读物等平台的盗版侵权行为，并继续对影视、音乐、电子商务平台、云存储等领域保持高压态势。

29日 "教育现代化的中国之路——纪念教育改革开放40年丛书"（10册）首发式在华东师范大学举行。会上，华东师范大学出版社与瑞士兰培德国际学术出版集团签订该丛书英文版出版协议，计划面向全球英语图书市场同步推出纸书和电子书。

8月

2日 由国家新闻出版署、上海市人民政府指导，中国音像与数字出版协会、上海汉威信恒展览有限公司主办，上海市新闻出版局、上海市浦东新区人民政府协办。第十六届中国国际数码互动娱乐展览会（2018 ChinaJoy）在上海开幕。本届会议主题为"健康新娱乐，游戏新价值"。

8 日 "传承奥运 展望2022——奥运文化主题展览开幕活动"在国家体育场鸟巢文化中心举办，中文版新书《顾拜旦传》在活动中首次亮相。

11 日 由中共广东省委宣传部、广东省新闻出版广电局主办，广东省出版集团、南方出版传媒股份有限公司和中国新闻出版传媒集团联合承办的南方出版高峰论坛在广州琶洲国际会展中心举行。

同日 第七届（2014—2017）鲁迅文学奖在京揭晓，7 个奖项共 34 篇（部）作品获奖。其中，《世间已无陈金芳》《蘑菇圈》等获中篇小说奖。

15 日 2018 上海书展暨"书香中国"上海周在上海展览中心开幕，贵州省作为主宾省参加，并举办贵州出版馆的开馆仪式。

17 日 第十四届海峡两岸图书交易会在台北拉开帷幕。本届海图会继续秉承"书香两岸，情系中华"主题，两岸 300 家出版机构携 10 万种、30 万册图书参展。

19 日—20 日 全国宣传思想工作会议在北京召开。中共中央总书记、国家主席、中央军委主席习近平出席会议并发表重要讲话。他强调，宣传思想工作一定要把围绕中心、服务大局作为基本职责，胸怀大局、把握大势、着眼大事，找准工作切入点和着力点，做到因势而谋、应势而动、顺势而为。

20 日 2018 年"中国图书对外推广计划"外国专家座谈会 20 日在京召开，本次座谈会主题为"国际学术出版：分享中国改革发展的经验与智慧"。

21 日 第十二届中华图书特殊贡献奖颁奖仪式在京举行。本届中华图书特殊贡献奖共评出 15 位获奖者，包括 12 位中华图书特殊贡献奖获得者和 3 位青年成就奖获得者。他们中有 6 位作家、6 位翻译家、3 位出版家，乌兹别克斯坦、吉尔吉斯斯坦、尼泊尔、伊朗、摩洛哥 5 国首次有获奖人入选。

同日 由中国新闻出版研究院主办，以"提高图书质量 促进出版业健康发展"为主题的第十九届中韩出版学术研讨会在京举行。

同日 以"新出版·新发展·新动能"为主题的 2018 北京出版高峰会议在京举行。中国出版协会常务副理事长邬书林作了题为《提升出版质量是建设出版强国基础性工作》的主旨演讲。

22 日 第十六届北京国际图书节在中国国际展览中心新馆（顺义）拉开帷幕。北京市副市长王宁出席启动仪式。本届北京国际图书节由中共北京市委宣传部、北京市新闻出版广电局（市版权局）、顺义区人民政府联合主办。图书节以"改革铸就新时代 书香献礼新征程"为主题，为期5天。

23 日 全国外宣工作推进会在京召开。中共中央政治局委员、中宣部部长黄坤明出席会议并讲话，强调要深入学习贯彻习近平新时代中国特色社会主义思想和党的十九大精神，认真贯彻落实全国宣传思想工作会议精神，讲好中国故事，传播好中国声音，提高中华文化国际影响力，向世界展现真实立体全面的中国，更好服务党和国家事业发展。

同日 由全国"扫黄打非"办公室和腾讯公司联合举办的2018年"护苗·网络安全课"全国讲师培训活动结业仪式在深圳举行。来自31个省（区、市）的62名中小学教师结业，并成为各地"护苗·网络安全课"培训师资力量。

同日 中国—中东欧国家出版联盟（16+1出版联盟）启动仪式在北京举行。为落实《中国—中东欧国家合作布达佩斯纲要》和《中国—中东欧国家合作索非亚纲要》精神，来自中国与中东欧国家的多家出版和文化机构共同推动成立16+1出版联盟。

26 日 为期5天的第25届北京国际图书博览会闭幕。据组委会初步统计，本届图博会共达成中外版权贸易协议5 678项，同比增长7.9%。其中，达成各类版权输出与合作出版意向和协议3 610项，同比增长11.28%；达成引进意向和协议2 068项，同比增长2.48%；引进输出比为1∶1.74。

28 日 2018年"一带一路"知识产权高级别会议28日在北京开幕，国家主席习近平向会议致贺信。习近平指出，知识产权制度对促进共建"一带一路"具有重要作用。中国坚定不移实行严格的知识产权保护，依法保护所有企业知识产权，营造良好营商环境和创新环境。

同日 由中国报业协会、宁夏日报报业集团共同主办的第二十五届全国省级党报总编辑年会暨"全国省级党报社长总编辑宁夏行"活动在宁夏开幕。本届年会以"主流媒体舆论引导与融合发展"为主题，旨在深入学习贯彻全国宣传思想工作会议精神，交流党报改革经验，探索媒体融合发展路径，进一步凝聚智慧、凝聚共识，做大做强主流思想舆论。

9月

1日　长三角地区有声阅读联盟成立仪式在浙江图书馆举行。联盟由浙江图书馆、上海图书馆、安徽省图书馆、金陵图书馆，以及上海市朗诵协会、浙江省朗诵协会、安徽省朗诵协会、江苏省朗诵协会共同组成，旨在整合长三角各大公共图书馆及专业朗诵协会的各类资源，把海量丰富的阅读资源转化成有声的传播力量。

8日—9日　由国家新闻出版署主办的2018中国印刷业创新大会在京举行。本次会议以"聚焦智能化"为主题，旨在探寻印刷业智能化升级发展新路径。

10日　《青少年蓝皮书——中国未成年人互联网运用和阅读实践报告（2017—2018）》新书发布会在京举行。蓝皮书显示，未成年人2017年平均阅读纸质图书13.8本，数字阅读正大幅增加。

14日—16日　为期3天的2018中国（武汉）期刊交易博览会以"新时代、新理念、新发展"为主题，共有52个国家和地区的报刊及出版单位携近万种期刊参展，达成合作意向300多个，图书、期刊等现场销售实洋240多万，专业观众和读者超过10万人次。

15日　由国家新闻出版署、北京市人民政府指导，北京市新闻出版广电局（北京市版权局）主办的2018第二届中国"网络文学＋"大会平行主题论坛——"网络文学版权保护论坛"在京召开。

19日　2018年国家网络安全宣传周开幕式在成都举行。中共中央政治局委员、中宣部部长黄坤明出席会议并讲话，强调要坚持以习近平总书记关于网络强国的重要思想为指引，牢固树立正确的网络安全观，坚决筑牢国家网络安全屏障，切实维护国家网络安全和人民群众合法权益。

24日　浙江大学出版社意大利分社揭牌成立仪式在意大利佛罗伦萨举行。这是我国在意大利成立的第一家以出版意大利文和英文图书为主的专业出版社。

25日　成都市文创产业发展投资基金宣告成立，该基金由成都市委宣传部牵头组建，将达到百亿元规模。

26日　浙江出版传媒波士顿融媒体中心成立仪式在美国波士顿举行。仪式上，双方签订了第一批融媒体图书《国学经典启蒙》等合作出版协议。

29日 人民法院出版社与辽宁教育出版社、黑龙江教育出版社和中港视（北京）文化传媒有限公司等单位在北京签署战略合作协议，共同推进开发中小学法治与社会读本《青少年普法与实践》项目。

本月 2018年度北京市实体书店扶持资金项目评审工作日前结束，151家实体书店扶持奖励名单出炉，其中特色实体书店57家、社区实体书店94家，共获得5 000万元专项资金扶持。

10月

1日 国家市场监督管理总局、中国国家标准化管理委员会发布《中国标准连续出版物号 第1部分：CN》，即日起施行。CN标准适用于经国务院出版行政管理部门许可出版的连续出版物。

9日 由中宣部批准、中国国家新闻出版广电总局立项的丝路书香工程"海外中小学移动数字图书馆"项目在马来西亚新山市举行了移交仪式。马来西亚600余所国民型华文小学校长出席了移交仪式。

同日 "中国书架"德语区最大连锁书店签约仪式在德国法兰克福举行。这一项目由中国图书进出口（集团）总公司（中图公司）与塔利亚连锁书店合作，将落户德国柏林、汉堡、明斯特、曼海姆、德累斯顿以及奥地利维也纳这6座城市的16家塔利亚书店。旨在通过在全球各地的大型书店集中展销反映当代中国政治、经济、文学、艺术等方面的图书，满足当地读者直接、客观、全面了解中国的需求。

10日 读者出版集团、四川出版集团、北京出版集团等10家国内出版单位共同发起成立的"全国出版发行业文旅联盟"在甘肃玉门市成立。

16日 第二届东南亚中国图书巡回展泰国站在曼谷诗丽吉王后国家展览中心开幕，向当地民众展示了中国图书出版的最新成果，推动出版交流。据主办方介绍，此次为期8天的东南亚巡回展除了曼谷主会场外，同时在柬埔寨、老挝、缅甸设有分会场，共有85家中国出版机构参展，参展图书达8 000余种、3.2万余册。

17日 以"两岸出版交流，三十载正青春"为主题的第19届大陆书展17日在台湾实践大学台北校区开幕，参展图书为近三年出版的新书及优秀作品等8 000余册。在两岸出版交流30周年之际，书展同时举办多场活动，推动两岸共同阅读，促进两岸文化交流。

20日　第四届全国版权示范城市联盟年会在苏州举行。30余名来自全国12个城市的版权示范城市代表在年会上进行了交流和探讨。

24日　第七届中国国际全印展在上海新国际博览中心拉开帷幕。本届展会以"开启印刷智能时代"为主题，展会总面积达11万平方米，较上届展会增加34%。

29日　世界中文报业协会第51届年会在北京人民大会堂开幕。本届年会以"新时代的中文报业"为主题，来自17个国家和地区的130多位中文报业人士参加。

31日　两岸出版交流30周年座谈会在厦门举行。座谈会上，两岸出版业者探讨了在新技术新媒体迅猛发展、人们阅读习惯与生活方式发生根本改变的时代背景下，如何实现中文出版革古创新与转型发展，如何深化两岸交流合作，应对国际图书市场的激烈竞争等问题。

11月

4日　第四届中俄媒体论坛在上海举行。中共中央政治局委员、中宣部部长黄坤明和俄罗斯联邦政府副总理阿基莫夫出席开幕式并作主旨演讲。

9日　拼多多平台与京版十五社反盗版联盟和少儿出版反盗版联盟就图书版权保护签订合作协议，合力遏制通过电商平台销售盗版图书等侵权行为，共同保护权利人的合法权益。

12日　2018年度"最美的书"评选揭晓，来自全国各地20家出版社的25种图书荣膺本年度"最美的书"称号，并将代表中国参加2019年度的"世界最美的书"评选。

17日　由武汉大学媒体发展研究中心和社会科学文献出版社共同举办的《传播创新蓝皮书：中国传播创新研究报告（2018）》发布会在京举行。该书由社科文献社出版。

18日　与改革开放同行——中国大百科全书出版社成立40周年暨中国百科出版事业发展座谈会18日在京召开。中共中央政治局委员、中宣部部长黄坤明出席会议并讲话。

30日　国家互联网信息办公室网络评论工作局、社会科学文献出版社在北京共同发布了《网络评论蓝皮书：中国网络评论发展报告（2018）》。该书是网络评论研究领域的第一本蓝皮书。

本月　国家新闻出版署近日公布了"质量管理2018"社科、文艺、少儿、教材教辅和生活类编校质量不合格出版物，包括北京体育大学出版社的《拉伸运动百科》等41家出版单位的65种出版物。

本月　截至今年11月，全国共建立"扫黄打非"基层站点51万余个，先后创建全国"扫黄打非"进基层示范点400个。

12月

1日　由中国版权协会主办的第十一届中国版权年会在湖北武汉召开，以"新时代助力文化发展"为主题的首届"远集坊"论坛同时举办。在本届年会上，柳斌杰、阎崇年获得中国版权事业终生成就者称号。

2日　团泊洼网络作家村暨天津新文化传媒（团泊）小镇在天津市静海区团泊湖畔揭牌。据了解，团泊洼网络作家村采用政府主导、市场化运作的模式，广泛吸引知名网络作家和文化企业入驻。

5日　《2017—2018年度北京市全民阅读综合评估报告》发布。报告显示，北京市全民阅读综合阅读率为93.48%，高于全国平均水平13.18个百分点；纸质阅读率84.13%，2017—2018年度北京市居民年平均阅读纸质图书达11.74本，较2016年度增加0.77本，高于全国平均水平25.03个百分点；数字阅读率89.11%，高于全国平均水平16.11个百分点。

6日　为庆祝改革开放40周年、广西壮族自治区成立60周年，由广西师范大学出版社和广西民族出版社主办的"阅读广西"主题书展在南宁开幕。全国数十家大学出版社和民族出版社所出版的由广西作者创作或内容关涉广西题材的600多种图书集中亮相。

8日—11日　第五届北京国际儿童阅读大会召开。本次大会的主题为"新时代国际视野下儿童阅读教育多元形态"。大会还举行了全国儿童分级阅读教育联盟成立启动仪式。联盟由中欧国际阅读教育联合会、教育部"分级阅读与儿童文学教育研究"课题组、中国儿童文学教育研究中心等十几家学术单位共同发起。

11日—12日　以"新平台、新合作、新发展"为主题的第二届国际新闻出版合作大会暨泰山新闻出版小镇建设发布会在山东泰安举行。来自中国、美国、西班牙、法国、印度、尼泊尔等15个国家的新闻出版人，分别以主论坛、分论坛的形式，对国际新闻出版合作最新动态及各自业务需求作深度交流。

16日　中国出版协会在京举行"2018中国出版年会暨改革开放四十周年出版座谈会"，会议以习近平新时代中国特色社会主义思想和党的十八大、十九大精神为指导，回顾在党的领导下中国出版业改革开放40年取得的辉煌成就，交流出版改革经验，激励出版人在新的历史起点上为建设社会主义文化强国作出更大贡献。

20日　由中国版权协会和腾讯研究院主办的第五届中国互联网新型版权问题研讨会在京举行。与会嘉宾围绕我国短视频行业健康发展与版权保护、治理问题，提供政策、法理和实务的全方位解读和建议。

21日　由中国国家版权局和日本文化厅联合主办的2018中日著作权研讨会在上海召开。来自中日政府和业界的80余位嘉宾围绕"数字环境下的版权保护制度建设""数字环境下的版权保护业界实践"等议题进行了交流研讨。

27日　中国报业协会在北京召开2018县级融媒体中心建设推动会。会议以"县级媒体融合：创新驱动，砥砺前行"为主题。

本月　中国新闻出版研究院近日发布了2017年中国版权产业的经济贡献调研结果。数据显示，2017年中国版权产业增加值突破6万亿元，占GDP比重7.35%。

（邓　杨　中国出版网）

第二节 2018年中国香港特别行政区出版业大事记

1月

21日 亚洲周刊"2017年十大好书"揭晓,十本大陆、香港、台湾等地的"非小说类"优秀中文出版物中,有四本香港出版物入选,包括香港商务印书馆的《郭鹤年自传》(郭鹤年)、香港三联书店的《香港音乐的前世今生》(周光蓁)。

23日 香港商务印书馆将于即日起一连八天举行"书送祝福"旧书回收活动,在指定门市收集市民捐赠图书。并于4月1日至21日期间,在香港中文大学书店及尖沙咀图书中心作义卖,收益扣除行政费用后,将全数拨捐香港沃土发展社和小童群益会。剩余的书籍亦会转赠予小童群益会。

本月 国家新闻出版广电总局公布《关于第四届中国出版政府奖表彰决定》,该奖项每三年评选一次。香港联合出版集团属下的中华商务印刷广东公司荣获该奖项的先进出版单位奖,为香港的出版集团首次获得中国出版政府奖。

本月 香港理工大学新学年第二度推行READ@ PolyU阅读计划,供2 500多位一年级本科生推介一起阅读一本英文小说,学生可以到图书馆借阅实体书、电子书或听电子书。本年度获选的英文书是Andre Alexis的 *Fifteen Dogs are granted the power of human thought*。

2月

6日 著名国学大师饶宗颐先生凌晨于香港逝世,享年101岁。饶宗颐至今已有著作100余种、论文1 000余篇。他学养广博而专精,精通甲骨文、古文字学、上古史、艺术史、诗词学，乃至书画音律，至百岁高龄仍笔墨挥洒不息。丧礼上，国家主席习近平、总理李克强、全国政协主席俞正声，以及副总理张高丽等国家领导人送上花圈。香港特首林郑月娥致送花牌，上书："斗山共仰"。

本月　香港三联书店、香港中华书局和香港商务印书馆41家书店举办饶宗颐教授纪念书展，展出50余种图书，缅怀一代国学大师饶宗颐"求是求真求正"的治学准则与人生理想。

本月　香港儿童文学文化协会主办的第三届"香港图画书创作奖"公布获奖名单，首奖《老鼠杰克被吹走了》、佳作分别是《太婆，我想您》和《我也得了传染病》。三名得奖者作品题材、艺术风格各异，再次展示了本土原创绘本的高水平，获评判团高度评价。该奖项于2013年获香港艺术发展局资助，以鼓励本土作者创作优质的儿童图画书为宗旨，并藉此推广香港儿童图画书的发展与出版。

3月

3日　建于60年代至70年代的南丰纱厂经过四年活化，以"文创、历史、工业风"为主题，成为荃湾小区的文创空间，吸引年青人前往，也有年长人士缅怀旧景。当中曾历三次搬迁的独立书店"Book B"进驻其中，当天开幕。

10日—11日　教育局在荃湾D. Park愉景新城举办"阅读满FUN嘉年华"大型阅读活动，香港出版总会协办支持。活动获得属会（香港书刊业商会和香港出版学会等）及出版社的支持，旨在推动阅读风气。现场展出图书逾2 000种，举办多场文化活动。两天共吸引超过2 000人次进场，多场文化活动满座，场面热闹。幼儿园及中小学老师获邀参加本次活动，并在场中选书，为学校订购合适的图书。

4月

12日　香港太古集团为回应"世界阅读日"，每年都会"以书会友"，在太古坊ArtisTree举行"书出爱心"活动，以十元价钱义卖新旧二手书，为期四天的图书义卖破纪录筹得逾港币70万元善款，收益全数拨捐"香港小童群益会"及"义务工作发展局"，邀请爱书人共襄善举。为了激发市民阅读的兴趣，大会更设有一系列互动活动，包括故事剧场及创意工作坊，让香港爱书者参与这集文化、艺术、环保及慈善多项元素于一身的阅读嘉年华。

17日 特首林郑月娥宣布推出一项教育新资源开支——"共享·喜阅新时代"津贴计划。由新学年（2018/2019年）开始，政府将为全港公营中、小学经常性提供津贴推广阅读计划，其中小学每年可获4万元，中学则每年7万元，预计每年开支4 800万元，又拨款2亿予康文署在五年内推广阅读。林郑月娥责成教育局具体执行，高姿态地推动阅读。

19日 香港出版学会举行连续第三个年度的"香港全民阅读调查"发布会。今年成功访问了近2 063人，具有一定的代表性。调查发现，近七成受访者表示过去一年有阅读印刷书籍，剩下三成未有阅读实体书的受访者中，近四成人表示从来没有阅读习惯，其余人士的主因则是"无时间或工作太忙"，从整体阅读习惯来看，与过去两年结果相近。会长李家驹针对此调查结果表示，香港应为全民阅读而加倍努力，而培养阅读风气，要针对性地解决阅读动机不足的问题。

23日 "世界阅读日"，特区政府部门和书店举行大量的活动，推广阅读文化。香港公共图书馆配合康乐及文化事务署、教育局和政府新闻处携手推行以"共享·喜阅新时代"为推广主题的全民阅读运动。包括首次举行"乐在中图"活动日：修复工具大解密、旧日香港微型展、亲子故事工作坊、图书馆总馆长说故事，令市民体验图书馆破格跳脱的一面；以及"阅读约章"签署仪式暨"4·23世界阅读日——我的图书馆"颁奖典礼，本届比赛反应踊跃，参赛作品超过1 800份，参赛学校共二百多所，得奖作品在二十家公共图书馆作巡回展览。此外还有各大出版社、中小学校、阅读工作坊举办不同类型活动。

5月

27日 全新网上文学发表平台《虚词》推出，配合香港文学馆主编、5月首次推出的文学月刊《无形》，共同孕育优秀作者及好作品，培育阅读社群，共分为"创作""评论""现象""如是我闻""文学嬉戏"五个板块，意图"探索文字的既有定型"，期望以较流动和具效率的在线方式宣扬文学。

29日 全港最大型古迹保育项目，中区警署建筑群完成活化，"大馆—古迹及艺术馆"向公众开放。这是全港最大型古迹保育及艺术项目，由香港赛马会与香港特区政府合作领导，将前中区警署建筑群，包括前中区警署、中央裁判司署和域多利监狱三项法定古迹，共十六幢历史建筑，连同户外空间占地逾一万三千平方米活化重用，并建设两座新建筑，用作艺术展览与表演空间。

30日　香港集古斋为庆祝成立60周年，年内举办了"纪念张伯驹120周年特展暨张伯驹历史文献资料展""美艺合璧——黄君璧·宋美龄绘画作品展""金耀基教授书法及文献数据展"等一系列专题展览。

31日　Metrobooks书店香港宣布位于铜锣湾时代广场9楼的两家门店因租约期满，当天停止营运，Metrobooks宣布全面撤出香港。Metrobooks在2007年进驻香港，首先在铜锣湾信和商场开业，之后在九龙多个地区设分店，出售较多英文书籍，曾甚受欢迎。现传出该店结业并撤出香港的消息，令人唏嘘。

本月　香港警队成立175周年，特别编制了《香港警队一百七十五周年纪念——忠诚勇毅 心系社会》纪念特刊，并于当日于各书店公开发售。为增添特刊趣味性，警务处特别设计流动应用程序，让读者透过扩增实境（AR）观看书中12条影片、6个相片集及2个3D立体模型。此外，特刊设有虚拟现实（VR）游戏，以赛车"过关斩将"方式，探索警队历史及发展。

本月　租借小说的楼上铺"大河书店"结业。店主指主因是互联网兴起，读者阅读方式改变，加上近十年名小说家减产，年青人看实体书的数量减少，劣势难挽回，最终结束其44年的经营。

6月

8日　著名作家刘以鬯于香港去世，享年99岁。曾主编过《国民公报》《香港时报》《星岛周报》《西点》等报刊杂志。于1963年和1993年创作的小说《酒徒》和《对倒》，是王家卫电影《2046》和《花样年华》的灵感起源。其另一部作品《寺内》刚由人民文学出版社出版。刘以鬯屡获香港政府颁奖，2001年7月获颁荣誉勋章，2011年获颁铜紫荆星章，随后获香港艺术发展局颁发的"杰出艺术贡献奖"及"终身成就奖"等，被誉为香港"文坛教父"。

10日　由集古斋、西泠印社在2017年在港共同创立的香港西泠学堂，于4月28日至10日举办的首期培训班结业，逾90名学员参加培训，取得这个新生艺术学堂的开门红，在香港、内地及海外引起了广泛关注。年内西泠学堂已成功举办两期培训班和一次暑期游学活动，内容涵盖篆刻、书法、国画等方面。

14日　粤港澳大湾区为国家发展的重点区域，为让出版同业加强认识该区近年的一些热点项目，香港出版总会在南沙文化会的资助下，组织了两天一夜的粤港澳大湾区考察活动，共有40名业界组织的首脑人物参加。考察活动以"高新科技""文化创意"与"智能物流"为主题，参观了粤港澳大湾区的重点企业，如腾信、华为、科大研究院、联合南沙物流基地、京东等。

21日　近年，香港出版总会支持向政府积极争取及落实"授借权"，效法英国、丹麦及加拿大等国家推行授借权制度，以利本港创作产业发展，保障出版社的权益。总会及授借权大联盟代表多次约见康文署代表，提出"授借权"方案。经双方多次讨论，于当日会议终达成一些初步协议。大联盟答应就商议的结果，更新方案后交康文署决议。7月23日，大联盟举行内部会议，就方案征求各属会代表的意见，修改后呈交署方进一步审议。

22日　"性倾向条例家校关注组"早前投诉有10本童书涉及性别议题。香港公共图书馆应其诉求，由本日起市民若想阅读该批与多元性别议题有关的童书，必须要特别跟馆员借阅才行。此事在香港社会引发不少争论。

20日　香港电台与香港出版总会合办的"第十一届香港书奖"举行颁奖礼，评审团及公众从543本图书中选出11本好书，类型包括历史文化、文学艺术、人物传记等。有一半的题材反映香港本土文化同生活。"香港书奖"始于2007年，评审团从提名图书中选出约20本进入决选，再从最后入围图书中选出获奖图书，公众投票占总评分20%。

7月

2日　德国艺术图书出版界著名书商TASCHEN，于中环"大馆"开设了其在亚洲的第一家书店。TASCHEN专门出版大型精装书，新开业的香港旗舰店除了售卖旗下多个范畴的专书系列，亦会不定期举行座谈会、签书会等活动。

19日　香港商务印书馆在内地开设的首间书店"本来书店"在深圳开幕。新店坐落于深圳市福田区新地标——深业上城，是一家集书店、咖啡、生活美学与文化体验于一体的综合型书店，书店设人文馆、生活馆和亲子馆三个分馆。书店的主题是"回归根本，重逢而来"，意在回归到阅读的本源，不忘初心。香港商务印书馆扎根香港百年，在香港有超过 25 间门市，今次在深圳设立书店，是百年品牌和新兴城市的相遇，寄望在阅读中探究知识和生活的本源。

24 日　由香港贸易发展局主办，为期七天的第 29 届香港书展，以及同期举行的第二届香港运动消闲博览于今天圆满结束。书展吸引破纪录 104 万人次入场，有超过 9% 的参观人士来自香港以外地方。七天展期，场内共举行了约 310 场文化活动，包括多场"年度主题：爱情文学"讲座、名作家讲座、国际文化村表演、名作家朗诵会以及文艺廊小舞台的民族表演等。连同由六月底开始于全港各区举行的"文化七月"，合共举办了约 640 场文化活动，累计参与人次超过 30 万。主办方于书展期间委托研究机构，抽样访问超过 820 位参观人士。绝大部分受访者在过去一年都有购买印刷书籍，全年平均消费为 1 412 元，受访者预算在书展的花费平均为 810 港元。79% 的受访者打算来书展购买最新书籍，亦有 41% 的受访者希望来享受购书折扣优惠。今届香港书展再次于最后一天设立书籍回收站，让参展商捐出不打算回运的书籍，交由慈善团体处理。

本月　康乐及文化事务署推出新书新登记制度，优化统计内容，在往后每季度，可逐季提供新书出版数字，统计每年香港的新书出版量，解决了一直存在的统计缺项。有了新书统计数据，相信对业界和政府了解香港的出版业发展有一定的参考作用。

8 月

5 日　由康乐及文化事务署香港公共图书馆举办的"阅读 KOL"自拍短片创作比赛获教育局支持，《星岛日报》和"亲子王"为媒体伙伴，该比赛是公共图书馆配合政府早前推出的"共享·喜阅新时代"全民阅读运动而举办的一系列精采活动之一，旨在鼓励市民分享阅读的喜悦和引发大众对阅读的兴趣，共收到 350 份作品，当日公布比赛结果。比赛设小学组、中学组和公开组，参赛者须自拍一段短片分享阅读的喜悦或推广阅读。

同日，香港世界宣明会"旧书回收义卖大行动 2018"圆满结束，每本书价格由 10 元至 50 元不等，共筹得善款逾 135 万美元，将用于云南省困境儿童生活技能教育及保护项目，改善弱势社群孩子的教育与生活支持服务。

11 日　联合国难民署在铜锣湾希慎广场诚品铜锣湾店推出香港首度难民儿童书《飞越苦难》亲子故事坊，由戏剧导师潘君彦（Kenny 哥哥）演绎七位不同遭遇的难民的故事，并与现场亲子读者互动对话。

13 日　中华商务印刷公司荣获"第 69 届美国印制大奖"22 项大奖，包括 5 项班尼奖、13 项精品奖、4 项优异奖。该公司由 1997 年至今连续 22 年共获 80 个班尼奖。

16 日　香港出版总会与香港印刷业商会举行传媒午宴，宣布由两会合办、香港特别行政区政府"创意香港"赞助的"腾飞创意——香港馆 2018"项目，在 2018 年下半年将参与三大国际书展，其中包括再度参与的 10 月"法兰克福书展"，以及于 8 月重临暂别了三年的"北京国际图书博览会"，以及首次亮相于 11 月的"中国上海国际童书展"。三大书展均设立"香港馆"，以"导赏香港"（Exploring Hong Kong）为主题，共有 65 家香港出版社及印刷商参展，在产业介绍区内展出超过 1 000 种香港优秀图书、印刷品及电子书籍，并设有甚受参观者欢迎的"得奖作品"专柜，展示得奖的香港优秀图书及印刷品。项目筹委会期望通过"香港馆"两大展区，展示香港出版及印刷业的创意与成就，以及向业界及读者推广香港的双语出版及印刷优势。

31 日　骋志发展基金（发起机构）连同教育局及多个机构举办及支持推广阅读的"梦想阅读计划"，以科技为儿童设计独一无二的图书；同时免费送书给 12 万名基层儿童。该计划分为出版图书《孩子的梦》及赠送图书两部分，并已出版一系列（12 本）以梦想为题的图书，如"科技梦""足球梦""创业梦""演艺梦"等。图书的内容以计算机程序协助加入孩子的个人元素，孩子只要在网上回答 3 组问题，系统将分析孩子性格，推荐一本最合适阅读的故事书，同时换上学童的名字作主角。孩子亦可上传个人照片，系统将以人脸识别技术根据孩子样貌设计主角造型。梦想阅读计划为期 3 年，每月送出 1 万本书，首年共送赠予 12 万名基层儿童。该计划期望筹募更多资源，逐步推广至全港学童，以及推出英文、更多梦想主题及高小版本。

9 月

12 日　香港出版总会在当天的"出版印刷唱片同业协会国庆晚宴"当中，举办"国家改革开放四十年图片展览"，回顾出版业近数十年间的发展历程。

15 日　经营 15 年的旺角独立书店国风堂结业。该店专卖文史哲及外语书籍，冷门语言如满洲语及梵文等书籍均有售。早年在西洋菜南街楼上铺开店,去年转租商厦,租金虽较便宜,但人流大减,小众客源亦难以支持,终要划上句号。

19 日　香港联合出版集团举行 30 周年庆祝酒会,策划了以"文化跃动 启迪传薪"为主题的系列文化活动,评选出了在集团发展史上具有里程碑意义的"三十件大事"和富有影响力的"三十本好书";出版该集团 30 周年纪念文集;响应特区政府倡导的"共享·喜阅新时代"计划,启动了喜阅家园慈善计划。特区行政长官林郑月娥、香港中联办主任王志民、副主任杨健及香港社会各界代表到场。林郑月娥发表讲话,追溯集团"三中商"百年璀璨历史,盛赞联合出版集团为香港文化建设和服务市民所作出的卓越贡献。

20 日　为提高市民运用中国语文和欣赏韵文的能力,康乐及文化事务署香港公共图书馆早前举办"第二十八届全港诗词创作比赛——填词"活动,颁奖典礼当日在香港中央图书馆举行。当届比赛共收到超过 500 多份参赛作品。所有获奖作品安排于香港中央图书馆和多家公共图书馆巡回展览。

20 日　香港第一代儿童文学作家黄庆云病逝,享年 98 岁。她于 1941 年起主编《新儿童》半月刊,曾用笔名"云姐姐"和孩子们通信,受到广大小读者热爱,并多次获香港儿童文学双年奖和香港艺术发展局 2009 年度最佳艺术家奖(文学艺术)。

27 日　由香港流行图书出版协会及荷里活广场合办的"香港金阅奖"举行颁奖典礼,今年已经是第五届。一如往年,颁奖典礼阵容鼎盛,众多著名作家、名人讲者及艺人明星嘉宾、数十家出版社的代表等出席,气氛热烈。

10 月

3 日　康乐及文化事务署香港公共图书馆和香港大学饶宗颐学术馆由今日至 2019 年 2 月 26 日于香港中央图书馆合办"好古乐道——饶宗颐教授学艺成果展",全面展出饶教授对中国传统学术及艺术各个领域的研究成果,及其部分书法作品、手稿、论文抽印本等,并附以中国内地及香港学术界人士研究饶教授之著作。同时举行有关饶教授的专题讲座,介绍其书画艺术创作上的新路向、人生智慧及理论建设,以纪念国学大师饶宗颐教授。

10 日　由蓝真持恒基金赞助、香港出版学会协办的"考察书业赞助计划",2018

年度第一位获选申请者前往德国考察法兰克福书展，获益良多。

9日　香港作家西西获得第六届美国纽曼华语文学奖（Newman Prize for Chinese Literature），成为香港首位获此奖的作家。同获提名的作家还有余秀华、王小妮、西川、萧开愚、郑小琼和北岛。西西代表作有短篇小说《像我这样的一个女子》《我城》等。纽曼华语文学奖由美国俄克拉荷马大学（University of Oklahoma）的美中关系研究所赞助，两年举办一次，旨在鼓励杰出华语诗人。

12日　由湾仔区议会文化及康体事务委员会及香港书刊业商会合办的第十四届"湾仔书展——阅读在修顿"于湾仔修顿游乐场一连三天举行。适逢"香港书刊业商会成立30周年"，这项区内的年度标志性盛事，除了为市民带来10万册特价书及八折新书外，更继续以"认识香港，游走湾仔"为主题，特别筹备多场供市民免费参与的"文化导赏团"，邀请作者担任导师，让市民跟着作者的作品闲逛，从中了解香港的历史发展及人情味故事。今年新增的"文化艺墟"，提供手作设计相关的商品，让市民选购好书之余还可以逛逛市集，支持本地手作。

30日　武侠小说泰斗金庸（原名查良镛）离世，享年94岁。金庸自1955年创作第一部武侠小说《书剑恩仇录》，直至1972年完成《鹿鼎记》后封笔，总共写了15部脍炙人口的武侠小说，读者遍及全球，被喻为20世纪最具影响力的武侠小说作家。期间曾创办《明报》和《明报周刊》，金庸曾获选英国剑桥大学两所学院之荣誉院士和获颁2008影响世界华人终身成就奖，对华文世界影响至巨。

同日　香港三联书店举行店庆70周年酒会，香港中联办副主任杨健及香港社会各界代表共100余名嘉宾到场庆贺，酒会回顾了70年来三联书店与香港社会共同发展的历程，同时举办了以照片、手稿、珍本和书画作品为主的专题展。期间，大陆、香港、台湾三联书店还举办了文化同行70年店庆系列活动，三联书店图书展、历史展、书画展，受到各界好评。

11月

5日　香港中文大学自学中心、香港文学研究中心、艺术行政主任办公室及吐露诗社联合主办"书写力量"活动，邀请"书写力量"诗选编辑阮文略、诗人宋子江、字花编辑关天林等，就"现代诗如何在香港出版"举办座谈会；同时，当日起至19日在大学书店举行"诗歌·诗人·诗集——朗诵与阅读在中大"书展,读者通过书展可重温香港国际诗歌节内容。活动期望参加者发现阅读与书写的乐趣与力量。

7日 香港出版学会与职业训练局合办出版培训课程,题目是"阅读最前线"系列讲座,精心策划了4个讲座,邀请资深出版业翘楚,以及来自各行各业的有心人,一同寻找阅读的初心,了解现今不同阶层的读者究竟喜欢看什么书,需要什么题材或类型的书,以及他们的阅读习惯与行为等,从而寻找那些潜藏在身边的读者。

8日 老牌书店龄记宣布门市全线结业,出版业务则不受影响。龄记书店于1943年创立,有75年历史,位于中环德辅道中及新蒲岗的两间门市主要销售教科书,于12月31日结业。

14日 香港联合出版集团在成立30周年之际,推出"联合出版大讲堂",搭建同事之间的交流平台。出版是集团的核心业务板块,而选题规划则是出版的重中之重,联合出版大讲堂首次开讲即以出版为主题,以选题规划为起点,举办2019选题策略分享会。由业界前辈陈万雄、各出版社的掌舵人和骨干分享经验,既有专题演讲,也有案例分析,兼具参考与实战价值。

22日 由康乐及文化事务署香港公共图书馆主办的"二零一八年中文文学创作奖"颁奖典礼在香港中央图书馆举行。比赛设新诗、散文、小说、文学评论、儿童故事和儿童图画故事六个组别,评判团从超过1 200份参赛作品中,选出共45份不同文体的优胜作品。"中文文学创作奖"于1979年首办,历年来发掘了许多甚具潜质的文坛新秀,当中不少已成为香港举足轻重的作家和学者。

25日 第十届"阅读在屯门"小区书展一连四天于屯门文娱广场圆满举行,超过30家出版社参与,共设62个售书摊位,当中部分摊位设有十元特价书区。书展场内亦邀请不同文化团体作主讲或表演,以丰富区内居民的文化生活、推动阅读风气。

28日 特区政府早年斥资9 950万元推行第四个信息科技教育策略,以配合师生在课堂上使用电子教科书和电子学习资源的需要。据审计报告指出,香港使用电子教科书的中、小学平均占比只有24%、8%,中四至中六的电子教科书适用书目表更是一本电子教科书都没有。审计署认为,教育局继续监察电子教科书适用书目表的发展外,亦应向电子教科书开发商和学校推广电子教科书适用书目表作为电子教科书的质量评审和保证机制,并鼓励电子教科书开发商把电子教科书送审。

本月　香港公共图书馆本月中旬至 2019 年 1 月在多区举行"乐在小区阅缤纷——快闪图书馆",让市民到场阅读精选的 250 本图书、听故事、做手工或借阅电子书,在小区享受阅读的乐趣。其他精彩活动包括电子阅读体验、"腹语说故事——亲子手作坊"、开心自拍和摊位游戏等。

12 月

3 日　第三十届香港印制大奖颁奖典礼假九龙香格里拉大酒店圆满举行。当晚邀请了特区政府创意香港办公室助理总监林惠冰担任主礼嘉宾,400 多位印刷、出版、设计同业好友出席,场面十分热闹。本届印制大奖除以往的 27 个组别奖项及最佳印制书籍奖、最佳创意印制大奖、优秀出版大奖和全场大奖等奖项外,还特别增设了"匠心大奖"。同时,本届赛事亦增设了 50 人以下中小型公司参赛项目,希望藉此鼓励中小企业,并把它们的得奖作品带到各地。本届杰出成就大奖(出版界)得主为梁永泰博士(突破机构创办人之一)。

5 日　香港出版学会与香港书刊业商会联合组成"粤港澳大湾区考察团",参观粤港澳大湾区先进企业,在文化创意、智慧物流及高新科技等方面交流学习。考察团一行 40 人,在三天两夜之内,共参观了七个企业和一个观光点。参加者均表示大开眼界,获益良多。

6 日　诚品书店公布"2018 诚品年度阅读报告",作家龙应台在台湾、香港、苏州蝉联 10 大畅销作家称号,香港新生代创作者"不朽"在台湾拿下畅销作家第二名,Middle 在香港、台湾皆列前 5 强。另外,诚品书店以"阅读,下一个十年"为主题,调查 26—35 岁年龄段人员的阅读行为发现,虽常看社群文章和网络新闻,但平均 30 分钟内即转移,反而纸本阅读较具专注力,平均每次可阅读 40 分钟以上。

12 日　由"创意香港"赞助、香港出版学会主办的"第二届香港出版双年奖"举行启动礼。本届比赛设立十个奖项类别,并加设"出版大奖""优秀编辑奖"和"市场策划奖"三个新奖项。香港出版双年奖是香港唯一出版专业奖项,2016 年首次举办便得到各界广泛认同与鼎力支持,参赛出版社逾百家之多。获奖作品先后在港九新界公共图书馆、书店、香港书展以及海外大型书展中巡回展出,亦屡获赞赏。

13 日　康乐及文化事务署香港公共图书馆在尖沙咀香港文化中心推出香港第二个

自助图书站，加强为市民提供二十四小时的公共图书馆服务。

16日　为期两天的民间书节"九龙城书节"迎来第十个年头，今年书节的主题是"一读十年"，邀请到30家书商、50多档创意书摊、150个创意地摊参展，合共超过80场讲座、工作坊、读书会及电影放映等活动，同时推出新书让大家认识有才华的本地作家。此外，由本地文化艺术组织合伙的创意市集里面有不少贩卖有回忆、有历史的杂货和时尚。还有一个二手书摊，除了用低价转售书本外，亦采取漂书及赠书方式来分享书籍。

18日　为响应香港特区政府4月倡导的"共享·喜阅新时代"全民阅读运动，香港联合出版集团与新家园协会首度合作推出的"关爱咭'喜阅家园'慈善计划"举行启动礼。在计划中向新家园协会捐赠30万元书券与等值30万元好书，由新家园协会分阶段转赠关爱咭现有家庭会员，预计6 000个基层家庭受惠。

24日　香港联合出版集团名誉董事黄毅逝世，帛金悉数捐赠中华商务希望基金会，用于帮扶山区教育事业。黄毅曾任该集团副董事长，一生忠心耿耿，默默耕耘，不计名利，爱国爱港，毕生殚精竭虑弘扬中华文化，深受该集团上下的尊敬，海内外同业者的钦佩，为中国内地和香港的出版事业作出了重大贡献。

31日　香港商务印书馆公布2018年畅销书排行榜。该榜是根据旗下26家门市于2018年1月至12月的图书销售统计而得，以中文书（小说散文·图文创作类、人文·科学·经济类、生活·心灵类及童书类）和英文书（小说类、非小说类及童书类）分类。其数据走势反映该年的时事民生焦点、普罗读者的阅读品位趋向，获得大众高度关注。

[谢力清　香港联合出版（集团）有限公司]

第三节 2018年中国澳门特别行政区出版业大事记

3月23日—4月1日 澳门出版协会举办2018春季书香文化节。

4月4日 《C2文创志》第26期以专访三间本土书店的代表，包括慢调书旅、边度有书及宏达图书中心，探讨本澳当前实体书店的经营模式及生存现状。

4月24日—27日 澳门理工学院举办"华文学术期刊转型暨澳门理工学报创刊二十周年研讨会"。

5月12日 澳门出版协会与香港出版总会合办"2018年专业图书编辑课程"。

5月7日—6月3日 澳门图书馆暨资讯管理协会与香港歌德学院合办"德国最美的书展2018"。

5月13日 澳门图书馆暨资讯管理协会举办"丰子恺儿童文学奖简介"。

6月1日 文化局推出"澳门文化出版物外地发行计划"协助本澳书商到香港地区及海外约50个地区发行书刊，为期2年。

7月13日—22日 一书斋举办了"第二十一届澳门书市嘉年华"。

7月18日—24日 澳门基金会于"香港国际书展"设澳门馆展示澳门出版品。

7月19日—22日 文化局及澳门基金会于深圳举行的第二十八届"全国图书交易博览会"设澳门馆。

8月26日—27日 澳门文化广场在澳门大学图书馆举办"2018年文化广场大学书展"。

11月10日—18日 澳门出版协会举办"2018秋季书香文化节"。

12月22日 澳门公共图书馆出版《澳门阅读地图2018》。

(王国强　澳门出版协会、澳门大学)

第四节 2018年中国台湾地区出版业大事记

1月

11日 《台湾现当代作家研究资料汇编》第七阶段暨百册成果发表会举办，本阶段编纂者分别是孟瑶、翁闹、杨念慈、施明正、刘大任、许达然、杨青矗、夐虹、张晓风、王拓共10位作家，发表内容包括作家的文学活动和手稿影像、小传、年表、研究综述、重要评论文章选刊及评论资料目录等，完整保存了台湾重要作家的各项资料。

11日至13日 台湾图书发行协进会在北京参加"2018北京图书订货会"，该协会记录着同业对版权引进输出、台版书进口需求、电子书授权或书讯交流需求等讯息，提供相关同业处理后续合作事宜。

25日至28日 "第45届法国昂古莱姆国际漫画节"在法国安古兰举行，由漫画家阮光民、黄骏、SALLY、曾耀庆、房瑞仪、翁瑜鸿组成台湾馆参展团，大辣出版股份有限公司与其他出版社等参与盛会，台湾馆以"Taiwan Comics-A market for fun！市集聚落：台湾漫画的多元耕作产销"为主题，让漫画家在漫画市集的展场空间中，表现个人创作特色、介绍自己的作品，并规划现场创作、签名会、交流会、版权交易等活动。

26日 由台北市图书馆、新北市图书馆、国语日报社主办，幼狮少年、台湾儿童文学学会协办的"第七十三梯次好书大家读"优良少年儿童读物评选结果揭晓，共选出单册图书201册、套书3套8册。

2月

1日 2018年恰逢岩崎知弘百岁诞辰，知弘美术馆又来台湾举办"童·乐——岩崎知弘经典插画展"，以童心似的欢乐心情，从新的视角欣赏相关作品。作者擅长画儿童和花，画作融合东方书法和传统绘画的技术，以及西方水彩画的特色，意境缥缈又富哲思，深受读者喜欢，书签、卡片等都经常采用她的画作。岩崎知弘一生都以"孩童"为作画主题，留下了9 500件左右的作品，几乎每件画作里都能看到孩童多种丰富的神态。

1日至5日 "第六届台北国际动漫节"在南港展览馆展出，除多元丰富的展览内容外，还规划了"日本主题区"及相关活动，最受瞩目的活动是国内外名师、声优、偶像团体的见面会与签名会。

2日 《意大利博洛尼亚插画奖》得主陈又凌，继畅销书《台湾地图》后，再度发挥创意出版《台湾地图贴纸书》，让学童透过贴贴纸的游戏方式，认识脚下土地。以"自己的台湾地图自己贴"为主题，设计了这本贴纸书。亲子或孩童可以用"手动"和"手游"的方式，更加了解台湾重要的景点与位置。

5日至6日 台北国际书展与法兰克福书展公司合作的第五届法兰克福出版人才培训课程，邀请到5位国际讲师，与2位台湾出版界前辈一同探讨从市场到行销的创新作法。并规划出版人才培训课程，从全新的国际视角，探讨目前出版界所面临的新市场、新业务、新行销等重要议题。

6日至11日 第26届台北国际书展于世贸一、三馆为期6天展开的出版阅读嘉年华会，总计吸引了台湾地区出版社325家及其他国家和地区出版社359家，共计684家出版社参与，是亚洲最盛大的文化出版盛事，总计有53万参观人次。

28日 中国大陆推出惠台31项措施，包括对于台湾图书进口业务建立绿色通道，并简化进口审批流程。

3月

23日 台湾公共电视台筹备2年、预算1.55亿元，购买陈耀昌的历史小说《傀儡花》的版权，进而改编成电视剧。由导演曹瑞原率领金马、金钟团队制作，采超高画质（UHD）制作，将还原1867年西方列强环伺、多种族与多族群碰撞下的台湾历史，预计2019年3月开拍、2020年播出，被业界看好，具有开发国际市场之潜力。

26日至29日 "2018年意大利博洛尼亚国际儿童书展"台湾馆以"Taiwan! Library of the Fantastic"为主题，规划"推荐插画家专区""台湾精选好书区""数位出版品区""出版社专区""版权洽谈与活动区"等专区，计有37家出版社、共429本作品参展。林廉恩、刘旭恭、刘韵竹、安哲与吴欣芷5位插画家入选插画展，几米、邹骏升、陈姝里与唐唐于展期间举办讲座与签名会。

29日至4月8日　"2018年第16届曼谷国际书展"在诗丽吉王后展览中心举行，泰国、德国、英国、伊朗、新加坡、加拿大等国，470家出版社参展。台湾规划"国际版权书区"及"CCC漫画体验展区"，以"Tai-Thai Reading"为活动主轴，藉由书展作为文化载体，以"文化台湾"为主题。

4月

7日至8日　马来西亚漫画推广平台"漫人堂Comicker Union"在吉隆坡谷中城会展中心举办"第3届吉隆坡漫画周"，邀请马来西亚、日本、新加坡、美国，以及中国香港、中国台湾漫画平台TAPAS六大单位展出不同风格的漫画作品。台湾4位漫画家赖有贤、仇鹏钦、陈过及俞家燕应邀参与盛会，参与活动的漫画家多达22位以上。漫画周通过马拉松漫画接力活动、漫画市场未来趋势论坛、台湾四大漫画名家与读者交流签名会等活动，促进两地漫画界文化交流。

14日　第30届信谊幼儿文学奖举行颁奖典礼，老、中、青各代的图画书创作者、学界、评论家及编辑齐聚一堂。2018年适逢信谊基金会成立40周年、幼儿文学奖创立30周年、儿童动画奖10周年。近年已鲜少出席公开场合的资深作家林良，与信谊有深厚渊源的郑明进、曹俊彦等前辈作家皆到场，为儿童文学界的年度盛会庆贺。

16日　台北华山文创园区举行台湾漫画基地营运启动仪式，成为台湾首座"漫画基地"，为漫画者提供一个漫画创作、发表及展览之空间。

16日至7月7日　在华山文创园区举办"台漫时光机——画武谈侠特展"，展出叶宏甲、陈海虹、游龙辉、泪秋（本名许幸修）及许贸淞之作品，重现早期台湾漫画武侠经典。

17日　台湾公布"原创漫画内容开发与跨业发展及行销补助作业要点"，"动漫ACG产业支持计划"的特别预算规划每年设置新台币4 000万到5 000万元的"漫画辅导金"，补助类别包括"内容产制类—漫画辅导金""内容产制类—图像内容产制""行销类"及"人才培育类"，藉以提升动画、漫画、游戏原创内容产制。

18 日　台湾公布"2018 年推动实体书店发展补助作业申请获补助名单","麦仔簝独立书店"等 31 家获得补助。台湾的独立书店其各有特色,如曾被选为世界最美 20 间书店之一的"VVG Something 好样本事",摆放着食谱、建筑、设计、艺术等设计精美的书籍。

5 月

5 日　"2018 马来亚大学文化光点计划,由傅月庵谈台湾诗人周梦蝶"拉开序幕,"马来亚大学台湾文化光点计划"也再次展开。在马大文学院隆重展开,首先放映电影《他们在岛屿写作——化城再来人周梦蝶》,再由台湾著名出版人、作家与文评者傅月庵先生进行《蝶飞矣,蘧然一梦:清贫诗人周梦蝶传奇》主题讲座,讲述清贫诗人周梦蝶一生的情与义。

25 日至 31 日　为拓展华文出版市场与推广台湾出版品,台湾组团参加在新加坡首都综合项目与赞美广场举办之"2018 新加坡书展",台湾馆规划"台湾馆作家交流活动",邀请作家苏伟贞、张国立、巴代及赖伯威与新加坡当地知名作家与人士进行文学主题对谈,书展期间并举办"新加坡与中国台湾出版产业论坛"。本次书展当局举办"星空电影院",台湾选映《玫瑰玫瑰我爱你》《妖精》《生活是甜蜜》《先生妈》四部文学影像作品,藉由影片的描述来认识台湾文学。

26 日　花莲市诚品生活花莲远百店开幕,以"探索、归属"为定位,特别设置"花莲文学作品"专区,搜罗逾 50 位作家的花莲相关文学作品,"独立出版联盟"专区则汇聚微型、个人出版者的出版品,同时提供全花莲最丰富的外文图书,并将自 2016 年推动的"经典共读计划"带入花莲,透过讲座活动推广阅读。

30 日至 6 月 1 日　意大利博洛尼亚展览公司、出版者周刊、联合图书展示公司主办,在美国大都会博览馆举行"第一届纽约国际版权交易博览会"。台北书展基金会筹划参展,主推台湾图像原创力,展出内容包括 2017 年金鼎奖儿童图书类、金漫奖得奖作品,以及 2017 年度出版与影视跨产业媒合平台推荐改编剧本书,近两年出版、曾获选至博洛尼亚儿童书展参展的优秀童漫新鲜书,共计 27 家出版社 56 本书,藉此增加台湾优质出版品在国际曝光机会,为出版业界开拓更广大的市场。

30 日至 6 月 3 日　台北市出版商业同业公会组团参加美国纽约贾维兹会展中心举

办之"2018年美国BEA书展（BookExpo America）"，计有45家出版社参展，展出315册图书，以漫画、绘本和题材多元的文学小说为主，藉以增加台湾出版品在国际上的知名度。

6月

1日至10日 福建闽台图书有限公司及台湾有关单位联合承办"第十三届金门书展（台、澎、金、马巡回展）"，于6月分别于金门县、高雄市、台中市、澎湖县、台北市、花莲县、马祖七个展点举行，以"书香两岸，阅读金门"为主题，此次书展与以往不同的是，首次深入高雄、新竹、台北、花莲等地的大学设展，直接与大学生进行交流互动。

9日至17日 在马来西亚吉隆坡城中会议中心举行"第13届马来西亚海外华文书市"，台湾作家张西、亚荣隆、撒可努、阮光民、王浩一，与马来西亚当地作家进行文学主题对谈，并举办两地出版暨版权交流论坛，藉以推广台湾优质出版品。此二场书展计有百余家出版社参展，展出图书1 500余种，超过15 000册。同时，台湾电子书出版联盟、台湾电子书协会等单位一同参展，通过电子书多媒体介质阅读方式，展现台湾出版界运用科技的成果，呈现台湾出版的多元化。

11日 "第9届金漫奖"入围名单公布，计有23件作品入围，得奖名单将于9月上旬公布，"特别贡献奖"颁发给"白色王子"蔡焜霖。

15日至9月17日 "千年一问 郑问纪念展"，在"国立故宫博物院"图书文献大楼一楼特展区展出，此为首次展示台湾漫画作品。本次展览分为"漫画郑问""艺术郑问""游戏郑问""千年一问""哲学郑问"，以及"从郑进文到郑问"六大主题，展陈郑问的个人手绘漫画、插画原件、手稿、剧本、雕塑等250件真迹原件，及个人物件、生平重要创作出版品等，以呈现他三十年来的创作成果。

16日起 高雄市立图书馆全面推广早期阅读扎根活动，在全市医疗、社福、文化等场所举办逾百场亲子共读讲座。种子教师将至全市育儿资源中心、产检医疗院所等场所推广亲子共读，引导婴幼照护者认识婴幼阅读背景，并教导依不同年龄的婴幼儿选书，亲幼间共读互动等，还会实际示范包含念谣、手指谣与婴幼书的应用等技巧，只要每天5至10分钟的共读时间，亲幼就能同享阅读的乐趣与成就。

24日　金石堂城中店坐落于台北重庆南路书店街，因租约到期房东不续租而结束营业。书店街起源于日本殖民统治时期，全盛时期曾有超过百家书店，不过随着近年来阅读市场改变，许多老牌书店陆续歇业。

7月

15日至18日　小鲁文化承办的"兰阳绘本创作营"培训课程，以"南方澳"作为根据地，让活跳生猛的鲸鱼、金光闪闪的妈祖和热闹喧腾的海港鱼市，成为学员们绝妙的创作发想素材。并特聘多位宜兰文史专家，带领学员们深入考察这个百年渔村的风华所在，发掘出当地文化历史、地景、渔产的万种风情，让读者走进当地的故事中，激荡丰富的创意与感动。

21日至22日　基隆市"2018好书交换——再见好书活动"，首度将换书日延长为2日，并与文创市集结合，吸引更多读者参加，让活动更精彩可期。民众只要将家中的二手书捐到本市各公共图书馆兑换"换书卡"，凭卡可兑换其他二手书；透过以书换书的方式，让爱书人能品味、分享他人的阅读喜好，活化资源利用、再见好书。

8月

10日至13日　在高雄市巨蛋展览馆举办的"第4届高雄书展"，推出快乐阅读大冒险与阅读学习闯关卡等活动，另外，主办单位为将阅读活动推广至全市各区，募集了4 000本书，分送给市区与偏乡的学校，让小朋友都能享受阅读的乐趣。

11日至27日　英国"爱丁堡国际图书节"主办单位邀请吴明益、白晓红、林满秋三位台湾作家参加"爱丁堡国际图书节"座谈活动。同时，白晓红获邀参与图书节"自由报告"写作计划，于8月份刊登于苏格兰文学杂志《Gutter》特刊，并于图书节专属网站发表，让更多国际读者看到台湾作家的文学实力。

17日至19日　在台北市世贸中心共同主办"第14届海峡两岸图书交易会"，除在台北市设立主会场外，另在基隆市、台中市、南投县、嘉义县、屏东县设立分会场，计有两岸300多家出版社、版权机构和图书馆等单位参与，展出约10万种图书。本届交易会主宾省为湖北省，交易会期间举办两岸电子书出版及多媒体出版相关产业展示与交流、图书馆采购与征订、两岸图书版权贸易等活动，此外，本届交易会并与"第

19届台湾漫画博览会"同时展出,两岸知名漫画家现场举行签书会、讲座等活动。

29日 "第42届金鼎奖"得奖名单及特别贡献奖得主公布,特别贡献奖颁发给九歌总编辑陈素芳女士,陈素芳在九歌出版社服务36年,是一位文学创作者信赖的编辑,在推动年度文选出版、整理文学资产,保留台湾新文学风貌、举办少儿文学奖,鼓励儿童文学创作等方面作出贡献。

9月

10日至12日 "第十一届科技图书展览会"在朝鲜平壤市科学技术殿堂举办,展出台湾14家出版社近300本的图书,让朝鲜民众阅读到台湾优质出版品。

20日 越南河内人文与社会科学大学举行吴晟《甜蜜的负荷——吴晟诗文双重奏》越南文本新书发表会,藉此活动能促进双方文学的交流。

10月

4日 台湾最盛大的阅读嘉年华"2018华文朗读节"开幕。本次华文朗读节首度横跨台北、高雄及屏东三地,以"想象力自由"为主题,共邀请185位文化人,包括蒋勋、吴念真、五月天玛莎、谢铭祐、方序中,冯翊纲及王伟忠等台湾重量级文化人,总计举办一百多场讲座,创下六年来规模最大、报名人数破万人的纪录。

11月

1日 高雄市立美术馆出版《南部展:五〇年代高雄的南天一柱》一书,"南部展"对于20世纪50年代大高雄地区美术人才的培育与美术风气的推广极具贡献,自1953年开始筹备和展出,迄今已65个年头。本书作者、屏东大学教授黄冬富通过深厚的艺术史学研究基础,在丰富的史料中,将早期"南部展"到后期"台湾南部美术研究协会"的演变历程与时空轨迹进行一次完整地梳理。

10日至18日 由澳门出版协会、台湾图书出版事业协会合办的"2018秋季书香文化节"于塔石体育馆开幕,展销本年度出版的新书。文化节提供涵盖家政休闲、旅游观光、自然科学等类别图书供广大读者选购,使之感受阅读趣味并提升文化素养。澳门出版协会理事长陈雨润表示,今届书展人流与往年相若,销售额预计有10%至

20%的增长，另外亲子阅读、旅游书、餐饮教学等种类图书较受欢迎。

15日 台湾文学馆"文学好书推广专案"旨在协助文学好书出版及推广，使文学出版社能永续经营，同时提高优良文学好书的能见度，并扩增台湾文学阅读人口，最终提升台湾文学创作能量。"文学好书推广专案"本期共有95件图书提出申请，经评审委员初审、复审、决选，共选出54件出版品，将进行购书并优先分送到台湾资源相对弱势之学校、图书馆等单位作为文学推广之用。

21日 总奖金高达240万元的"2018年台湾文学奖"总计141件作品参赛。6大文学奖项共同征奖，揭晓图书类入围及创作类得奖名单。创作类金典奖得奖名单如下，剧本：冯翊纲《谎然大误》、台语散文：吕美亲《佮普悠玛列车内面》、客语散文：谢锦绣《kodama庄最尾正徛走个人家》、原住民汉语散文：游以德《游阿香》。图书类奖竞争激烈，长篇小说参赛数达25本，散文参赛数达49本。

24日至12月2日 "2018墨西哥瓜达拉哈拉书展"开展，李瑾伦代表台湾出席圆桌论坛。在台北书展基金会带领下，台湾55家出版社带着462本出版品，以"OPEN TAIWAN"主题参与台湾馆，并规划文化台湾、童书、漫画、华语学习等主题。

30日 "第十五届金蝶奖"评选结果出炉，决选评审团从初选入围的45本书中精拣出13本得奖书。台湾书籍设计整体的高质量，以及应用层面的丰富多变，惊艳国际评审团。

12月

1日 "2018年台湾阅读节"阅读嘉年华在大安森林公园盛大登场，活动在"森林阅章·梦想起飞大游行"中揭开序幕，逾500位爱阅读的朋友参与游行，并在队伍行进中与民众分享阅读的美好。随后"阅读嘉年华开幕暨图书馆杰出人士贡献奖颁奖典礼"正式启动全台最盛大的阅读年度盛会。

8日 "2018台湾文学奖"举行盛大颁奖典礼。林俊颖《猛暑》获得众人瞩目的"长篇小说金典奖"、谢旺霖《走河》获得"散文金典奖"，典礼现场欢声雷动。为了给评审提供更充足的时间讨论，提前与三民书局共同开展推广得奖丛书活动，增加民众期待和讨论热度，本次图书类奖项首次分成两阶段，先公布入围作品，再于赠奖典礼颁布得奖者。

15 日 诚品生活深圳于万象天地盛大开幕。华润置地高级副总裁孔小凯、华润置地高级副总裁喻霖康、云门舞集创办人林怀民、诚品生活董事长吴旻洁等出席了开幕仪式。诚品生活董事长吴旻洁首先向合作伙伴华润置地致谢,希望诚品生活能对深圳的文化繁荣发展有所贡献。

18 日 台东生活美学馆主办的《乘着记忆的翅膀寻找幸福的滋味》——凌烟新书分享会,邀请作者凌烟带领观众进入 60 道佳肴的回忆旅程。1990 年凌烟以长篇小说《失声画眉》勇夺自立报系百万小说奖,同时也是台湾第一位百万小说奖得主。近来凌烟端出热腾腾新作——散文食谱书《乘着记忆的翅膀寻找幸福的滋味》,凭藉 60 道传统家乡风味唤起一段一段人生篇章。

(黄昱凯　台湾南华大学)